●収録内容一覧

■2025年度中学受験用

文京学院大学女子中学校

6年間スーパー過去問

入試問題と解説・解答の収録内容

2024年度　ポテンシャル１回	算数・理科・社会・ 英語（解答のみ）・国語	実物解答用紙DL
2023年度　ポテンシャル１回	算数・理科・社会・ 英語（解答のみ）・国語	実物解答用紙DL
2022年度　ポテンシャル１回	算数・理科・社会・ 英語（解答のみ）・国語	実物解答用紙DL
2021年度　ポテンシャル１回	算数・理科・社会・ 英語（解答のみ）・国語	
2020年度　１回	算数・理科・社会・ 英語（解答のみ）・国語	
2019年度　１回	算数・理科・社会・ 英語（解答のみ）・国語	

～本書ご利用上の注意～　以下の点について，あらかじめご了承ください。

★**別冊解答用紙は巻末にございます。実物解答用紙は，弊社サイトの各校商品情報ページより，一部または全部をダウンロードできます。**

★編集の都合上，学校実施のすべての試験を掲載していない場合がございます。

★当問題集のバックナンバーは，弊社には在庫がございません（ネット書店などに一部在庫あり）。

合格を勝ち取るための

『スーパー過去問』の使い方

本書に掲載されている過去問をご覧になって，「難しそう」と感じたかもしれません。でも，多くの受験生が同じように感じているはずです。なぜなら，中学入試で出題される問題は，小学校で習う内容よりも高度なものが多く，たくさんの知識や解き方のコツを身につけることも必要だからです。ですから，初めて本書に取り組むさいには，点数を気にしすぎないようにしましょう。本番でしっかり点数を取れることが大事なのです。

過去問で重要なのは「まちがえること」です。自分の弱点を知るために，過去問に取り組むのです。当然，まちがえた問題をそのままにしておいては意味がありません。

本書には，長年にわたって中学入試にたずさわっているスタッフによるていねいな解説がついています。まちがえた問題はしっかりと解説を読み，できるようになるまで何度も解き直しをしてください。理解できていないと感じた分野については，参考書や資料集などを活用し，改めて整理しておきましょう。

このページも参考にしてみましょう！

◆どの年度から解こうかな　「入試問題と解説・解答の収録内容一覧」

本書のはじめには収録内容が掲載されていますので，収録年度や収録されている入試回などを確認できます。

※著作権上の都合によって掲載できない問題が収録されている場合は，最新年度の問題の前に，ピンク色の紙を差しこんでご案内しています。

◆学校の情報を知ろう!!「学校紹介ページ」

このページのあとに，各学校の基本情報などを掲載しています。問題を解くのに疲れたら息ぬきに読んで，志望校合格への気持ちを新たにし，再び過去問に挑戦してみるのもよいでしょう。なお，最新の情報につきましては，学校のホームページなどでご確認ください。

◆入試に向けてどんな対策をしよう？「出題傾向＆対策」

「学校紹介ページ」に続いて，「出題傾向＆対策」ページがあります。過去にどのような分野の問題が出題され，どのように対策すればよいかをアドバイスしていますので，参考にしてください。

◇別冊「入試問題解答用紙編」

本書の巻末には，ぬき取って使える別冊の解答用紙が収録してあります。解答用紙が非公表の場合などを除き，（注）が記載されたページの指定倍率にしたがって拡大コピーをとれば，実際の入試問題とほぼ同じ解答欄の大きさで，何度でも過去問に取り組むことができます。このように，入試本番に近い条件で練習できるのも，本書の強みです。また，データが公表されている学校は別冊の１ページ目に過去の「入試結果表」を掲載しています。合格に必要な得点の目安として活用してください。

本書がみなさんの志望校合格の助けとなることを，心より願っています。

株式会社　声の教育社　編集部

文京学院大学女子中学校

所在地	〒113-8667 東京都文京区本駒込6-18-3
電　話	03-3946-5301
ホームページ	https://www.hs.bgu.ac.jp
交通案内	JR山手線，東京メトロ南北線「駒込駅」より徒歩5分 JR山手線，都営三田線「巣鴨駅」より徒歩5分

くわしい情報はホームページへ

トピックス

★［適］［探］［英］入試を受験し，公立一貫校を受験する場合，入学手続を2月10日午後1時まで延納できる（参考：昨年度）。
★英検取得者には取得級に応じて得点換算されるなどの優遇措置がある（参考：昨年度）。

創立年 大正13年　女子校　高校募集あり

応募状況

年度	募集数		応募数	受験数	合格数	倍率
2024	①	60名	89名	81名	70名	1.2倍
	②	10名	118名	22名	15名	1.5倍
	③	5名	107名	14名	11名	1.3倍
	特①	15名	78名	67名	32名	2.1倍
	特②	若干名	106名	11名	6名	1.8倍
2023	①	60名	92名	84名	73名	1.2倍
	②	15名	105名	87名	35名	2.5倍
	③	10名	107名	22名	15名	1.5倍
	④	5名	114名	13名	10名	1.3倍
	特	若干名	66名	13名	8名	1.6倍

※2024年度は，他に適性検査型入試，探究プレゼン型入試，英語インタラクティブ入試で計13名合格。
※2023年度は，他に適性検査型入試，探究プレゼン型入試，英語インタラクティブ入試で計９名合格。

2023年度の主な他大学合格実績

電気通信大，上智大，国際基督教大，立教大，中央大，学習院大，津田塾大，東京女子大，日本女子大，成蹊大，成城大，明治学院大，順天堂大
※併設大学である文京学院大学への優先入学制度があります。また，他大学との併願も可能です。

入試情報（参考：昨年度）

○ポテンシャル入試①，②，③（文京学院方式）
①…2024年２月１日　８：40集合
②…2024年２月２日　14：10集合
③…2024年２月３日　14：10集合
〔試験科目〕２科または２科＋選択
【２科入試】国語・算数
【２科＋選択入試】国語・算数・選択（理科２題，社会２題，英語２題の計６題から２題以上を選択）
○特待選抜入試①，②
①…2024年２月１日　14：10集合
②…2024年２月４日　14：10集合
〔試験科目〕国語・算数
※どちらか高い得点を２倍にし，300点満点で判定
○適性検査型入試
2024年２月１日　８：40集合
〔試験科目〕適性検査Ⅰ・適性検査Ⅱ
○探究プレゼン型入試
2024年２月１日　14：10集合
〔試験科目〕事前に出されたテーマに沿ったレポートを作成し，レポートの内容に基づいて，プレゼンテーションを行う。
○英語インタラクティブ入試
2024年２月１日　14：10集合
〔試験科目〕ネイティブスピーカーと受験生による英語を用いた活動を行う。
※合格発表は，各入試とも当日夜にインターネットで行われます。

編集部注一本書の内容は2024年3月現在のものであり，変更されている場合があります。正確な情報は，学校のホームページ等で必ずご確認ください。

算数　出題傾向＆対策

◆基本データ（2024年度ポテンシャル１回）

試験時間／満点	50分／100点
問題構成	・大問数…４題 計算１題（７問）／応用小問１題（７問）／応用問題２題 ・小問数…20問
解答形式	計算問題以外の解答らんには，答えだけでなく式や考え方を書きこむらんも設けられている。
実際の問題用紙	Ａ４サイズ，小冊子形式
実際の解答用紙	Ｂ４サイズ

◆出題傾向と内容

▶過去３年の出題率トップ３
１位：四則計算・逆算35％　２位：速さ９％
３位：表とグラフなど７％
▶今年の出題率トップ３
１位：四則計算・逆算35％　２位：角度・面積・長さ，表とグラフなど６％

内容は全体的に受験勉強で一度はふれるものです。解き方や考え方で迷うことはないでしょう。

計算問題の出題数は多めで，整数・分数・小数の四則計算です。なかにはくふうが必要なものもあります。

応用小問は，はば広い分野から出題されますが，教科書の内容を中心とした基礎的な知識がついていれば心配はいりません。

応用問題では，図形やグラフを利用した問題が出題されています。

◆対策～合格点を取るには？～

まず正確で速い計算力を養うことが第一です。計算力は短期間で身につくものではなく，毎日コツコツと練習を続けることにより，しだいに力がついてくるものですので，毎日，自分で量を決めて，確実にこなしていきましょう。

次に，条件を整理し，解答への手順を見通す力を養うようにしましょう。基本例題を中心として，はば広い分野の問題に数多くあたることが好結果を生みます。数列や規則性，速さの問題などは，ある程度数をこなして解き方のパターンをつかむことと，ものごとを筋道立てて考えることが大切です。

分野＼年度		2024	2023	2022	2021	2020	2019
計算	四則計算・逆算	●	●	●	●	●	●
	計算のくふう	○		○	○	○	○
	単位の計算						
和と差	和差算・分配算			○			○
	消去算						
	つるかめ算					○	○
	平均とのべ						
	過不足算・差集め算	○			○		
	集まり				○		
	年齢算						
割合と比	割合と比						
	正比例と反比例						
	還元算・相当算	○	○			○	
	比の性質						
	倍数算						
	売買損益	○	○	○		○	
	濃度						
	仕事算			○			○
	ニュートン算						
速さ	速さ	○	○	◎	◎	○	
	旅人算			○			
	通過算						
	流水算						
	時計算						
	速さと比						
図形	角度・面積・長さ	○	◎	○	○	○	●
	辺の比と面積の比・相似						
	体積・表面積					○	
	水の深さと体積	○	○	○	○		○
	展開図						
	構成・分割		○				
	図形・点の移動						○
表とグラフ		○	○	◎	○	○	
数の性質	約数と倍数						○
	N進数						
	約束記号・文字式						
	整数・小数・分数の性質						○
規則性	植木算						
	周期算						
	数列	○	○	○	○	○	
	方陣算						
	図形と規則	○	○				
場合の数					○	○	
調べ・推理・条件の整理		○	○	○	○	○	○
その他							

※　○印はその分野の問題が１題，◎印は２題，●印は３題以上出題されたことをしめします。

社会 出題傾向＆対策

◆基本データ(2024年度ポテンシャル１回)

試験時間／満点	理科・社会・英語各２題から２題以上解答し，30分／50点
問題構成	・大問数…２題 ・小問数…10問
解答形式	記号の選択が大半だが，適語の記入も見られる。記述問題は出題されていない。
実際の問題用紙	Ａ４サイズ，小冊子形式
実際の解答用紙	Ｂ５サイズ

◆出題傾向と内容

ここ数年，各分野を融合させた総合問題の形をとることが多く，分野・時代・地域にかかわらず，はば広い知識が問われています。分野ごとの出題内容は，次のようになっています。

●地理…ある地方を題材として，山脈や河川，気候の問題などが出題されています。各地方や都道府県それぞれの自然や地形，工業，農業，水産業などの特ちょうを整理しておく必要があるでしょう。

●歴史…他分野と融合した出題となっています。出題数は少なめですが，各時代の政治や外交の動き，大きな事件とその背景，重要な人物，文化など，基本的な歴史の知識はしっかり身につける必要があります。

●政治…総合問題の形式で憲法や国会について出題されています。政治分野の基本はもちろん，経済や国際政治に関する時事的な問題にも対応できるように，大きなニュースには日頃から気を配る必要があるでしょう。

分野 ＼ 年度			2024	2023	2022	2021	2020	2019
日本の地理		地図の見方						
		国土・自然・気候	○	○	○	○	○	○
		資源						
		農林水産業		○		○	○	
		工業				○		
		交通・通信・貿易						
		人口・生活・文化		○	○			○
		各地方の特色	★	○	○	★	○	★
		地理総合			★			
世界の地理				○				
日本の歴史	時代	原始～古代	○	○			○	
		中世～近世		○	○	○	○	○
		近代～現代	○	○	○	○		○
	テーマ	政治・法律史	○	○	○			
		産業・経済史						
		文化・宗教史						○
		外交・戦争史						
		歴史総合			★			
世界の歴史								
政治		憲法	○	○				
		国会・内閣・裁判所	○	○			○	○
		地方自治						
		経済						
		生活と福祉				○		
		国際関係・国際政治						
		政治総合						
環境問題							★	
時事問題				○	○		○	○
世界遺産			○	○				
複数分野総合			★	★		★	★	

※　原始～古代…平安時代以前，中世～近世…鎌倉時代～江戸時代，近代～現代…明治時代以降

※　★印は大問の中心となる分野をしめします。

◆対策～合格点を取るには？～

はば広い知識が問われていますが，問題のレベルは標準的ですから，まず，基礎を固めることを心がけてください。教科書のほか，説明がていねいでやさしい標準的な参考書を選び，基本事項をしっかりと身につけましょう。

地理分野では，地図とグラフが欠かせません。つねにこれらを参照しながら，白地図作業帳を利用して地形と気候をまとめ，そこから産業のようす(もちろん統計表も使います)へと広げていってください。

歴史分野では，教科書や参考書を読むだけでなく，自分で年表を作って覚えると学習効果が上がります。できあがった年表は，各時代，各分野のまとめに活用できます。本校の歴史の問題にはさまざまな分野が取り上げられていますから，この作業はおおいに威力を発揮するはずです。

政治分野では，日本国憲法の基本的な内容と三権についてはひと通りおさえておいた方がよいでしょう。また，時事問題については，新聞やテレビ番組などでニュースを確認し，国の政治や経済の動き，世界各国の情勢などについて，ノートにまとめておきましょう。

理科 出題傾向＆対策

◆基本データ(2024年度ポテンシャル１回)

試験時間／満点	理科・社会・英語各２題から２題以上解答し，30分／50点
問題構成	・大問数…２題 ・小問数…９問
解答形式	記号の選択が大半だが，適語や数値の記入も見られる。記述問題も出ている。
実際の問題用紙	Ａ４サイズ，小冊子形式
実際の解答用紙	Ｂ５サイズ

◆出題傾向と内容

問題数は少ないものの，様々な分野から出題されており，内容的にはどれも基礎的なものがほとんどです。また，ガスバーナー，メスシリンダーの使い方など，実験器具のあつかい方についても出題されています。さらに，マイクロプラスチックなどの環境問題や，時事問題なども出されています。

●生命…生物の分類，植物のからだとはたらき，ヒトのからだとはたらき，ヒトのたん生，食物連鎖，プランクトン，季節と生物，生き物の共生などが出されています。

●物質…ものの溶け方，ものの燃え方，水溶液の性質，気体の性質，水の状態変化などが出題されています。

●エネルギー…ふりこ，空気でっぽう，ばねののび方，音の伝わり方，熱の伝わり方，電気回路，浮力と密度・圧力などが出されています。

●地球…月の見え方，気候，湿度，天気の変化，台風，化石などが取り上げられています。

分野＼年度		2024	2023	2022	2021	2020	2019
生命	植物				○	○	○
	動物	○			○	○	○
	人体		○		○		★
	生物と環境			★		○	
	季節と生物	○	○				
	生命総合					★	
物質	物質のすがた						○
	気体の性質				○		
	水溶液の性質		★	○			
	ものの溶け方	○	○				
	金属の性質						
	ものの燃え方	○					
	物質総合						
エネルギー	てこ・滑車・輪軸						
	ばねののび方	○					
	ふりこ・物体の運動				★		
	浮力と密度・圧力					○	
	光の進み方						
	ものの温まり方	★				○	
	音の伝わり方		○				
	電気回路		○	○			○
	磁石・電磁石						
	エネルギー総合						
地球	地球・月・太陽系					○	
	星と星座						
	風・雲と天候			○			
	気温・地温・湿度			○			○
	流水のはたらき・地層と岩石				○		
	火山・地震						
	地球総合						
実験器具						○	
観察							
環境問題		○				○	
時事問題			○	○			
複数分野総合		★	★	★	★	★	

※　★印は大問の中心となる分野をしめします。

◆対策～合格点を取るには？～

本校の理科は，基礎的なものが中心となっています。したがって，まず基礎的な知識を早いうちに身につけ，そのうえで，問題集で演習をくり返すのがよいでしょう。

「生命」は，身につけなければならない基本知識の多い分野です。ヒトのからだのしくみ，動物や植物のつくりと成長などを中心に，ノートにまとめながら知識を深めましょう。

「物質」は，気体や水溶液，金属などの性質に重点をおいて学習するとよいでしょう。また，中和反応や濃度，気体の発生など，表やグラフをもとに計算させる問題にも積極的に取り組むように心がけてください。

「エネルギー」では，計算問題としてよく出される力のつり合いに注目しましょう。てんびんとものの重さ，てこ，輪軸，ふりこの運動などについて，それぞれの基本的な考え方をしっかりマスターし，さまざまなパターンの計算問題にチャレンジしてください。

「地球」では，太陽・月・地球の動き，季節と星座の動きがもっとも重要なポイントです。また，天気と気温・湿度の変化，地層のでき方などもきちんとおさえておきましょう。

国語　出題傾向＆対策

◆基本データ（2024年度ポテンシャル１回）

試験時間／満点	50分／100点
問題構成	・大問数…４題 　文章読解題２題／知識問題２題 ・小問数…33問
解答形式	記号選択，適語・適文の書きぬきのほか，文章中のことばを使った記述問題も数問出されている。
実際の問題用紙	Ａ４サイズ，小冊子形式
実際の解答用紙	Ｂ４サイズ

◆出題傾向と内容

▶近年の出典情報（著者名）
説明文：羽生善治　NHKスペシャル取材班
小　説：瀬尾まいこ　武田綾乃　辻村深月

●読解問題…取り上げられている文章のジャンルは，小説・物語文と説明文・論説文が中心です。小説・物語文は，若い世代の登場人物が出てくる文章，説明文・論説文は，身近な話題をあつかった文章などが多く見られます。

●知識問題…漢字では，通常の漢字の書き取りだけでなく，部首名，同音異義語や同訓異字，類義語・対義語の書き取りや，熟語作り，筆順が出題されることもあります。ことばの知識問題では，慣用句・ことわざの完成や意味，敬語，主語と述語など，はば広く出されています。

◆対策～合格点を取るには？～

本校の国語は，読解力を中心にことばの知識や漢字力もあわせ見るという点では，実にオーソドックスな問題ということができますが，その中でも大きなウェートをしめるのは，長文の読解力です。したがって，読解の演習のさいには，以下の点に気をつけましょう。①「それ」や「これ」などの指示語は何を指しているのかを考える。②段落や場面の構成を考える。③筆者の主張や登場人物の性格，心情の変化などに注意する。④読めない漢字，意味のわからないことばが出てきたら，すぐに辞典で調べ，ノートにまとめる。

また，知識問題は，漢字・語句（四字熟語，慣用句，ことわざなど）の問題集を一冊仕上げるとよいでしょう。

分野＼年度			2024	2023	2022	2021	2020	2019
読解	文章の種類	説明文・論説文	★	★	★	★	★	★
		小説・物語・伝記	★	★	★	★	★	★
		随筆・紀行・日記						
		会話・戯曲						
		詩						
		短歌・俳句						
	内容の分類	主題・要旨	○	○	○	○	○	○
		内容理解	○	○	○	○	○	○
		文脈・段落構成		○	○		○	○
		指示語・接続語	○	○	○	○	○	○
		その他	○	○	○	○	○	○
知識	漢字	漢字の読み	○	○	○	○	○	○
		漢字の書き取り	★	★	★	★	★	★
		部首・画数・筆順		○		○	○	○
	語句	語句の意味	○		○	○	○	○
		かなづかい						
		熟語	○	○	○	○	○	○
		慣用句・ことわざ	○	○	○	○	○	
	文法	文の組み立て	○		○		○	
		品詞・用法			○			
		敬語	○	○		○		○
	形式・技法							
	文学作品の知識						○	
	その他							
	知識総合		★	★	★	★	★	★
表現	作文							
	短文記述							○
	その他							
放送問題								

※　★印は大問の中心となる分野をしめします。

カコを追いかけ
ミライをつかめ
「今の説明、もう一回」を何度でも
web過去問
ストリーミング配信による入試問題の解説動画
もっと古いカコモンないの?
カコ過去問
「さらにカコの」過去問をHPに掲載(DL)
声の教育社
詳しくはこちらから

2024年度　文京学院大学女子中学校

【算　数】〈ポテンシャル第１回試験〉（50分）〈満点：100点〉

1　次の計算をしなさい。解答用紙には，答えのみ書きなさい。

(1)　$45-(9\times3-10)$

(2)　$(101+4\times25\div5)\div11$

(3)　$52\div\{9+36\div(14-5)\}$

(4)　60.6×0.075

(5)　$1\frac{1}{3}\times\frac{9}{4}\div3\frac{3}{5}$

(6)　$3-\left(1.5-\frac{5}{6}\right)\times0.75$

(7)　$1023\times2.3+4.5\times1023-5.7\times1023+1023\times8.9$

2　次の問いに答えなさい。

(1)　自転車に乗って，時速10kmの速さで24分間走ると何km進みますか。

(2)　ある品物を，今年は昨年の定価よりも10％値上げして売りました。しかし，売れなかったので，50％引きの1595円で売りました。昨年の定価は何円ですか。

(3)　１個360円のケーキを何個か買う予定でした。売り切れていたので，１個460円のケーキを同じ個数だけ買ったところ，予定の金額より1000円高くなりました。ケーキは何個買いましたか。

(4)　文子さんが家から図書館に向かいました。全体の道のりの $\frac{7}{10}$ は電車に乗り，残りの420mは歩きました。家から図書館までの道のりは何kmですか。

(5)　右の図で，斜線《しゃせん》の部分の面積は何cm^2ですか。ただし，円周率は3.14とします。

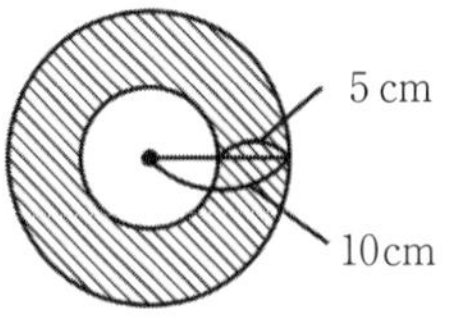

(6)　次のように，数があるきまりにしたがってならんでいます。

　　1，1，2，3，5，8，……

　11番目の数字はいくつですか。

(7)　A，B，C，D，E，F，G，Hの８つのバレーボールチームが右の図のようなトーナメント戦で戦いました。試合結果は次の通りでした。

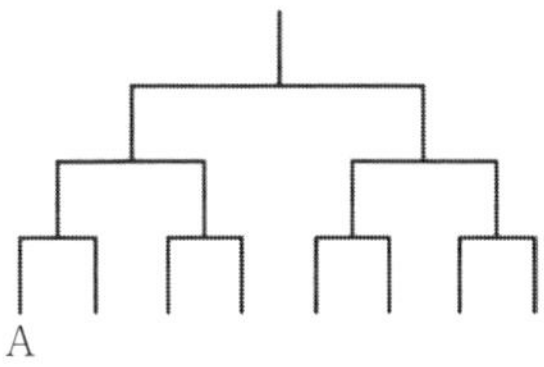

①　AはCに勝った。

②　EはAに２回戦で負けた。

③　GはEに，FとDはCに負けた。

④　FはHに１回戦で勝った。

　このとき，Cと１回戦で戦ったチームを答えなさい。

3　同じ大きさの正三角形の板がたくさんあります。次の図のように，正三角形をすきまなく並べて，大きな正三角形を作っていきます。このとき，下の問いに答えなさい。

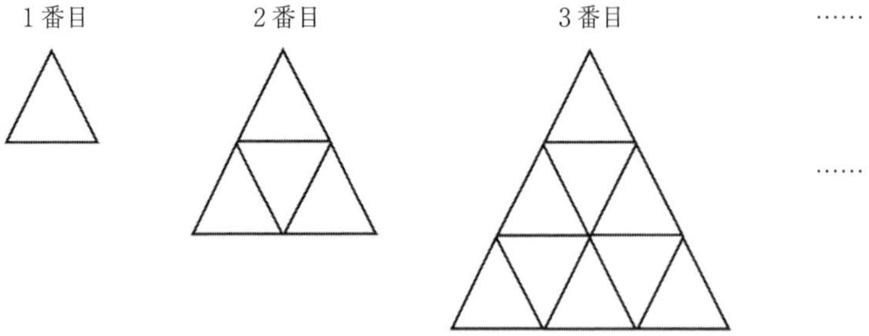

(1)　３番目の図を作るのに，正三角形の板は何枚必要ですか。

(2)　５番目の図の面積は，３番目の図の面積の何倍ですか。

(3)　５番目の図の４倍の面積になるのは，何番目の図ですか。

4　図１のような，しきりで分けられた直方体から小さい直方体を切り取った形の容器に，毎分同じ量の水を入れていきます。図２のグラフは，水を入れる時間と水の深さの関係を表したものです。このとき，次の問いに答えなさい。ただし，しきりの厚さは考えないものとします。

図１

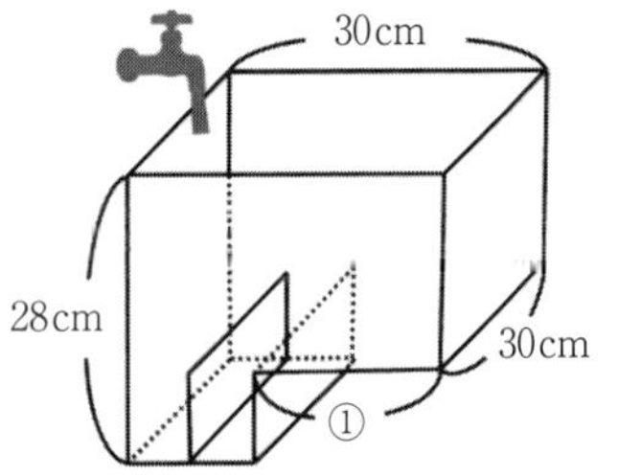

図２

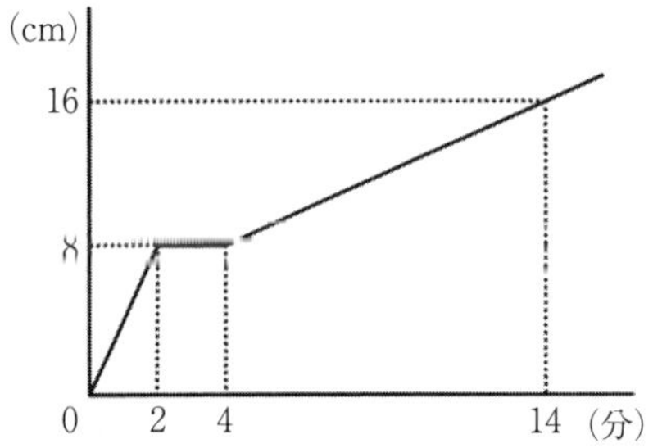

(1)　しきりの高さは何cmですか。

(2)　容器に水がいっぱいになるのは，水を入れ始めてから何分後ですか。

(3)　図１の①の長さは何cmですか。

【理科・社会・英語】 〈ポテンシャル第１回試験〉 (30分) 〈満点：50点〉

・1 2 が理科の問題，3 4 が社会の問題，5 6 が英語の問題です。

・６題の問題より２題以上に解答してください。１題25点で採点します。３題以上解答した場合は，得点の高い２題を合計して，50点満点とします。

1 次の各問いに答えなさい。

(1) よう虫と成虫で食べるものが異なるこん虫を，次の**ア**～**エ**のうちから１つ選びなさい。

ア テントウムシ　**イ** バッタ　**ウ** カマキリ　**エ** チョウ

(2) 東京で見ることができない時期がある鳥を，次の**ア**～**エ**のうちから１つ選びなさい。

ア スズメ　**イ** ツバメ　**ウ** カラス　**エ** ハト

(3) 燃やしたときに二酸化炭素が出ないものを，次の**ア**～**エ**のうちから１つ選びなさい。

ア スチールウール　**イ** 紙　**ウ** 割りばし　**エ** ろうそく

(4) 水よう液について正しく説明している文を，次の**ア**～**オ**のうちから２つ選びなさい。

ア 水に入れたものを早くとかすには，そのままそっと置いておくとよい。

イ 水よう液には透明なものや色がついているものがある。

ウ 食塩を水にとかして食塩水にすると，食塩の重さがなくなる。

エ 水にとけるものならどんな種類のものでも，常に同じ量がとける。

オ 水にとかすものが同じ種類でも，温度によってとける量は変化する。

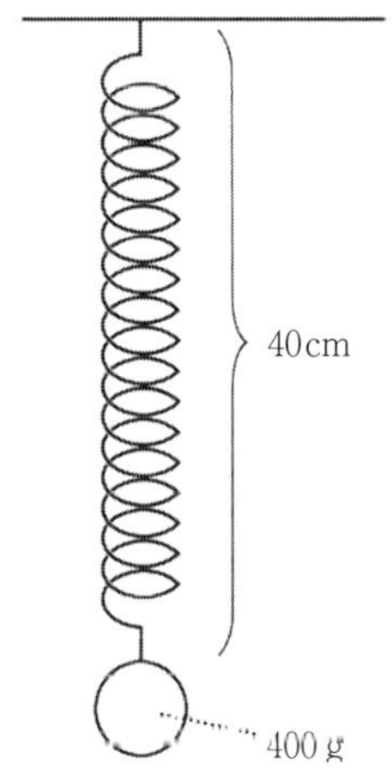

(5) 図のように400ｇのおもりを下げたときに長さが40cmになるばねがあります。このばねに何もおもりを下げていないときの長さは何cmですか。ただし，このばねは100ｇのおもりで２cm伸びるものとして考えなさい。

2 熱のつたわり方について次の A，B に答えなさい。

A 図のように，ろうをぬった金ぞくの板を用意して●の部分を熱して，ろうのとけ方を調べました。

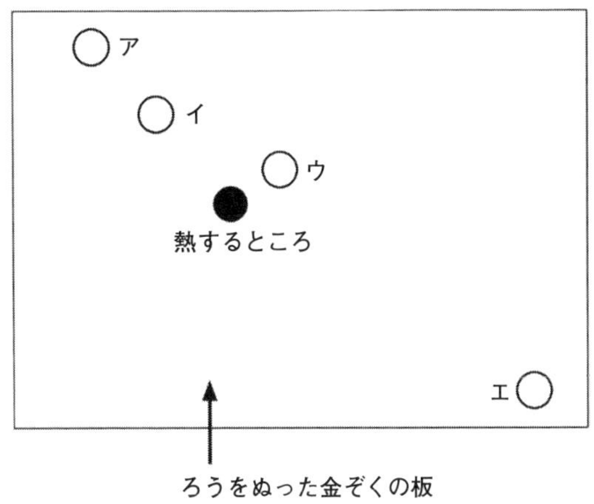

(1) 図で，ろうがとけていく順に**ア**～**エ**をならべかえなさい。

(2) 図と同じろうをぬった金ぞくの板を準備し，次は熱するところを変えました。すると**エ→ウ→イ→ア**の順番にろうがとけました。熱した部分を●で示しなさい。

B 次の文章を読んで問題に答えなさい。

(1) 2023年７月の東京都心では，最高気温35度以上の猛《もう》暑日が13日間となりました。これは2001年７月の７日間を上回って，７月としての過去最多を大はばに更《こう》新しました。国連(国際連合《こくさいれんごう》)のアントニオ・グテーレス事務総長は2023年７月27日にニューヨークの国連本部で記者会見を開き「地球温暖化の時代は終わりました。(　A　)の時代が到来《とうらい》したのです」と警告し気候変動対策の行動を起こす必要があるとコメントをしました。

上の問題文の(A)に適する語句を，**ア**～**エ**のうちから１つ選びなさい。

ア　地球砂漠《さばく》化　　**イ**　地球過熱化　　**ウ**　地球熱帯化　　**エ**　地球沸騰《ふっとう》化

(2)　2023年７月は史上最多の猛《もう》暑日を記録しました。このような近年の状況《じょうきょう》において，冷房の効率化と節電の観点から，せん風機やサーキュレーターで空気をじゅんかんさせながらエアコンを使用することがすすめられています。下の図**ア**～**エ**においてもっとも効率よく部屋全体を冷やしている図はどれですか。**ア**～**エ**のうちから１つ選び，選んだ理由も答えなさい。

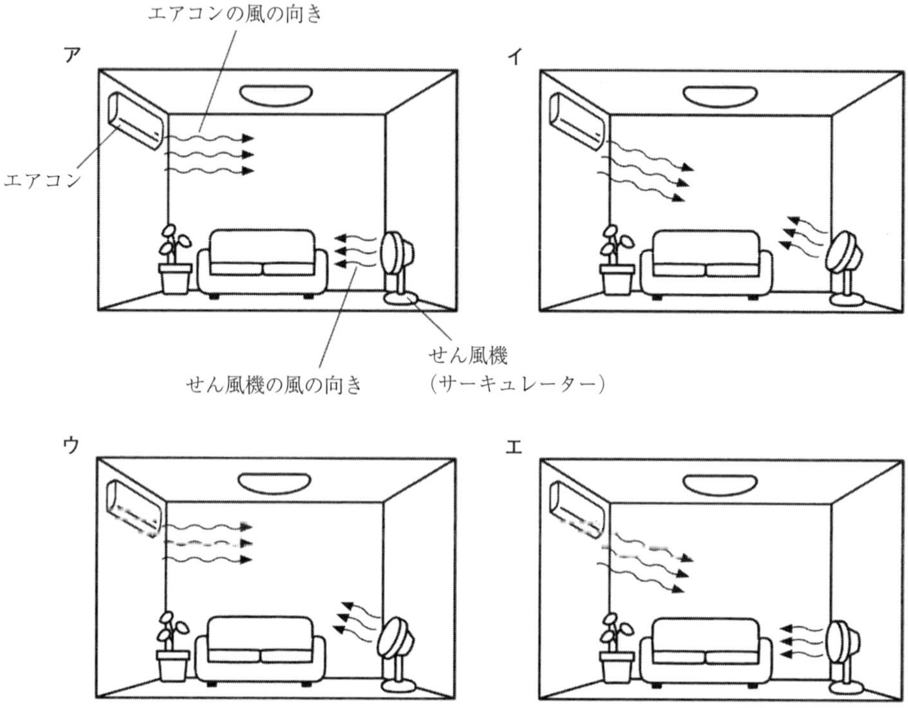

3　次の文と地図を見て，後の問いに答えなさい。

本州北東部に位置する東北地方は，東西およそ170キロメートル，南北およそ410キロメートルです。面積は全国のおよそ18％を占めており，人口はおよそ898万人です。中央部を[1]が南北に走り，これに並行して山地が連なっています。山地からは(2)大きな河川が流れ，それぞれの流域には庄内平野，仙台平野が広がっています。[1]を境にして(3)日本海側と太平洋側では気候が大きく違います。(4)冬，特に日本海側では雪が多くなります。

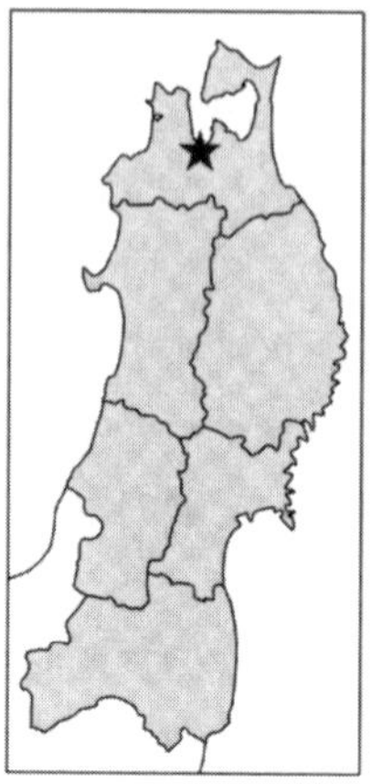

問１　空欄[1]にあてはまる山脈の名前を漢字で答えなさい。

問２　下線部(2)について，東北地方の川として，適当ではない川を**あ**～**う**から１つ選び記号で答えなさい。

あ　最上川　　**い**　信濃川　　**う**　北上川

問３　下線部(3)について，日本海側のグラフを**あ**～**う**から１つ選び記号で答えなさい。

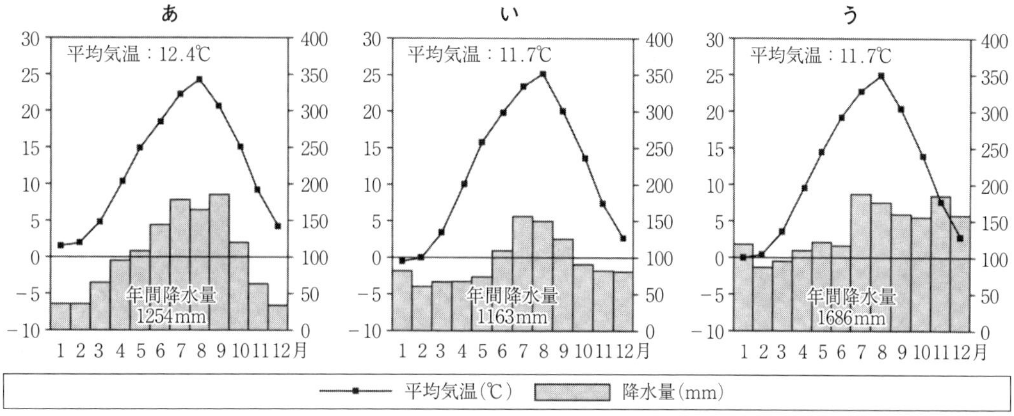

問４　下線部(4)について，冬に日本海側で雪が多い理由を**あ**～**う**から１つ選び記号で答えなさい。

あ　日本海側では，冬になると北西からの風（季節風）によって冷たく湿った空気が流れ込むから。

い　日本海側では，冬になると北東からの風（季節風）によって冷たく湿った空気が流れ込むから。

う　日本海側では，冬になると北西からの風（季節風）によって冷たく乾いた空気が流れ込むから。

問５　右の写真の遺跡は，地図中★にある，縄文時代の遺跡です。2021年に，世界文化遺産に登録されました。この遺跡の名前を漢字で答えなさい。

4　次の文を読んで，後の問いに答えなさい。

現在の日本の政治は，［　1　］主権です。［　1　］の代表として選挙で選ばれた国会議員が，国会で話し合い，政治の方向性を決めています。その代表者を選ぶ(2)選挙はとても重要な意味をもっています。

問１　空欄［1］にあてはまる言葉を漢字で答えなさい。

問２　日本の国会は二院制です。国会には参議院ともう一つ何議院がありますか，漢字で答えなさい。

問３　下線部(2)について，日本人が初めて自分たちの代表を選挙で選ぶことができるようになったのは，どの時代ですか。次の**あ**～**う**から１つ選び記号で答えなさい。

あ　明治時代　　**い**　大正時代　　**う**　昭和時代

問４　下線部(2)について，1946年（昭和21年）に行われた総選挙では，選挙権を持った人が前にくらべてふえました。この時，選挙権はどのような人に与えられましたか。次の**あ**～**う**から１つ選び記号で答えなさい。

あ　一定額の税金を納めている人。

い　一定の職業についている人。

う　満20歳以上になった人。

問５　内閣総理大臣は誰によって任命されますか。次の**あ**～**う**から１つ選び記号で答えなさい。

あ　天皇　　**い**　官房長官　　**う**　国務大臣

5　絵と英語を見て質問に答えなさい。

①　次の英語を表す絵をア～ウから選びなさい。

1．table tennis

ア.

イ.

ウ.

2．rainy

ア.

イ.

ウ.

3．P.E.

ア.

イ.

ウ.

4．soup

ア.

イ.

ウ.

５．vegetable

ア．

イ．

ウ．

② 次の絵を表す英語をア～ウから選びなさい。

１．

ア．Japan
イ．Australia
ウ．India

２．

ア．My mother is happy.
イ．My mother is glad.
ウ．My mother is angry.

３．

ア．These are vehicles.
イ．These are flowers.
ウ．These are animals.

４．

ア．They are running.
イ．They are sleeping.
ウ．They are singing.

５.

ア. She is washing her face.

イ. She is brushing her teeth.

ウ. She is playing the piano.

6　留学生のJohnがクラスメイトのYokoと初めて会いました。次の会話文を読んで，(1)〜(5)の質問に英語で答えなさい。

John：　Nice to meet you.　My name is John.　I am from Canada.

Yoko：　Nice to meet you too, John.　I am Yoko.　How are you doing here in Japan ?

John：　I am happy here, because I like Japanese food very much.

Yoko：　What is your favorite Japanese food ?

John：　I like soba very much.　I go to a soba restaurant near Komagome Station every day.

Yoko：　I know that restaurant.　I went to that restaurant with my family last week.

John：　Really ?　What day last week ?

Yoko：　It was Sunday.　We had lunch there.

John：　Lunch ?　I was there for lunch that day too.

Yoko：　Oh, I remember now !　I saw you in the restaurant.　You were with a woman.

John：　Yes, that is me.　I was with my friend, Lucy.　She loves soba too.

(1)　Where is John from ?

(2)　What Japanese food does John like ?

(3)　Does John go to the soba restaurant every day ?

(4)　When did Yoko go to a soba restaurant ?

(5)　Is Lucy Yoko's friend ?

四

次の――線部を漢字に直しなさい。送り仮名が必要なものには、送り仮名をつけること。

①　大事なことはただちにメモする。
②　パンのきじをこねる。
③　掛け算九九をあんしょうする。
④　ほがらかで明るい性格。
⑤　この町で生活をいとなむ。
⑥　すこやかな成長を願う。
⑦　神社にさんぱいする。
⑧　けわしい山道。
⑨　朝顔のかんさつ日記。
⑩　はんしに書かれた手本。

なぜですか。その理由を四十五字以内で述べなさい（句読点や記号等も字数に含みます）。

問八　⑦に入ることばとして最適なものを次のア～エの中から選び、記号で答えなさい。

ア　経済格差　　イ　男女格差
ウ　地域格差　　エ　学力格差

問九　本文の内容に合うものを、次のア～エの中から一つ選び、記号で答えなさい。

ア　ネットの対戦では、対局中や対局後にチャットでやりとりをすることが、単に練習する以上に重要なことである。
イ　インターネットでの対局が当たり前になっている現在でも、実力を向上させるには、奨励会での対局が必要である。
ウ　江戸時代に作られた『将棋図巧』は実戦用に作られた詰将棋の問題だが、鑑賞物と同じくらい芸術性が高い。
エ　将棋の世界では、事前に手を研究したり作戦を考えたりすることを蔑む風潮が昔からあり、それは今も変わっていない。

三　次の各問いに答えなさい。

問一　次の（　）に入れるのに最適な言葉をア～オの中から一つ選び、記号で答えなさい。

電化製品を選ぶ時には、それぞれの（　　　）を比較して選ぶとよい。

ア　メリット　　イ　アプローチ　　ウ　ハプニング
エ　アピール　　オ　キャンセル

問二　「とつぜん」がかかる言葉をア～オの中から一つ選び、記号で答えなさい。

とつぜん ア どこからか イ 巨人が ウ のっそりと エ 現れて オ 驚いた。

問三　次の――線部の敬語の使い方が間違っているものをア～オの中から一つ選び、記号で答えなさい。

ア　お客様にケーキをさしあげました。
イ　先生に明日の予定をうかがった。
ウ　犬がほしがるので、えさをやりました。
エ　私たち家族でおいしく召し上がりました。
オ　とつぜん大臣がいらっしゃったので、驚いた。

問四　次の（　）に「虫」という言葉が入らないものをア～オの中から一つ選び、記号で答えなさい。

ア　たで食う（　）も好《す》き好《ず》き
イ　（　）の歩み
ウ　（　）の知らせ
エ　一寸の（　）にも五分の魂《たましい》
オ　（　）の居所《いどころ》が悪い

問五　次の□にそれぞれ漢字一字を入れて四字熟語を完成させたとき、□に入れた漢字が反対の意味になるものをア～オの中から一つ選び、記号で答えなさい。

ア　針□棒□　　イ　異□同□　　ウ　日□月□
エ　意□深□　　オ　我□引□

さらに、集団を底上げしていく教育という意味では、ネットの対戦ではチャットができるのも大きいでしょう。対局後だけでなく、対局中でもチャットをしていて、単に練習するだけでなく、「ここが良かった」とか「ここはおかしかった」と言い合えるのは、とても重要です。

大量の棋譜のデータをすぐに見られて、棋士の対戦もネット中継されて、自宅で練習も対局もできる。とても習慣的かつ即効性のある、勉強や練習の方法が提示されています。そして、将棋ソフトという新しい選択肢も、その眼前に存在しているのです。

こうしたテクノロジーの発展の先に、今後はソフトを使って練習して強くなる時代もきっと出てくるはずです。将棋における人工知能の登場を、私はそんな流れのなかで見ています。

（羽生善治『人工知能の核心』より）

＊１　ディープラーニング…人の手を介《かい》さず、コンピュータ等の機器やシステムが大量のデータを学習して、データ内から特徴を見つけ出す技術方法。
＊２　喧伝…盛んに言いふらすこと。
＊３　棋譜…碁や将棋の対局の記録。
＊４　世襲制…身分や財産、職業などを子孫が代々受け継いでいくこと。

問一　===線部Ａ「普及」、Ｂ「節目」の漢字の読み方をひらがなで答えなさい。

問二　――線部①「そんなこと」とありますが、どのようなことですか。最適なものを次のア～エの中から選び、記号で答えなさい。
ア　人工知能が導き出した答えをもとにディープラーニングの弱点を見つけ、人間が美意識で補強していくこと。
イ　人工知能が導き出した成果を真に受けず、人間自身が自ら答えを追い求め、美意識を高めていくこと。
ウ　人工知能がディープラーニングで学習した成果を人間が応用し、美意識に頼らない思考を身につけること。
エ　人工知能が導き出した答えから思考の盲点を確認し、人間自身が美意識を変えていくこと。

問三　――線部②「将棋は時代によってその姿を変えてきたと言えるでしょう」とありますが、本文に従い、次のア～エを古い順に並べ替えなさい。
ア　将軍に将棋の技を披露したり、詰将棋の成果を献上したりする。
イ　人工知能が将棋の世界に導入される。
ウ　パソコンやインターネットが将棋の世界に導入される。
エ　将棋が対局を中心としたものになる。

問四　[③] に入ることばとして最適なものを、次のア～エの中から選び、記号で答えなさい。
ア　具体　イ　効率　ウ　独創　エ　客観

問五　――線部④「私が取り組んでいた勉強法」とありますが、これを具体的に述べた一文を二十五字以内で探し、最初と最後の五字をそれぞれ抜き出しなさい（句読点や記号等も字数に含みます）。

問六　――線部⑤「これが将棋界の伝統でした」とありますが、「将棋界の伝統」の説明に当てはまらないものを次のア～エの中から一つ選び、記号で答えなさい。
ア　カリキュラム通りに師匠が教えてくれる。
イ　職人の世界と仕組みが似ている。
ウ　手取り足取り教えてくれる訳ではない。
エ　学ぶ環境は整えられている。

問七　――線部⑥「ただ、『独学が基本』という風土自体は、マイナスを意味するわけではなかったようです」とありますが、それは理由でした。

ちなみに、江戸時代の将棋の世界は、基本的に家元制度です。華道や茶道と同じように＊4世襲《せしゅう》制で、家元が継いで次代に伝えます。その一番大きな仕事は、年に一度、将軍の御前で、その技を披露することでした。また、当時は、一門で詰将棋作りに全力を注いでいて、その成果を献上することも目標の一つだったと言います。

将棋が現在のように対局を中心とした文化になったのは、実は最近のことです。そう考えると、インターネットや人工知能が登場する前から、②将棋は時代によってその姿を変えてきたと言えるでしょう。

ただ、トレーニングとしての詰将棋は、スポーツの世界で言う、うさぎ跳びのようなものだった気もします。持続して考える能力を鍛《きた》えたり、作者の「美意識」を感じ取ったり、そういう部分で糧《かて》にはなりました。

しかし、将棋の上達という観点で、［③］的だったかどうかはわかりません。というか、④私が取り組んでいた勉強法は、もうこれから先は役に立たないでしょう。実際、今の若い人はやっていないと思います。スポーツの世界も、だんだん筋力トレーニングを体系的なものとして取り入れて、栄養管理もしっかり行うように変化したのと同じことです。

後になって、今度は将棋連盟のプロ棋士養成機関である奨励会に入りましたが、将棋の世界は職人の世界と一緒で、カリキュラムはありません。師匠《ししょう》はいますが、手取り足取り教えてくれる訳でもないのです。基本的には自分で学ぶ、しかし、そのための環境は準備する――。⑤これが将棋界の伝統でした。

では、データベースとインターネットが登場した、最近はどうか。

実は、あまり変わっていません。棋譜を見たければ奨励会で見られるし、プロの対局をネットでリアルタイムに観られる機会はあるけれども、そこからどう勉強していくかは個人に委《ゆだ》ねられています。

他のジャンルでは、コーチがいたり、カリキュラムがあったり、もしくは信頼できる教科書に則《のっと》って訓練することが多いような気がします。ある意味で、将棋はすごく遅れている世界なのかなと思うこともしばしばです。

⑥ただ、「独学が基本」という風土自体は、マイナスを意味するわけではなかったようです。

そんな環境のおかげで、データベースが出てくればデータベースを使ってどのように勉強すればいいのかを試行錯誤《しこうさくご》するし、ネットが出てくればネットでどう勉強すればいいのかを、皆が自分の頭で考える文化が生まれてきました。

実は、かつて将棋界には、事前に手を研究したり作戦を考えたりするのは、「力に自信がないから」と蔑《さげす》む風潮がありました。しかし、データベースの登場でそれが崩れたのです。

時を経て、今度は、インターネットが登場すると、棋士たちがネット上で練習するようになりました。これがちょうど今の二〇代後半より若い世代です。

私自身は奨励会での対局を通して実力を向上させて、プロになりましたが、今ではインターネット上でたくさん対局を重ねて、棋士になったという人は、何十人という単位ですでに存在しています。彼らのなかには、ネットで何千局と対局している人もいて、奨励会に来た時点で、かなり強くなっています。

また、情報の［⑦］も小さくなりました。

以前は、将棋が好きでも地方に住んでいるため、強くなれない子どもがたくさんいました。でも、今ではネット対局があるので、地理的なハンディキャップはありません。本人のやる気次第で力をつけられるという意味で、公平な世のなかになってきていると思います。

問六 ――線部⑤「迷惑をかけるのはいやだしな」とありますが、「俺」はどのようなことを心配していますか。五十五字以内で書きなさい（句読点や記号等も字数に含みます）。

問七 ――線部⑥「母親にたたき起こされた」とありますが、母親がたたき起こした理由として当てはまらないものを次のア～エの中から一つ選び、記号で答えなさい。

ア 息子が、母親に負担をかけないように、担任の先生の大事な頼み事を断ったから。

イ 他に頼める人はいないことを理解しているはずなのに、息子が頼み事を断ったから。

ウ 人から頼み事をされるのはありがたいことだと教えてきたのに、息子が断ったから。

エ 自分が断れば先生が困ると予想できたのに、息子が頼み事を断ったから。

問八 ⑦ に入ることばとして最適なものを、本文中からひらがな四字で抜き出しなさい。

問九 本文の内容に当てはまらないものを、次のア～エの中から一つ選び、記号で答えなさい。

ア 駅伝について「俺」に依頼する時、小野田先生はなかなか用件を言わなかった。

イ ジローの母親は、学校や地域の行事に関わっており、仕事が忙しくても常に先頭に立って頑張っていた。

ウ 小野田先生は、ジローに駅伝の話をしたことをジローの母親に伝えた。

エ ジローの母親は、息子を厳しく叱るだけではなく、息子がやりたいことは何でもやらせようとしていた。

二

次の文章を読んで、後の問いに答えなさい。

ここまで一通り、私なりの理解にもとづく、人工知能と人間の思考プロセスの違いを説明してきました。その上で、ここからは人間が人工知能とどんなふうにつき合っていけばよいかを考えたいと思います。

まず一つ言えるのは、人工知能が＊1ディープラーニングなどで学習した成果を、人間も学んでいけるのではないか、ということです。

つまりは、単に人工知能が導き出した結論を学ぶだけでなく、それによって明らかになった「思考の盲点」を確認していき、自分の「美意識」を変えるような体験をする――というわけです。

しかし一体、①そんなことが可能なのでしょうか。

実は、ここでも私は将棋の世界で起きたことが、参考になるのではないかと思います。

そもそも将棋の世界で、テクノロジーの導入が＊2喧伝《けんでん》されるようになったのは、人工知能が初めてではありません。私が棋士になった後のことですが、パソコンのA普及による＊3棋譜《きふ》のデータベース化と、インターネットを利用した「ネット対戦」という、二つの大きなB節目がありました。

では、それ以前の将棋界はどのような風景だったのでしょうか。私が将棋を始めた、小学生の頃を振り返ると、独学でひたすら修練を続けていました。もちろん、データベースもインターネットもありません。当時の私は、ほぼ毎日、詰将棋を解いていました。

江戸時代に作られた、『将棋図巧』という詰将棋の古典問題を集めた本があります。この本に掲《かか》げられた一〇〇題は、どれも相当に難しく、一題解くのに一か月くらいかかることがざらです。

詰将棋は実戦と違って、鑑賞物として作られているところがあります。遠い昔の人が作った問題なのにとても芸術性が高く、その美しさに魅せられたことが、詰将棋を一人でこつこつ解くことを続けられた早くから朝ごはん用意しなきゃいけない」

　母親は文句を言うと、さっさとＣＤを整理し始めた。

（瀬尾まいこ『あと少し、もう少し』より）

問一　＝＝線部Ａ「独占」、Ｂ「世間話」の漢字の読みをひらがなで答えなさい。

問二　――線部①「みんな俺をジローと呼ぶ」とありますが、その理由として最適なものを、次のア～エの中から選び、記号で答えなさい。

ア　田舎なのでお互いを苗字ではなく名前で呼び合っていたが、「俺」の名前は読み方が難しいので、誰もが気軽に呼べるわかりやすいあだ名になったから。

イ　同じ苗字の人が多いため、苗字で呼ばれることはなく、名前で呼ぶにも長すぎる上、他の同級生と呼び方を区別しなければならなくなったから。

ウ　同じ苗字の人が多いので、苗字で呼ばれることはなく、名前も長かったので、他の同級生と区別できて、人柄にもあった呼び方に省略されたから。

エ　田舎に多い苗字のため、苗字で呼ばれることはなかったが、名前も他の同級生と同じだったため、名前の一部を省略して呼ばれるようになったから。

問三　――線部②「説教でなくお願いだ」とありますが、それはどのようなお願いでしたか。最適なものを次のア～エの中から選び、記号で答えなさい。

ア　駅伝のメンバーに加わり、学校として毎年参加してきた大会に出場できるようにして欲しいということ。

イ　駅伝のメンバーに加わり、毎年進出している県大会に出場できるようにチームのリーダーとして頑張って欲しいということ。

ウ　駅伝のメンバーに加わり、毎年優勝してきた地区大会で今年も優勝できるように力を貸して欲しいということ。

エ　駅伝のメンバーに加わり、昨年は進出できなかった県大会に出場できるようアンカーを務めて欲しいということ。

問四　――線部③「俺は生徒会の書記を務めている」とありますが、ジローが生徒会の書記などいろいろなことを引き受けるのはなぜですか。その理由として当てはまらないものを次のア～エの中から一つ選び、記号で答えなさい。

ア　頼まれ事を引き受けると自分にも得るものがあると考えているから。

イ　幼いころから「頼まれたら断るな」と母に言われ続けてきたから。

ウ　人から頼み事をされると、その人を助けてあげたいという気持ちが強くなるから。

エ　頼み事を断ったとしても再び頼まれることがあり、そのことをわずらわしいと感じるから。

問五　――線部④「俺は何の根拠もない小野田の言葉に、目を丸くした」とありますが、この時の気持ちとして最適なものを次のア～エの中から選び、記号で答えなさい。

ア　何でも引き受けようと思っていたが、できそうもないことを頼まれて、うろたえている。

イ　何か頼み事をされると思ってはいたが、予想外のことを頼まれて、驚いている。

ウ　人から頼まれることは嫌いではないが、あまりにもひどいことを頼まれて、落ち込んでいる。

エ　頼まれたらすぐに引き受けるつもりでいたが、意外なことを頼まれて、不安になっている。

「どうしてもか？」
「どうしてもって、ほら、駅伝となると、やっぱりしんどいじゃん」
「そうか。そうだな。わかった」
　小野田はがくりと肩を落として、大きなため息をついた。そのとたん、俺はなんとも嫌な気持ちになった。断るのはこんなに後味の悪いことなのか。俺は思わず、「わかったって、やるよ」と小野田の手を握りたくなる衝動《しょうどう》にかられた。でも、引き受けて走ったって、うまくいくわけがない。もっと困る事態になるはずだ。俺は後ろ髪を引かれる思いを断ち切るように、会議室をそそくさと出た。
　切ないような苦しいようなざわざわした思いは、家に帰ってからも消えなかった。小野田のがっかりした顔ったらなかった。期待が抜けて失望に変わる表情を見せられるのは、たまらない。今日は川に行って遊びまくろうと思っていたのに、何もする気がなくなってしまった。こういう時は寝るにかぎる。しっくりいかない気持ちは寝てなくすのが一番だ。そう思い立って扇風機をかけて眠っていたら、夕方⑥母親にたたき起こされた。
「ちょっと、真二郎、あんた、ぐちぐち言ってるんだって？」
　この町内で、俺のことをジローと呼ばないのは、母親だけだ。「何が？」
「何がって、職場に担任の先生から電話があったよ」
　寝起きでぼやけた頭で、俺はずっこけそうになった。小野田のやつ、「わかった」ってしおらしく言ってたくせに、どうして母親に言うんだ。こんなのチクリじゃないか。
「ぐちぐちって、駅伝に出ろって言われたから無理だって言っただけだって」
「無理って、あんた何様なの？」
　母親はあきれた顔をした。
「何様も何も、俺なんかが出たって迷惑なだけだろ？　それがわかってるから断ったんだ」
　俺は身体を起こすと、台所に向かった。暑くて喉《のど》がカラカラだ。
「そんなのわかった上で頼んでくれてるんでしょう。真二郎しか頼む人がいないのよ」
「そうだろうな」
　俺は水をごくごくと飲んだ。きっと小野田も陸上部のやつらも、一通りあちこちに頼んだはずだ。岡下や城田やその他の走れるやつ、思いつくかぎりにあたって無理だったのだ。それで、最後の最後にただ断らないという理由で俺に回ってきた。
「それがわかってるのに、断るなんて馬鹿じゃないの」
　母親は怒りながらも、忙しく動きはじめた。ＰＴＡ副会長を務める母親は、今度のＰＴＡコーラスで歌う曲を、参加者分ＣＤにダビングしなくてはいけないらしい。朝から晩まで仕事をしているくせに、母親は学校や地域の役員をいつも引き受けていた。
「真二郎が最後の砦《とりで》なのにねえ」
「ああ」
「ああって、わかってんの？　あんたの次はいないのよ」
　母親に鋭い声で言われて、俺の胸はまた［⑦］した。才能を見込まれたわけではない。ただ、どうしようもなくなって俺に話が来た。それは喜ばしいことではない。そうだけど、俺が断るということは、駅伝が成り立たないということだ。
「明日の朝、校門に七時集合だって」
「は？」
「だから、明日の朝、七時集合だから、六時には起きなさいよ」
　小野田のやろう。もう俺が了解すると決めてやがる。
「せっかくバスケ部引退して、朝練がなくなったと思ったのに、また我がバスケ部は二回戦で負けて、上の大会には進めなかった。俺ら三年生はそれで引退。あとは受験に向かうべきなのだけど、まだそんな気にはなれなかった。

「頼みたいことがあると言うか、ジローしかいないってことがあるんだけど」

小野田はそう言いながら、麦茶まで出してくれた。かなりのＶＩＰ待遇《たいぐう》だ。いったいなんだろう。夏休みに呼び出してまでの、頼み事。二学期からクラスの雰囲気を受験モードに持っていきたいから、なんか取組をしろということだろうか。もしくは、野球部部長の村野が大会で負けて元気ないから、声かけてやれ、ということか。

「で、先生、何？」

俺は麦茶を一気に飲み干した。もったいつけなくたって、俺はだいたいＯＫなのだからすぐに言ってくれたらいい。大会も終わったことだし、早く片付けて昼からは遊びに行きたい。

「駅伝って、六人で走るだろ？」

「ああ」

「それなのに、今年陸上部で長距離やってるやつ、二、三年合わせても三人しかいなくて、人が足りないんだって」

「へえ。短距離の岡下とか走らないの？」

なんでＢ世間話なんてするのだろう。さっさと用件を言えばいいのにと思いながら、俺は訊《き》いた。

「岡下や城田は短距離だから、長い距離走りそうにないしなあ。まず根性がないと駅伝は無理だろ」

「そっか。ま、駅伝は別に陸上部だけでやるわけじゃないから、誰か走るだろ」

毎年駅伝大会では陸上部以外のメンバーが活躍している。今年もそうなるだろう。俺は気楽に言った。

「そうだな。で、ジロー、お前走ったらどうだ？」

「は？」

④俺は何の根拠もない小野田の言葉に、目を丸くした。

「ジローそこそこ走り速いしさ」

「いやいやいや、もっと速いやつ、いっぱいいるじゃん」

俺は運動神経は悪くないけど、走りに関してはごく普通だ。俺より速いやつが三年生だけでもずいぶんいる。俺は小野田の申し出に首をぶんぶん振った。

「でも、ジロー、いつも体育祭とか校内陸上大会で休んだやつの分も走ってるだろ？」

「それって速いからじゃなくて、俺が一番無理きくってだけだろ？」

俺は欠席者の代わりになんだかんだとやってはいる。でも、それは有能だからではなく、突然頼まれても断らないからだ。

「もしかしてジロー、いやなのか？」

小野田は当たり前のことに首をかしげた。

「いやだろう。普通」

「どうしてだ。駅伝に出るなんて名誉なことじゃないか」

「だから困るんだよ。俺が走って⑤迷惑かけるのはいやだしな」

そうだ。駅伝となるといつもの調子でＯＫというわけにはいかない。駅伝は学校あげて取り組んでいるし、毎年県大会に進出している。それなのに、速くもない俺が走って上に進めないとなると大問題だ。放課後や夏休みに練習するのが面倒でもある。

「そんなの気にせず走ったらいいじゃないか」

「気にするよ。とにかく駅伝は無理だ」

「本気で言ってるのか？」

小野田は俺の顔をじっと見た。

「ああ、さすがにちょっとなあ」

2024年度 文京学院大学女子中学校

【国　語】〈ポテンシャル第一回試験〉（五〇分）〈満点：一〇〇点〉

一　次の文章を読んで、後の問いに答えなさい。

仲田真二郎。

①みんな俺をジローと呼ぶけど、正しい名前はこうだ。物心付いてから、仲田君と呼ばれることも、真二郎君と呼ばれることもなかった。まず、仲田。田舎のこの地域は同じ苗字が多い。中でも仲田は人気の苗字ベスト１で、中学校だけでも八人いる。ややこしいから苗字で呼ぶことは却下《きゃっか》。じゃあ名前でとなると、名前が長い。前半の真をとって、あだ名の王道「しんちゃん」でいいのだけど、保育所から同じクラスに信司というやつがいて、「しんちゃん」というあだ名をA独占していた。そいつのほうが小さくてかわいくて、いかにも「しんちゃん」だからしかたがない。

そういうもろもろの事情があり、俺の呼び名はジローとなった。クラスメートや先輩はもちろん、小学一年生から中学三年生にいたるまで、いつの時代の担任もほとんど行くことのない保健室の先生まで、俺のことをジローと呼んだ。

「ジロー、話があるんだけど、今から学校まで出てこれるか？」

中学校最後のバスケ部の大会が終わった翌日、担任の小野田が家に電話をよこした。ここ最近の行動を振りかえってみたけど、悪いことはたぶんしていない。それに小野田の声色《こわいろ》は優しい。ということは、②説教でなくお願いだ。

俺は小学生のころから物を頼まれることは、いつもクラスナンバー１だった。「ジローが気楽で助かる」歴代の担任教師はみんなそう喜んだ。

今も③俺は生徒会の書記を務めているけど、これだって立候補じゃない。

「書記だけ立候補が出ないんだよ。ジローやってよ」

去年の終わり、生徒会担当の宮原に言われた。だけど、さすがの俺も生徒会役員となると、ほいほい返事はできなかった。しかも書記となると面倒くさそうだしなと渋っていると、生徒指導主任の織田が出てきて、「なんだ、ジロー、ぐちぐち言わずにやれ」と一喝《いっかつ》された。市野中学は小さな学校だけど、三年生は五十二名いる。五十二分の一で俺を呼び出して怒るのもひどい話だけど、やっぱり俺は引き受けた。

「頼まれたら断るな」これが母親の教えだ。頼んでもらえるのはありがたいことだ。幼いころからそう言われ続けたから、俺の人生はずっとそんな感じ。「ジロー、プリント配っといて」「あれ、給食当番一人欠席か。ジロー頼むわ」そういう雑用から、「ちょっと、学級委員やる人誰もいないの？　じゃあ、ジローで」というものまで。厄介《やっかい》だとは思うけど、どんなことでもやっただけ何かがあるというのはわかる。断ってまた頼まれて、というのもわずらわしい。現在俺は、生徒会書記以外に、クラスでは号令係と司会係をやり、バスケ部では部長もしていた。どれもこれも、「ジローやっちゃってよ」という周りの後押しの結果だ。

自転車を漕《こ》いで学校に着くと、会議室に通された。

「おお、クーラーついてるじゃん」

「そう。贅沢《ぜいたく》だろ？」

小野田はにこりと笑った。これは間違いなく頼みごとだ。

「まあ、ジロー座れよ」

「ああ」

「夏季大会、お疲れ様。惜しかったな」

2024年度

文京学院大学女子中学校 ▶解説と解答

算 数 ＜ポテンシャル第１回試験＞（50分）＜満点：100点＞

解 答

1 (1) 28　(2) 11　(3) 4　(4) 4.545　(5) $\frac{5}{6}$　(6) $2\frac{1}{2}$　(7) 10230　2 (1) 4 km　(2) 2900円　(3) 10個　(4) 1.4km　(5) 235.5cm^2　(6) 89　(7) D　3 (1) 9枚　(2) $2\frac{7}{9}$倍　(3) 10番目　4 (1) 8 cm　(2) 29分後　(3) 18cm

解 説

1 四則計算，計算のくふう

(1) 45－（９×３－10）＝45－（27－10）＝45－17＝28

(2) （101＋４×25÷５）÷11＝（101＋100÷５）÷11＝（101＋20）÷11＝121÷11＝11

(3) 52÷｛9＋36÷（14－５）｝＝52÷（９＋36÷９）＝52÷（９＋４）＝52÷13＝４

(4) $60.6\times0.075=\frac{606}{10}\times\frac{75}{1000}=\frac{303}{5}\times\frac{3}{40}=\frac{909}{200}=4.545$

(5) $1\frac{1}{3}\times\frac{9}{4}\div3\frac{3}{5}=\frac{4}{3}\times\frac{9}{4}\times\frac{5}{18}=\frac{5}{6}$

(6) $3-\left(1.5-\frac{5}{6}\right)\times0.75=3-\left(\frac{9}{6}-\frac{5}{6}\right)\times\frac{3}{4}=3-\frac{2}{3}\times\frac{3}{4}=3-\frac{1}{2}=2\frac{1}{2}$

(7) 1023×2.3＋4.5×1023－5.7×1023＋1023×8.9＝1023×（2.3＋4.5－5.7＋8.9）＝1023×10＝10230

2 速さ，売買損益，差集め算，相当算，面積，数列，条件の整理

(1) 24分間は，$24\div60=\frac{2}{5}$（時間）なので，$10\times\frac{2}{5}=4$（km）進むとわかる。

(2) 昨年の定価を１とすると今年の定価は，１×（１＋0.1）＝1.1と表すことができ，その50％引きは，1.1×（１－0.5）＝0.55と表すことができる。よって，（昨年の定価）×0.55＝1595（円）となるから，昨年の定価は，1595÷0.55＝2900（円）となる。

(3) 買う予定だったケーキと実際に買ったケーキの１個あたりの金額の差は，460－360＝100（円）になる。よって，予定の金額より1000円高くなっているから，ケーキは，1000÷100＝10（個）買ったとわかる。

(4) 全体の道のりの，$1-\frac{7}{10}=\frac{3}{10}$にあたるのが420mだから，全体の道のりは，$420\div\frac{3}{10}=1400$（m）である。1 km＝1000mより，これは1.4kmとなる。

(5) 大きい円の面積から小さい円の面積を引いて求める。小さい円の半径は，10－５＝５（cm）だから，10×10×3.14－５×５×3.14＝（10×10－５×５）×3.14＝75×3.14＝235.5（cm^2）となる。

(6) １＋１＝２，１＋２＝３，２＋３＝５，…のように，前の２つをたした数がならんでいることがわかる。よって，７番目は，５＋８＝13で，８番目は，８＋13＝21になり，以下同様に，13＋21＝34，21＋34＝55，34＋55＝89となり，11番目の数は89とわかる。

(7) ③の条件のうち，「ＦとＤはＣに負けた」の部分からＣは２回以上勝っているとわかる。よって，①の条件より，ＡはＣに決勝戦で勝ったことになる。また，③の条件と④の条件から，Ｆは１

回戦でＨに勝ち，２回戦でＣに負けたことになる。したがって，Ｃと１回戦で戦ったチームはＤとわかる。

3 図形と規則

(1)　１番目の図を作るには正三角形の板を１枚使い，２番目の図を作るには正三角形の板を，１＋３＝４(枚)使う。よって，３番目の図を作るには正三角形の板を，１＋３＋５＝９(枚)使うとわかる。

(2)　(1)と同様に考えると，４番目の図を作るには正三角形の板を，１＋３＋５＋７＝16(枚)使い，５番目の図を作るには正三角形の板を，１＋３＋５＋７＋９＝25(枚)使うので，５番目の図の面積は，３番目の図の面積の，25÷９＝$2\frac{7}{9}$(倍)だとわかる。

(3)　１＝１×１，４＝２×２，９＝３×３，16＝４×４，25＝５×５より，□番目の図を作るのに必要な板の枚数は，(□×□)枚である。５番目の図の４倍の面積になるのは，25×４＝100(枚)の板を使う図になるから，100＝10×10より，10番目の図だとわかる。

4 グラフ―水の深さと体積

(1)　問題文中の図２のグラフで，２分後から４分後は水の深さが変わらないから，しきりの高さは８cmとわかる。

(2)　しきりの右側も含《ふく》めて，水の深さが８cmになったときから16cmになるまでにかかる時間は，14－４＝10(分間)である。つまり，しきりより上の部分では１分間に，(16－８)÷10＝0.8(cm)ずつ水の深さが増えていくことになる。よって，しきりより上の部分がいっぱいになるまでにかかる時間は，(28－８)÷0.8＝25(分間)だから，容器に水がいっぱいになるのは，水を入れ始めてから，４＋25＝29(分後)となる。

(3)　しきりより上の部分の容積は，(28－８)×30×30＝18000(cm^3)で，この部分に水を入れるのに25分かかる。つまり，入れる水の量は毎分，18000÷25＝720(cm^3)と求められる。また，しきりより下の部分に水がいっぱいになるのは４分後だから，下の部分の容積は，720×４＝2880(cm^3)になる。よって，下の部分の横の長さは，2880÷８÷30＝12(cm)で，①の長さは，30－12＝18(cm)となる。

理　科　＜ポテンシャル第１回試験＞

解　答

1　(1)　エ　(2)　イ　(3)　ア　(4)　イ，オ　(5)　32cm

2　**A**　(1)　ウ→イ→ア→エ　(2)　(例)　右の図　**B**　(1)　エ　(2)　**図**…ウ　**理由**…(例)　エアコンから出る冷たい風は，部屋の下の方に流れる性質があるので，エアコンは下向きにせず，せん風機を上向きにすると，部屋全体を効率的に冷やすことができるから。

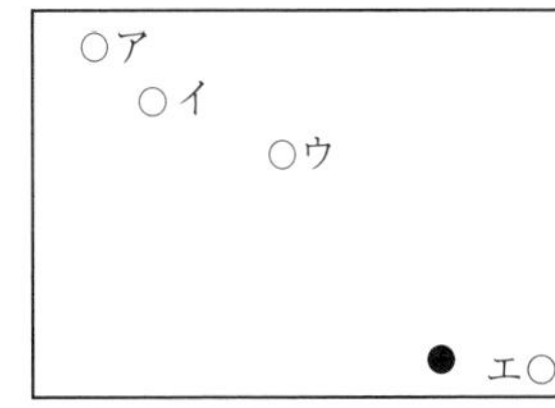

解　説

1 小問集合

(1) チョウのよう虫は主に葉をエサとして食べるが，羽化して成虫になると口の形が変わり，主に植物の花のミツをエサにするため，よう虫と成虫で食べるものが異なる。なお，テントウムシはアブラムシを，バッタは草を，カマキリは生きた昆虫《こんちゅう》などを食べるが，よう虫と成虫で食べるものは変わらない。

(2) ツバメは，春に繁殖《はんしょく》のためにエサの多い日本へやってくるが，秋に寒さをしのぐために南の国に渡《わた》っていくので，東京で冬に見ることはできない。なお，スズメ，カラス，ハトは渡りをしないため，一年を通して見ることができる。

(3) スチールウール(鉄)を燃やすと，鉄が空気中の酸素と結びつき酸化鉄になるが，このとき二酸化炭素は発生しない。なお，紙や割りばし，ろうそくには炭素がふくまれているため，燃やしたときに二酸化炭素が発生する。

(4) 水よう液は，色はついていてもよいが透明《とうめい》で，どの部分でも濃度《のうど》が一定である。また，水にとかすものは，同じ種類でも温度によってとける量が変化し，種類が異なればとける量は異なる。なお，水に入れたものを早くとかすには，とかすものを細かくする，かきまぜる，水の温度を変えるなどの方法がある。また，食塩を水にとかすと，水よう液の重さは食塩の重さの分だけ重くなるため，食塩の重さがなくなることはない。

(5) 100 g で 2 cm伸《の》びるばねなので，400 g のおもりを下げているときには，$2\times\frac{400}{100}=8$ (cm)伸びている。よって，このばねに何もおもりを下げていないときの長さは，$40-8=32$(cm)と求められる。

2 熱のつたわり方についての問題

A (1) 金ぞくの板をつたわる熱は，熱しているところを中心に，円が大きくなるようにつたわっていくので，●から距離《きょり》が近い順にろうがとけていく。よって，ウ→イ→ア→エの順になる。

(2) 熱のつたわる順がまず，エ→ウの順になることから，ウとエに同時に熱が伝わる場所より，エに近い場所を熱していることがわかる。熱が同時に伝わるところは，ウとエを結ぶ線を垂直に2等分する線上なので，その線よりもエに近い場所であればどこを熱してもよい。よって，右の図の斜線《しゃせん》で示した範囲《はんい》内のどこかに●を書く。

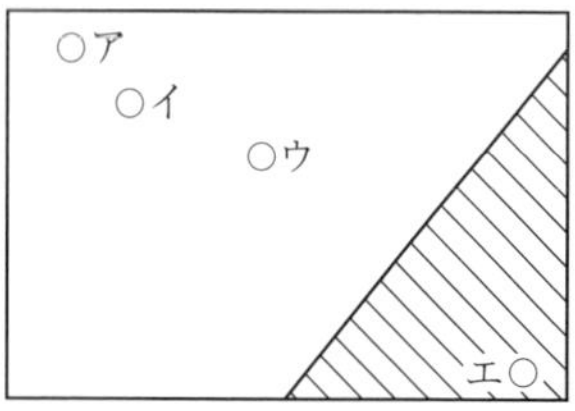

B (1) 2023年7月27日に，国連のアントニオ・グテーレス事務総長は「地球温暖化の時代は終わりました。地球沸騰《ふっとう》化の時代が到来《とうらい》したのです」と警告し，気候変動対策の必要性を述べた。

(2) 冷たい空気は暖かい空気に比べて重く，部屋の下の方にたまりやすいので，エアコンの風は部屋の上の方に流れるようにまっすぐ横へ向け，部屋の下にたまっている冷たい空気が部屋の上の方へ流れるように，せん風機(サーキュレーター)を上向きにすると，もっとも効率よく部屋全体を冷やすことができる。

社 会 ＜ポテンシャル第1回試験＞

解 答

3 **問1** 奥羽山脈 **問2** い **問3** う **問4** あ **問5** 三内丸山遺跡 4

問１　国民　**問２**　衆議院　**問３**　あ　**問４**　う　**問５**　あ

解説

3 東北地方の地理と歴史についての問題

問１　奥羽《おうう》山脈は，東北地方の中央部を約500kmにわたって南北に走る日本最長の山脈で，東北地方を東の太平洋側と西の日本海側に分けている。また，奥羽山脈の西側には出羽山地，東側には北上高地が南北に延びている。

問２　信濃《しなの》川は，中部地方の長野県から流れ出し，新潟県を通って日本海へと注ぐ日本最長の川である(い…×)。なお，最上《もがみ》川は山形県を流れる川で，中上流域では米沢《よねざわ》盆地・山形盆地・新庄《しんじょう》盆地などを，河口付近では庄内《しょうない》平野を形成して日本海に注ぐ(あ…○)。北上川は，岩手県の中央部を北から南に流れ，北上盆地や宮城県の仙台平野を通って太平洋へと注ぐ川である(う…○)。

問３　日本海側の気候は，北西の季節風と沖合を流れる暖流の対馬《つしま》海流の影響《えいきょう》を受けて，冬に降水量が多くなるという特徴《とくちょう》がある。３つのグラフのうち，冬の降水量が最も多い「う」のグラフが日本海側を表している。なお，「あ」のグラフは夏の降水量が多いので太平洋側，「い」のグラフは年間降水量が少なく，夏と冬の気温差が大きいので内陸性の気候を表しているとわかる。

問４　冬の北西の季節風は，日本海を流れる対馬海流の上を通るさいに水分をふくんで湿《しめ》った風となる。その状態で日本海側に吹《ふ》きつけるため，日本海側では冬に雪が多く降る(あ…○)。なお，東北地方の太平洋側に北東の方角から吹きつける夏の冷たく湿った風をやませという(い…×)。乾いた空気が流れ込《こ》んでも雲が発生しないため，雪は降らない(う…×)。

問５　青森市にある三内丸山遺跡《いせき》は，縄文時代を代表する大規模集落跡《あと》である。竪穴《たてあな》住居や掘立《ほったて》柱《ばしら》建物の跡，マメやクリ，ヒョウタンなどを栽培《さいばい》していた跡のほか，多数の土器や石器などの道具も発見されている。2021年には「北海道・北東北の縄文遺跡群」を構成する資産の１つとして，ユネスコ(国連教育科学文化機関)の世界文化遺産に登録された。

4 日本の政治の仕組みについての問題

問１　国民主権とは，国の政治のあり方を最終的に決める権利が国民にあることをいい，平和主義・基本的人権の尊重とともに，日本国憲法の三大原則の１つとされている。ただし，間接民主制(代議制)を採用しているため，主権を持つ国民が国会議員を選挙で選び，国民の代表である国会議員が話し合って政治の方向性を決めていく。

問２　日本の国会は参議院と衆議院から成る二院制(両院制)が導入されている。性格の異なる２つの院があることで，審議《しんぎ》を慎重《しんちょう》に行うことができる。なお，衆議院は参議院より任期が短いうえに解散もあるため，国民の意思を反映しやすいことから，参議院よりも強い権限が与えられている。これを，衆議院の優越《ゆうえつ》という。

問３　日本人が初めて自分たちの代表を選挙で選ぶことができるようになったのは，1890年の第一回衆議院議員総選挙のときである。1889年に発布された大日本帝国憲法とともに公布された衆議院議員選挙法によって，直接国税を15円以上納める満25歳《さい》以上の男子に選挙権が与えられた(あ…○)。なお，明治時代は1868年～1912年の45年間，大正時代は1912年～1926年の15年間(い…×)，昭和時代は1926年～1989年の64年間(う…×)，平成時代は1989年～2019年の31年間である。

問４　GHQ(連合国軍最高司令官総司令部)の指導の下で行われた民主化政策の一環として，1945

年に衆議院議員選挙法が改正され，婦人参政権が認められるようになり，満20歳以上の全ての男女に選挙権が与えられた。この選挙法により戦後初めて行われた翌46年の総選挙では，39名の女性議員が誕生《たんじょう》した(う…○)。なお，1925年に制定された普通選挙法によって，納税額や職業に関係なく満25歳以上の全ての男子に選挙権が与えられた(あ，い…×)。

問５　国会による指名にもとづいて内閣総理大臣を任命することは，天皇の国事行為《こうい》の１つである(あ…○)。なお，内閣の補助機関であり内閣総理大臣を直接支える役職である官房《かんぼう》長官や内閣を構成する国務大臣は，内閣総理大臣が任命する(い，う…×)。

英　語　＜ポテンシャル第１回試験＞

※　解説は編集上の都合により省略させていただきました。

解　答

5　①　**1**　イ　**2**　ア　**3**　ア　**4**　イ　**5**　ウ　②　**1**　イ　**2**　ウ　**3**　ア　**4**　ウ　**5**　イ　**6**　(1)　(例)　He is from Canada.　(2)　(例)　He likes soba.　(3)　Yes, he does.　(4)　(例)　She went there last Sunday(week).　(5)　No, she isn't(is not).

国　語　＜ポテンシャル第１回試験＞（50分）＜満点：100点＞

解　答

一　**問１**　**A**　どくせん　**B**　せけんばなし　**問２**　イ　**問３**　ア　**問４**　ウ　**問５**　イ　**問６**　(例)　学校をあげて取り組んでいる駅伝に，速くもない自分が出ることで，毎年進出している県大会に進めなくなること。　**問７**　ア　**問８**　ざわざわ　**問９**　エ

二　**問１**　**A**　ふきゅう　**B**　ふしめ　**問２**　エ　**問３**　ア→エ→ウ→イ　**問４**　イ　**問５**　当時の私は～いました。　**問６**　ア　**問７**　(例)　データベースやネットで将棋をどう学べばよいかを，自分の頭で考える文化が生まれたから。　**問８**　ウ　**問９**　ア

三　**問１**　ア　**問２**　エ　**問３**　エ　**問４**　イ　**問５**　ア　**四**　下記を参照のこと。

●漢字の書き取り

四　①　直ち　②　生地　③　暗唱　④　朗らか　⑤　営む　⑥　健やか　⑦　参拝　⑧　険しい　⑨　観察　⑩　半紙

解　説

一　**出典：瀬尾《せお》まいこ『あと少し，もう少し』**。他人の頼《たの》みをいつも引き受けてきたジローは，担任の小野田から思いがけず駅伝大会への出場を頼まれ，断ったものの後味の悪さを感じる。

問１　**A**　ひとりじめすること。　**B**　世の中での一般的《いっぱんてき》な雑談。

問２　最初の部分に注目する。「俺《おれ》」の本名は「仲田真二郎」だが，仲田という苗字《みょうじ》がたくさんいたことや，「しんちゃん」というあだ名の同級生がほかにいたことから，「仲田真二郎」の「二郎」

をとって，「ジロー」と呼ばれるようになったのである。

問３　ぼう線部④の前の部分に注目する。小野田は，学校が毎年参加してきた駅伝大会について，陸上部だけでは走者が足りないため，「で，ジロー，お前走ったらどうだ？」と頼んでいるので，アが選べる。「チームのリーダーとして頑張《がんば》って欲《ほ》しい」，「優勝できるように」，「アンカーを務めて欲しい」とは言われていないので，イ～エはふさわしくない。

問４　後の部分に注目する。ジローが頼みごとを断らないのは，「頼まれたら断るな」という母親の教えがあったからである。また，ジローは「どんなことでもやっただけ何かがある」と理解しており，「断ってまた頼まれて，というのもわずらわしい」とも考えているので，ウがふさわしくない。

問５　「目を丸くする」は，驚《おどろ》いて目を大きく開くこと。駅伝の話題を「世間話」と考えていたことから，ジローは自分が駅伝に出るように言われるとは思っていなかったとわかる。そのため，小野田の言葉に驚いたのである。

問６　直後に注目する。「学校あげて取り組んでいる」駅伝に，「速くもない俺が走って」，いつもは進めている「県大会」に進めなくなってしまうと「大問題」だとジローは考えている。そのような「大問題」になってしまうと「迷惑《めいわく》かける」ことになるので，心配しているのである。

問７　続く部分より，母親がジローをたたき起こしたのは，駅伝に出場してほしいという小野田の頼みを断ったことを知ったからだとわかる。また，問６でみたように，ジローが駅伝出場を断ったのは学校やメンバーに迷惑をかけると思ったからで，母親に迷惑をかけると思ったからではない。よって，アが誤り。

問８　「才能を見込《みこ》まれたわけでは」なく，「どうしようもなくなって」駅伝の出場を頼まれたことはわかっているが，迷惑をかけると思ってその頼みを断ったジローの気持ちを読みとる。ぼう線部⑥の少し前に，断ることに後ろめたさを感じる気持ちが，「ざわざわした思い」と表現されているので，この部分がぬき出せる。

問９　母親は，小野田の頼みを断るなと言っているだけなので，「息子がやりたいことは何でもやらせよう」とあるエは正しくない。

二　**出典：羽生善治《はぶよしはる》・NHKスペシャル取材班『人工知能の核心《かくしん》』**。テクノロジーの導入によって，将棋《しょうぎ》の世界がこれまでどのように変化してきたかを説明しつつ，人工知能と前向きにつき合っていく方法を探っている。

問１　**A**　広く行きわたること。　**B**　ものごとが変化する区切りの時期。

問２　直前に注目する。「単に人工知能が導き出した結論を学ぶだけでなく，それによって明らかになった『思考の盲点《もうてん》』を確認していき，自分の『美意識』を変えるような体験をする」ことが述べられているので，エが選べる。

問３　江戸時代には詰将棋《つめしょうぎ》が中心だった将棋の世界が，最近になって対局を中心とした文化になり，パソコンとインターネットの普及《ふきゅう》という二つの節目を経験した。そして，人工知能が登場したのである。

問４　スポーツの世界で，「うさぎ跳《と》び」をするのではなく，体系的なトレーニングが行われるようになったのと同様に，将棋の世界でも，トレーニングとしての詰将棋は，将棋の上達という観点において「効率的」かどうかわからず，これから先は役に立たないと筆者は考えているのである。

問５　本文の前半にあるとおり，筆者が将棋を始めたころは，データベースもインターネットもなかったので，「ほぼ毎日，詰将棋を解いて」，独学でひたすらに修練を続けていたのである。

問６　「これ」とあるので，前の部分に注目する。「将棋の世界は職人の世界と一緒《いっしょ》」で，カリキュラムはなく，師匠はいるが「手取り足取り教えてくれる訳でもない」と述べられている。つまり，環境《かんきょう》は準備されるが「基本的には自分で学ぶ」ことが求められているので，アが合わない。

問７　直後に注目する。「独学が基本」という風土のおかげで，データベースやインターネットを使って，「どのように勉強すればいいのかを試行錯誤《しこうさくご》」して，「自分の頭で考える文化が生まれ」たと述べられているので，この部分をまとめる。

問８　以前は，地方に住んでいるために将棋が好きでもなかなか強くなれない子どもがたくさんいたが，「今ではネット対局があるので，地理的なハンディキャップ」はなくなり，「公平な世のなか」になったと述べられている。つまり，情報の「地域格差」がなくなったということである。

問９　最後から三段落目にあるとおり，ネットの対戦において，「単に練習するだけ」ではなく，対局後や対局中もチャットをして感想を言い合うことがとても重要だと述べられているので，アが正しい。なお，イは「奨励会《しょうれいかい》での対局が必要」とは述べられていないので，誤り。ウは，詰将棋は実戦用につくられたものではないので，ふさわしくない。エは，ぼう線部⑥の直後にあるとおり，将棋の世界において「事前に手を研究したり作戦を考えたりする」ことを「蔑《さげす》む風潮」は，データベースの登場で「崩《くず》れた」とあるので，合わない。

三　ことばの意味，ことばのかかり受け，敬語の使い方，慣用句の完成，四字熟語の完成

問１　アの「メリット」は，“長所”という意味。「電化製品を選ぶ時には，それぞれの長所を比較《ひかく》して選ぶとよい」という文脈になる。なお，イの「アプローチ」は，“解決の手段・方法”という意味。ウの「ハプニング」は，“思わぬできごと”という意味。エの「アピール」は，うったえかけること。オの「キャンセル」は，予約などを取り消すこと。

問２　ことばのかかり受けでは，直接つなげてみて意味のまとまる部分が答えになる。「とつぜん」何があったのかを表しているのは，「現れて」である。

問３　相手にではなく，家族という身内に尊敬語の「召し上がる」を使っているので，エが誤り。正しくは，「いただきました」となる。

問４　イは「牛の歩み」となり，ものごとの進みが遅《おそ》いこと。なお，アの「たで食う虫も好き好き」は，好みは人によって異なるという意味。ウの「虫の知らせ」は，なんとなくそうなる予感があること。エの「一寸の虫にも五分の魂《たましい》」は，小さなものにもプライドがあるということを表す。オの「虫の居所が悪い」は，機嫌《きげん》が悪いこと。

問５　アは「針小棒大」で，小さなできごとを大きなことのように言うこと。なお，イは，“多くの人が同じことを言う”という意味の「異口同音」。ウは，日々進歩していくことを表す「日進月歩」。エは，表面的な意味以外の意味がふくまれることを表す「意味深長」。オは，自分の利益になるように動くことを表す「我田引水《がでんいんすい》」。

四　漢字の書き取り

①　音読みは「チョク」「ジキ」で，「日直」「正直」などの熟語がある。　②　パンやうどんなどのもとになるもの。　③　覚えて言えるようにすること。　④　音読みは「ロウ」で，「明朗」などの熟語がある。　⑤　音読みは「エイ」で，「営業」などの熟語がある。　⑥　音読

みは「ケン」で，「健康」などの熟語がある。　⑦　お参りをすること。　⑧　音読みは「ケン」で，「危険」などの熟語がある。　⑨　注意深く見ること。　⑩　習字をするための紙。

Dr.福井の

入試に勝つ！脳とからだのウルトラ科学

睡眠時間や休み時間も勉強!?

みんなは寝不足になっていないかな？　もしそうなら大変だ。睡眠時間が少ないと，体にも悪いし，脳にも悪い。なぜなら，眠っている間に，脳は海馬《かいば》という部分に記憶をくっつけているんだから。つまり，自分が眠っている間も頭は勉強しているわけだ。それに，成長ホルモン（体内に出される背をのばす薬みたいなもの）も眠っている間に出されている。昔から言われている「寝る子は育つ」は，医学的にも正しいことなんだ。

寝不足だと，勉強の成果も上がらないし，体も大きくなりにくく，いいことがない。だから，睡眠時間はちゃんと確保するように心がけよう。ただし，だからといって寝すぎるのもダメ。アメリカの学者タウブによると，10時間以上も眠ると，逆に能力や集中力がダウンしたという研究報告があるんだ。

睡眠時間と同じくらい大切なのが，休み時間だ。適度に休憩するのが勉強をはかどらせるコツといえる。何時間もぶっ続けで勉強するよりも，50分勉強して10分休むことをくり返すようにしたほうがよい。休み時間は，散歩や体操などをして体を動かそう。かたまった体をほぐして，つかれた脳を休ませるためだ。マンガを読んだりテレビを見たりするのは，頭を休めたことにならないから要注意！

頭の疲れに関連して，勉強の順序にもふれておこう。算数の応用問題や理科の計算問題，国語の読解問題などを勉強するときには，脳のおもに前頭葉という部分を使う。それに対して，国語の知識問題（漢字や語句など）や社会などの勉強では，おもに海馬《かいば》という部分を使う。したがって，それらを交互に勉強すると，１日中勉強しても疲れにくい。

Dr.福井（福井《ふくい》一成《かずしげ》）…医学博士。開成中・高から東大・文Ⅱに入学後，再受験して翌年東大・理Ⅲに合格。同大医学部卒。さまざまな勉強法や脳科学に関する著書多数。

Memo

Memo

2023 年度

文京学院大学女子中学校

【算　数】〈ポテンシャル第１回試験〉（50分）〈満点：100点〉

1　次の計算をしなさい。解答用紙には，答えのみ書きなさい。

(1)　$20-10\div5$

(2)　$57-(5+4\times8)$

(3)　$12-\{21-3\times(15-9)\}$

(4)　0.16×8.5

(5)　$84\div0.07$

(6)　$\frac{5}{11}\times1\frac{7}{15}\div\frac{2}{3}$

(7)　$\left\{1-\left(1\frac{1}{3}+0.4\right)\div2\frac{3}{5}\right\}\div0.08$

2　次の問いに答えなさい。

(1)　167.5km の道のりを，時速67km で走る特急電車に乗ると，何時間何分かかりますか。

(2)　定価1980円の商品を３割引きで売っています。さらに10%引きにすると，売り値は何円ですか。ただし，小数第一位を四捨五入します。

(3)　文子さんが家から学校に向かいました。全体の道のりの $\frac{1}{5}$ は自転車に乗り，全体の道のりの $\frac{7}{10}$ は電車に乗り，残りの350mは歩きました。家から学校までの道のりは何km ですか。

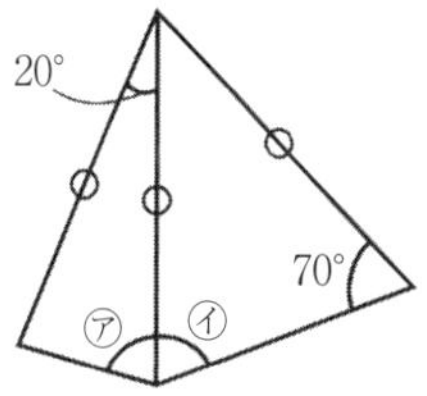

(4)　右のような図があります。角㋐と角㋑を合わせた大きさは何度ですか。ただし，同じ印のついた辺の長さは等しいとします。

(5)　右の図のように，直径10cm の円を４つ組み合わせた図があります。斜線《しゃせん》の部分のまわりの長さは何cm ですか。ただし，円周率は3.14とします。

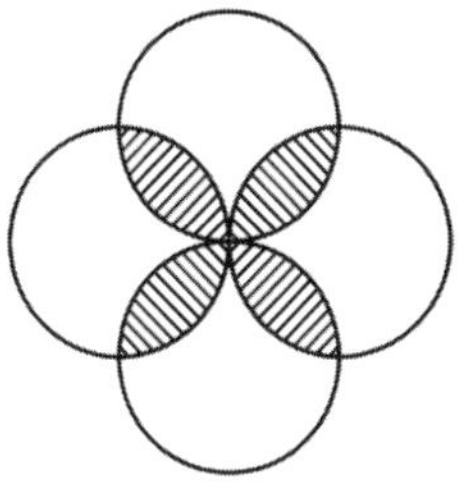

(6)　次のように，数があるきまりにしたがってならんでいます。

5，2，1，3，4，5，2，1，3，4，5，2，……

2023番目の数字はいくつですか。

(7)　A，B，C，D，Eの５つのワンピースの価格を比べました。価格の結果は次の通りでした。

①　Dは３番目に安い。

②　DはEより安い。

③　BとDはAより高い。

④　BはCより高く，Eより安い。

このとき，一番価格が高いワンピースを答えなさい。

3　１辺が１cmの立方体を小さい立方体とよびます。次の図のように，小さい立方体を重ねていきます。このとき，下の問いに答えなさい。

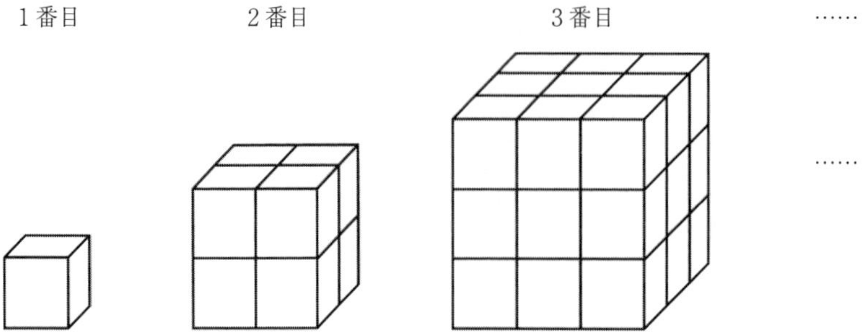

(1)　５番目では，小さい立方体は何個必要ですか。

(2)　小さい立方体が343個必要になるのは，何番目ですか。

(3)　10番目の立方体を考えます。この大きい立方体の６つの面を赤色でぬるとき，２つの面に赤色がぬられている小さい立方体は何個ですか。

4　次の図１のような立方体から直方体を切り取った形の容器に，毎分同じ量の水を入れていきます。図２のグラフは，水を入れる時間と水の深さの関係を表したものです。このとき，下の問いに答えなさい。

図１

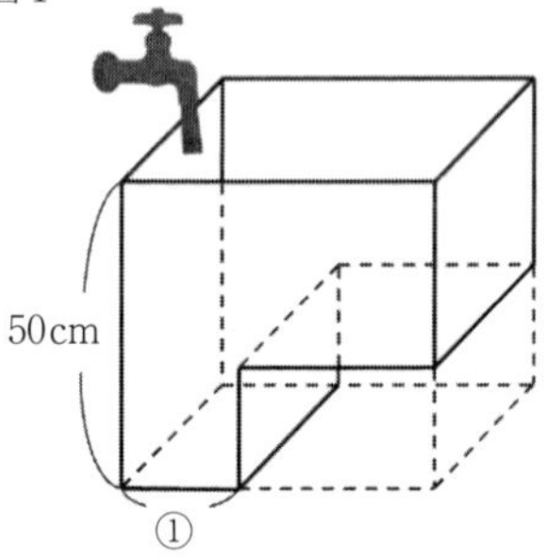

図２

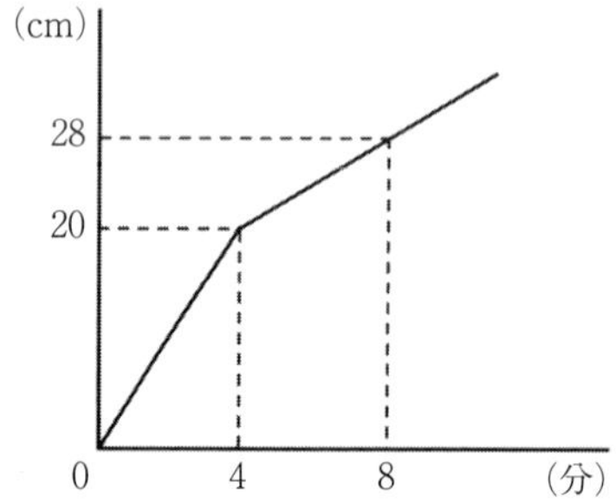

(1)　容器に水がいっぱいになるのは，水を入れ始めてから何分後ですか。

(2)　１分間に入る水の量は何cm^3ですか。

(3)　図１の①の長さは何cmですか。

【理科・社会・英語】〈ポテンシャル第１回試験〉（30分）〈満点：50点〉

・**1** **2** が理科の問題，**3** **4** が社会の問題，**5** **6** が英語の問題です。

・６題の問題より２題以上に解答してください。１題25点で採点します。３題以上解答した場合は，得点の高い２題を合計して，50点満点とします。

1　次の各問いに答えなさい。

(1)　ある回路に電流を流したとき，電流計の示す値は右図のようになりました。流れている電流は何mAですか。このとき，電流計の－極側の端子《たんし》は500mAにつないでいます。

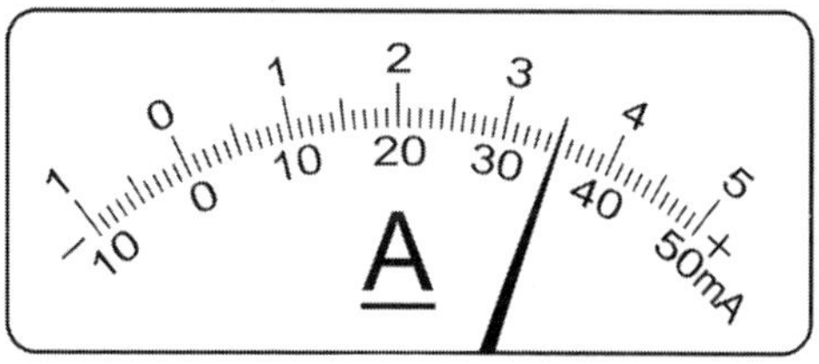

(2)　種子以外の姿で冬ごしをする植物はどれですか。次の**ア**～**オ**から１つ選びなさい。

ア　タンポポ　　**イ**　ヘチマ　　**ウ**　アサガオ　　**エ**　ツルレイシ　　**オ**　ヒマワリ

(3)　食べ物を消化するはたらきをもつ液を消化液といいます。消化液を出さない器官はどれですか。次の**ア**～**オ**から１つ選びなさい。

ア　口　　**イ**　胃　　**ウ**　すい臓　　**エ**　小腸　　**オ**　大腸

(4)　音が１秒間に進む距離を340mとします。この音の速さを時速で表したとき，もっとも近い値を次の**ア**～**エ**から１つ選びなさい。

ア　20km/時　　**イ**　34km/時　　**ウ**　340km/時　　**エ**　1200km/時

(5)　2020年に，はやぶさ２はリュウグウという星から試料を持ち帰りました。リュウグウのグループとして正しいものを，次の**ア**～**エ**から１つ選びなさい。

ア　恒星　　**イ**　惑《わく》星　　**ウ**　小惑《わく》星　　**エ**　衛星

2　Ａ～Ｄの４本の試験管に少量の水よう液が入っていて，これらはそれぞれ，うすめたアンモニア水，食塩水，炭酸水，うすめた塩酸のどれかであることが分かっています。次の問いに答えなさい。

(1)　青色リトマス紙を赤色に変える水よう液は何性ですか。

(2)　青色リトマス紙につけても色が変化しないのは下のうちどの液体ですか。**ア**～**ウ**から２つ選びなさい。

ア　酸性の液体　　**イ**　中性の液体　　**ウ**　アルカリ性の液体

(3)　A～Dの４本の試験管の水よう液について，いくつかの実験をおこなったところ，下の表のようになりました。試験管の水よう液について正しい組みあわせを，下の(ア)～(エ)から１つ選びなさい。

実験 試験管	リトマス試験紙につけたあとのようす	水を蒸発させたあとのようす	スチールウールを入れたようす
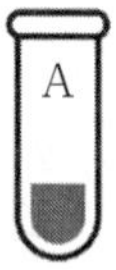	青色リトマス紙の色が赤色に変わった 赤色リトマス紙の色は変わらなかった	何も残らなかった	あわを出しながらスチールウールが溶けた。
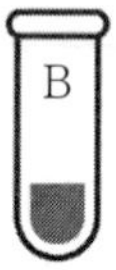	青色リトマス紙の色が赤色に変わった 赤色リトマス紙の色は変わらなかった	何も残らなかった	変化はなかった
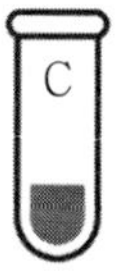	赤色リトマス紙の色が青色に変わった 青色リトマス紙の色は変わらなかった	何も残らなかった	変化はなかった
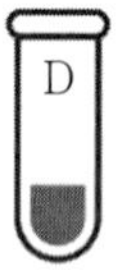	赤色リトマス紙の色も 青色リトマス紙の色も 変わらなかった	白いつぶが残った	変化はなかった

(ア)　A　炭酸水　B　うすめた塩酸　C　アンモニア水　D　食塩水
(イ)　A　うすめた塩酸　B　炭酸水　C　アンモニア水　D　食塩水
(ウ)　A　うすめた塩酸　B　炭酸水　C　食塩水　D　アンモニア水
(エ)　A　アンモニア水　B　うすめた塩酸　C　食塩水　D　炭酸水

(4)　Dの試験管の水よう液を熱して水をすべて蒸発させました。蒸発させたあと試験管に白いつぶが残っていました。この白いつぶを虫眼鏡で観察したようすを表したものを，次の**ア**～**エ**から１つ選びなさい。

ア
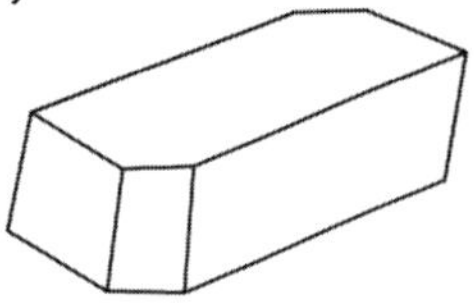

イ
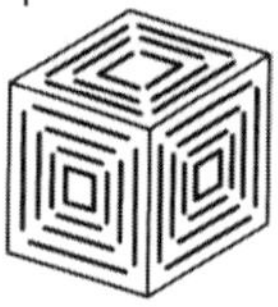

ウ
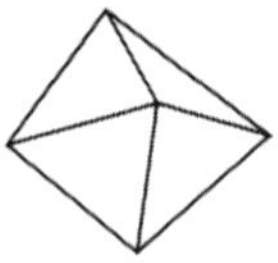

エ
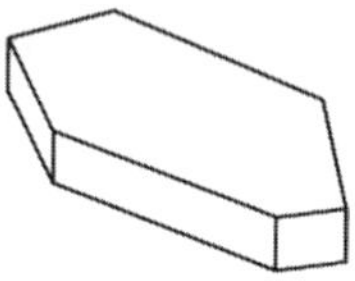

3 次の文を読み，後の問いに答えなさい。

広島市は(1)広島県の県庁所在地で中国地方最大の都市です。1945年8月6日世界で最初の(2)が落とされ，多くの人々がなくなりました。(3)爆心地近くに残った建物は，戦争の被害を伝え，このような悲劇が二度と起きないようにとの願いから，世界平和をめざすシンボルとして保存されています。世界の人々もその価値を認め，1996年にユネスコの(4)に登録されました。広島市は国際平和文化都市として，世界が平和であるように活動を続けていますが，現在も(5)世界では戦争や武力による対立が続いています。

問1　下線部(1)について，広島県の場所を地図中の**あ**～**え**から1つ選び記号で答えなさい。

問2　空欄(2)にあてはまる語句を漢字4文字で答えなさい。

問3　下線部(3)の建物を次の**あ**～**え**から1つ選び記号で答えなさい。

あ　厳島神社　　**い**　広島城

う　原爆ドーム　　**え**　八幡製鉄所

問4　空欄(4)にあてはまる語句を漢字6文字で入れなさい。

問5　下線部(5)について，2022年2月24日にロシアに攻めこまれた国はどこか答えなさい。

4 次の文を読み，後の問いに答えなさい。

(1)長野県のえりかさんのところに，東京に住んでいるいとこのお姉さんが遊びにきました。お姉さんはいま大学で(2)法律について勉強していて，将来は国の(3)機関で働きたいそうです。えりかさんも東京の大学に行きたいと思っているので，東京の生活や大学での勉強のことなどいろいろお話をききました。お姉さんは(4)昔の法律についての授業がおもしろいと話していました。

問1　下線部(1)について，長野県はある作物の生産量で日本で一番です。その作物を次の**あ**～**え**から1つ選び記号で答えなさい。

あ　ジャガイモ　　**い**　レタス　　**う**　トマト　　**え**　きゅうり

問2　下線部(2)について，日本の法律は日本国憲法にもとづいてつくられています。日本国憲法の3つの原則のうち，「国民主権」のほかの2つの原則を答えなさい。

問3　下線部(3)について，国の行政組織や地方自治・通信などに関する仕事をおこなっている省を次の**あ**～**え**から1つ選び記号で答えなさい。

あ　法務省　　**い**　文部科学省　　**う**　経済産業省　　**え**　総務省

問4　下線部(4)について，次の問いに答えなさい。

(1)　日本で，昔に出された次の3つの法律・心構えを，出された順番にならべかえたとき，順番が正しいものを下の**あ**～**え**から1つ選び記号で答えなさい。

〔昔の法律〕　武家諸法度　　大宝律令　　十七条の憲法

あ　武家諸法度　→大宝律令　　→十七条の憲法
い　十七条の憲法→大宝律令　　→武家諸法度
う　大宝律令　　→十七条の憲法→武家諸法度
え　十七条の憲法→武家諸法度　→大宝律令

(2)　大日本帝国憲法について述べた文として正しいものを，次の**あ**～**え**から１つ選び記号で答えなさい。

あ　国民が話し合って決めたものを天皇が認めるという形で発布された。
い　戦争を始めたり，条約を結ぶ権利を国会がもつ以外は，主権は天皇にあった。
う　国会は，貴族院と衆議院からなり，衆議院議員だけが国民の選挙で選ばれた。
え　選挙権は一定の税金を納めた25才以上の男女だけがもっていた。

5　絵と英語を見て質問に答えなさい。

①　次の英語を表す絵をア～ウから選びなさい。

1．basketball

ア．

イ．

ウ．

2．cloudy

ア．

イ．

ウ．

3．home economics

ア．

イ．

ウ．

４．spaghetti

ア．

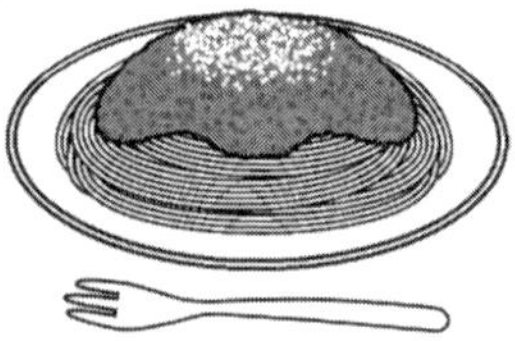

イ．

ウ．

５．He is washing his hands.

ア．

イ．

ウ．

② 次の絵を表す英語をア～ウから選びなさい。

１．

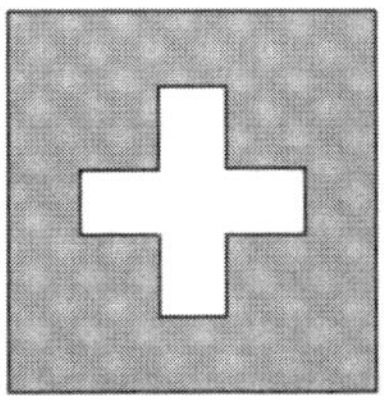

ア．Japan
イ．Switzerland
ウ．China

２．

ア．school trip
イ．sports day
ウ．health check

３．

ア．These are animals.
イ．These are vegetables.
ウ．These are flowers.

4．

ア．She is knitting.
イ．She is crying.
ウ．She is cleaning.

5．

ア．She is walking her dog.
イ．She is washing her dog.
ウ．She is touching her dog.

6　新しい留学生のKateがホストマザーと話をしています。次の会話文を読んで，(1)～(5)の質問に英語で答えなさい。

Mrs. Suzuki : Good morning, Kate.　How was your first night in Japan ?
Kate　　　: I am good, thank you.
Mrs. Suzuki : Did you sleep well ?
Kate　　　: No, not really.
Mrs. Suzuki : It is seven o'clock in the morning now.　What time is it in London ?
Kate　　　: It is eleven o'clock at night in London now.　So, I am sleepy.
Mrs. Suzuki : Oh, no.　Are you OK ?　What is your plan today ?
Kate　　　: I need to go to school by eight thirty.　I study math, science and P.E.　I like P.E. because I love sports.
Mrs. Suzuki : Do you need P.E. clothes ?
Kate　　　: Yes, I do.　I need lunch, too.
Mrs. Suzuki : I made lunch for you.　Here you are !

(1)　Where is Kate from ?
(2)　Why is Kate sleepy ?
(3)　Does Kate study math today ?
(4)　What subject does Kate like ?
(5)　What does Kate need for school today ?

のだ」とありますが、モンゴル人の祖先はどのように自然を利用して、草原を維持してきましたか。四十字以内で答えなさい。（句読点や記号も字数に数えます。）

問九　本文の内容に合うものを、次のア～エの中から一つ選び、記号で答えなさい。

ア　モンゴル草原は標高が高いため、日本では見ることができない高原植物がゲルの周りにたくさん生えている。

イ　日本の里山は、保護されている自然以外の場所を絶滅などを起こさないように適切に利用したものである。

ウ　ワレモコウなどの花が特殊な形をしている植物には、ハエやアブなどが集まるが、違う花のめしべに花粉を運ばれてしまうこともある。

エ　モンゴル草原では人口の増加と共にヒツジの数も増えたため、草原の植物が減り、多くの場所が砂漠になってしまった。

三

次の各問いに答えなさい。

問一　「想」を漢和辞書で調べるときの、「部首」「読み」「総画数」の組み合わせとして正しいものを、次のア～エの中から一つ選び、記号で答えなさい。

ア　「木」　「ソ・ぞう」　「十四画」

イ　「目」　「シ・おも」　「十四画」

ウ　「心」　「ソウ・おも」　「十三画」

エ　「相」　「ショウ・ぞう」　「十三画」

問二　□に言葉を入れて慣用句を完成させたとき、動物の名前が入らないものを、次のア～エの中から一つ選び、記号で答えなさい。

ア　□の歩み　　イ　負け□の遠吠え

ウ　□が合う　　エ　□を持たせる

問三　「冷たく思いやりのない態度を取る」という意味の慣用句を次のア～エの中から一つ選び、記号で答えなさい。

ア　木で鼻をくくる　　イ　言わぬが花

ウ　馬脚をあらわす　　エ　心を鬼にする

問四　「消費」の反対語を、漢字二字の熟語で答えなさい。

問五　次の会話文の□に入れるのに最適なことばを後のア～エの中から選び、記号で答えなさい。

田中「『田中が明日の夕方に□。』と、社長にお伝えください。」

ア　いらっしゃいます　　イ　うかがいます

ウ　おいでになります　　エ　来られます

四

――線部を漢字に直しなさい。送りがなが必要なものには、送りがなをつけること。

① 六義園でよざくらを鑑賞する。

② 大きな叫び声に驚いてみがまえる。

③ オリンピックにきょうさんする。

④ ゆうびん番号から住所を探す。

⑤ 信頼をきずく。

⑥ とげぬき地蔵をおがむ。

⑦ 昨年並みのすいじゅんを維持する。

⑧ 人形を上手にあやつる。

⑨ かんけつに書き記す。

⑩ はんがをほる。

はその祖先の人たちが維持してきたものだということを思い返し、未来へ引き継いでほしいと思います。

（高槻成紀『動物を守りたい君へ』より）

※社会主義…土地・資本などを社会全体の共有とし、生産物や富を公平に分配することで貧富の差のない社会を実現しようとする思想および運動。

※ソビエト連邦…1989年までは現在の「ロシア」を含む15か国で成り立っていたが、その後バルト三国の独立によって12か国となり、1991年に崩壊した国家。

※市場経済…市場を通じて財・サービスの取引が自由に行われる経済のこと。

※ハイライト…最も興味を引く部分・場面。

問一　＝線部Ａ「保たれて」、Ｂ「芝生」の漢字の読み方をひらがなで答えなさい。

問二　①に入ることばとして最適なものを、次のア～エの中から選び、記号で答えなさい。

ア　人の多い　　イ　昆虫の少ない

ウ　鳥の多い　　エ　家畜の少ない

問三　――線部②「それはまちがいです」とありますが、筆者がまちがいだという理由として最適なものを、次のア～エの中から選び、記号で答えなさい。

ア　品種改良された美しい花は人間を喜ばせるが、野生の花は人間のためではなく昆虫のために存在しているから。

イ　花が持つ色や形は、それを見る人間のためではなく、花粉を運ぶ昆虫を引きつけるためのものであるから。

ウ　花は人間が地球に現れるよりもずっと前に存在しており、「改良」しても人間の役に立つものではないから。

エ　人間の役に立つ花はそれほど多くなく、ほとんどの花は人間のために存在しているわけではないから。

問四　――線部③「過放牧のことを調べるために作戦を立てました」とありますが、筆者が立てた作戦の説明として最適なものを、次のア～エの中から選び、記号で答えなさい。

ア　決められた範囲の草原を観察し、花粉のついた虫をできるだけ採集し、カメラで撮影することで、虫の現状を記録した。

イ　草原を植物の状態に応じて三種類に分け、二人一組の担当者が、それぞれの場所ですみずみまで植物を観察した。

ウ　調べる場所を放牧の状態に応じて三種類に分け、範囲を限定し、虫の来ている花があれば、花の名前と虫の種類を記録した。

エ　調査は二人一組で行われ、草原の状態を改善するために、放牧の強さに応じて、花と虫の採集を行った。

問五　④に入ることばとして最適なものを、次のア～エの中から選び、記号で答えなさい。

ア　人の行き来　　イ　風の音

ウ　家畜の鳴き声　　エ　ハチの羽音

問六　⑤、⑦に入ることばの組み合わせとして最適なものを、次のア～エの中から選び、記号で答えなさい。

ア　⑤　ところが　⑦　だから

イ　⑤　つまり　⑦　しかし

ウ　⑤　だから　⑦　つまり

エ　⑤　しかし　⑦　なぜなら

問七　――線部⑥「花はごく少なく」とありますが、これはどのような特徴を持つ花ですか。本文中から四字で抜き出しなさい。（句読点や記号も字数に数えます。）

問八　――線部⑧「今ある草原はその祖先の人たちが維持してきたも

れいな花が咲き乱れ、草丈《くさたけ》も高いものは一メートルくらいありました。そして［④］もにぎやかです。ここでは記録をするのも忙《いそが》しく、なかなか前に進めないほどでした。

中牧地に行くと草丈は二〇センチくらいになりました。大型の花をつける植物はなくなり、ウスユキソウなどが多くなりました。ウスユキソウはヨーロッパアルプスにもあり、エーデルワイスと呼ばれて人気のある花で、日本でも高い山にある高山植物として知られています。［⑤］モンゴルでは平地に雑草のようにたくさん生えています。ここにも虫はいましたが、チョウは少なくなりました。

ゲルの近くの重牧地ではB芝生のようになって草丈は五センチかそれよりも低いカーペットのようになってしまい、⑥花はごく少なく、しかも花に来ているのはハエばかりでした。

この調査でわかったことは、放牧が強くなると植物の量が減るだけでなく、その減り方が大型の虫媒花でひどいということです。とくにトリカブトやヒエンソウ、ウンランなどのように特殊《とくしゅ》な形をした花で、ハチやチョウしか訪問できないものが多いようでした。重牧の場所にはこういう花はまったくなく、わずかにミツバツチグリの仲間などハエが来るタイプのものが少しあるだけでした。

特殊な形の花は、それにあった特殊な口をしたハチやチョウしか訪問することができません。［⑦］、そうした虫がいなくなったり、虫に見つけてもらえなかったりすると受粉できませんが、同じ種類の花のめしべに花粉を運んでもらえる可能性が高いという利点もあります。

それに対して、皿のような形をした花には、ハエやアブなど特殊な口を持たない、数の多い昆虫がたくさん集まります。すでに説明したように、ハエやアブの口はこん棒のように太く、先は平坦《へいたん》です。これを花につけてなめて蜜を得ます。こうした口を持つ昆虫はたくさんいますから皿形の花には多くの種類の虫が訪問できるのですが、こういう虫は、皿形の花ならよいので、次にどの花に行くかわかりません。そのため、違う花のめしべに花粉を運ぶことも多く、それでは実を結びません。したがって、送粉して子孫を残すという点では皿形の花はむだも多くなります。

（中略）

さて、モンゴルの放牧のことですが、私たちが調べた結果は、放牧が強くなりすぎると、草原に暮らしている花と虫のリンクが断たれてしまうことを示しています。モンゴルの草原では、おそらく二〇〇〇年くらいのあいだ、人がヒツジの群れといっしょに移動しながら、リンクをそこなわないように自然を利用してきました。そういう自然の利用のしかたは「持続的利用」と呼ばれ、人間と自然との理想的な関係のひとつとされています。

地球に人が生きている以上、自然にまったく影響を与えないということはありえません。原生自然（人間の影響を受けずに本来の姿が残っている自然）は保護区とか国立公園という形で残しながら、それ以外の場所は絶滅などを起こさないようによい形で利用を続けようというのが持続的利用の考え方です。日本の里山はそのひとつだったと言えます。モンゴル草原での人間の影響は日本の里山よりはずっと弱く、その状態がずっと続けられてきたおかげで、すばらしい草原が残り、そこに生きる草花と昆虫のリンクも保たれてきました。そのことが今になって崩壊するのはよくないことです。

農業生産という価値だけで草原を評価するのではなく、生物多様性という価値もとり入れながらこの草原を守っていかないといけないと思います。モンゴルの人は祖先をたいせつにしますが、⑧今ある草原

二　次の文章を読み、後の問いに答えなさい。

　モンゴルは日本の六倍もある広い国で、草原が広がっています。人口は二〇〇万人ほどで、日本の一・五パーセントにすぎません。人よりは家畜のほうが多く、人口の一〇倍と言われています。モンゴルは※社会主義の国でしたが、※ソビエト連邦の崩壊《ほうかい》の影響で一九九〇年代に※市場経済が導入されてからは、家畜の数がどんどん増えています。家畜が増えると草を食べ過ぎるので草原の植物が減り、ひどい場合は砂漠のようになってしまいます。

　こういうのを放牧が適当なレベルを超えたという意味で「過放牧」といいます。モンゴルの社会は牧畜で成り立っていますから、過放牧は大問題です。過放牧は、家畜の生産を減らすことになるから問題だ、と考える人がいます。つまるところ、それは人にとっての生産、経済の問題だということです。

　でも私は過放牧を別の意味で問題だと思いました。モンゴルで調査をしていると、①草原にはさまざまな花が溢《あふ》れるほど咲いていて、ぶんぶんとハチの羽音が聞こえ、チョウも飛んでいますが、過放牧地では虫も見かけません。ということは過放牧になると、それまでA保たれていた花と虫のリンクがなくなるということです。私はこのことを調べてみたいと思いました。

　送粉とは動物が花の花粉を運ぶことです。送粉にはコウモリによるものもありますが、なんといっても昆虫による送粉が多く、そういう昆虫を「訪花昆虫《ほうかこんちゅう》」といいます。また昆虫によって花粉を送粉してもらう植物を「虫媒花《ちゅうばいか》」といいます。「媒」というのは仲立ちという意味です。送粉は生き物のリンクの※ハイライトといえるものです。

　君は、花は人が見て楽しむためにあると思っているかもしれませんが、②それはまちがいです。そもそも動物も植物も人間のためにあるわけではありません。人間が地球に現れるよりずっと以前からいたものがほとんどです。ペットや家畜のところで話したように、人間は自然から自分たちの役に立つものを見つけだして「改良」しましたが、利用された側の動植物はもともと人のために存在したわけではありません。

　春になってサクラが咲けばみなよろこびます。サクラには品種改良されたものも野生のものもあります。園芸品種は人の好みによって変えられていますが、もともとは人のためではなく昆虫のためにあります。いや、昆虫のためにあるという言い方は正確ではありません。昆虫を引きつけるためであり、植物自身のためなのです。つまり花は、花粉を運んでもらうために、昆虫を引きつける色や形を持っているわけです。それを人間が見てきれいだと感じるだけで、人が見ることは植物にとってはなんの意味もありません。

　さて、モンゴル草原で③過放牧のことを調べるために作戦を立てました。放牧をしない草原と、「ゲル」と呼ばれる丸い移動式の家の近くの過放牧な場所と、その中間の場所を選びました。

　この三カ所を放牧の強さに応じて「軽牧」、「中牧」、「重牧」と呼ぶことにしました。そしてそれぞれの場所に長さ一〇〇メートルのラインをとり、一〇メートルごとに杭《くい》を打って自分が何メートルの場所にいるかわかるようにしました。このラインに沿って歩きながら、右側二メートルの幅の中に虫が来ている花があったら、花の名前と虫の種類を記録することにしました。一〇〇メートル歩いたらUターンして、もう一〇〇メートル調べました。これでラインの左右それぞれ二メートルの範囲《はんい》を調べることになります。実際の調査では二人が一組になり、ひとりが観察し、もうひとりが記録しました。観察する人は目を皿のようにして虫を探します。記録として望遠レンズをつけたカメラで撮影《さつえい》し、必要に応じて見つけた昆虫を昆虫ネットで採集しました。

軽牧地ではワレモコウとかマツムシソウ、フウロソウなど、実にきそれが原因で授業中に他の生徒からの注目を集めてしまうのは嫌だと思うこと。

ウ　普段から言葉を読む訓練をしているので文章を音読するのは好きだが、現代国語は苦手なので授業中に指名されるのは困るということ。

エ　放送部に所属しているので文章を読むときにはその実力を発揮したいと思うが、それ以外の場面で教師から注目されるのは避けたいと思うこと。

問五　［③］に入ることばとして最適なものを、次のア～エの中から選び、記号で答えなさい。

ア　放送部　　イ　授業　　ウ　教科書　　エ　音読

問六　［④］、［⑤］に入ることばの組み合わせとして最適なものを、次のア～エの中から選び、記号で答えなさい。

ア　④…社交的　⑤…あがり症

イ　④…神経質　⑤…わがまま

ウ　④…前向き　⑤…負けず嫌い

エ　④…真面目　⑤…人見知り

問七　――線部⑥「私は思わず苦笑した」とありますが、それはなぜですか。最適なものを、次のア～エの中から選び、記号で答えなさい。

ア　相手に合わせて思わず口から出ただけの言葉だったが、唯奈はそれを聞いて喜び、「私」のことを「優しい」と言ったから。

イ　「私」は本当は唯奈の声がアナウンス部門向きだとは思っていなかったが、唯奈はその言葉を聞いて「嬉しい」と言ったから。

ウ　Nコン出場を勧めたのは会話のきっかけ作りのためだったが、唯奈がその言葉を本気にして喜び、「私」のことを「優しい」と言ったから。

エ　優しい人間だと評価されるために自分の気持ちを隠して話をしたが、唯奈はそのことを理解したうえであえて「私」のことを「優しい」と言ったから。

問八　――線部⑦「澄んだ双眸が、私の顔を正面から映している。密集した睫毛は端まで黒く、そこに嵌まった瞳はビー玉みたいにキラキラしていた」とありますが、唯奈の目を見た「私」は、現在の彼女の内面についてどのようなことを感じ取りましたか。次の文の〔　〕に合う部分を本文中から二十八字で抜き出して答えなさい。解答は、その部分の始めと終わりの四字を書きなさい。（句読点や記号も字数に数えます。）

唯奈が〔二十八字〕ということ。

問九　――線部⑧「捨てきれない未練と執着が、ページの間に折り重なるようにして挟まっていた」とはどういうことですか。最適なものを、次のア～エの中から選び、記号で答えなさい。

ア　他の人から優しいと思われたいという願望を、まだあきらめていなかったということ。

イ　一度はあきらめたNコンの舞台に立つことを、本当はあきらめきれていなかったということ。

ウ　授業中の音読でクラスの生徒の注目を集めることが、あきらめきれていなかったということ。

エ　部活で後輩から尊敬される先輩になることが、今もあきらめきれていないということ。

咄嗟《とっさ》に私は言葉を濁した。バッグには本屋で買った薄っぺらい文庫本が入ったままだった。そこにはいくつもの付箋《ふせん》が貼ってあるし、ペンで書き込んだ跡もある。⑧捨てきれない未練と執着が、ページの間に折り重なるようにして挟まっていた。

「私、先輩と一緒なら※Nコンも頑張れる気がします」

そう屈託《くったく》なく告げる唯奈に、私はただ曖昧《あいまい》な笑みを返すしかなかった。

トイレに駆け込み、思いっきり息を吐き出す。置かれた芳香剤が周囲に甘ったるい香りを撒《ま》き散《ち》らしていた。鏡は水垢《みずあか》のせいで曇っていて、それがまたどうにも息苦しい。目を閉じると先ほどの唯奈の瞳が瞼《まぶた》の裏に浮かぶ。一年生の頃、きっと私は彼女と同じ目を持っていた。まだ何の挑戦もしておらず、無邪気に自分の才能を信じている目を。

高校一年生のNコンの本番で、私は緊張のあまり意識が飛んだ。ファイルに挟んだ原稿用紙は何度も見返していたはずなのに、その時には視界が真っ白になって一文字も見えやしなかった。手が震えて、吐き気がした。今すぐこの場から逃げ出したかった。震える指先に力を込める。真っ白な紙が手の中でくしゃりと音を立てた。声を出さなければ、そう思った。なのに、私は何もできなかった。気が付いたときには本番は終わっていて、顧問は労《いたわ》るように私の肩を優しく叩《たた》いた。そこに示された同情に、私は他者の目に己がひどく惨《みじ》めに映っていることを悟った。

その後、有紗は完璧な発表を行った。決勝に進出し、そのまま全国大会行きを決めた。彼女は一位だった。県大会で一位。その輝かしい結果に、私は「おめでとう」と彼女に告げた。それは間違いなく本心だった。だけど同時に、本心とは程遠い感情でもあった。

私はそれまで、有紗より自分が劣っていると感じたことはなかった。もちろん、有紗が上手《うま》いことは分かっていた。だけど私だって彼女と肩を並べるくらいには上手い。そう心から信じていた。私は彼女をライバルだと認識していたし、彼女には負けたくないと思っていた。でも、現実はそうではなかった。なんのことはない、私と有紗は初めから対等ではなかったのだ。

あの本番以降、私が朗読の舞台に立つことはなかった。人前に出るのが恐ろしかった。有紗と比べられて、私の方が劣っているという現実を突きつけられるのが怖かったのだ。

（武田綾乃『青い春を数えて』より）

※双眸…両方のひとみ。両眼。

※Nコン…NHK杯全国高校放送コンテストの通称。

問一　===線部A「平板」、B「横目」の漢字の読み方をひらがなで答えなさい。

問二　本文は四つの場面に分けることができます。第三の場面の始まりとして最適なものを、本文中の[ア]～[エ]の中から選び、記号で答えなさい。

問三　——線部①「結局私が舞台に立つことはなかった」とありますが、「私」がNコンの舞台に立たなかった理由を、解答欄に合う形で五十字以内で説明しなさい。（句読点や記号も字数に数えます。）

高校一年生のNコンの本番で、［　五〇字以内　］。

問四　——線部②「相反する二つの感情に挟まれる」の説明として最適なものを、次のア～エの中から選び、記号で答えなさい。

ア　言葉を読む訓練をしている自分としては授業中にも文章を上手に読みたいと思うが、実際は恥ずかしくてうまくいかないということ。

イ　放送部員として文章を読むときには本気で取り組みたいが、

彼女の唇から発せられた声は、明らかに［　③　］用のものだった。教室の空気がざわつくのが分かる。しかしそんな周囲の反応なんぞ気にならないのか、有紗の背筋は真《ま》っ直《す》ぐに伸びたままだった。

勝てない。そう、私は思った。

［ウ］　防音用の扉を開けると、靴箱にはピカピカの上履《うわば》きが一足だけ入っていた。どうやら先客が一人いるらしい。誰だか考えることもせず、隣《となり》の列に自身のくたびれた上履きを突っ込む。深緑色のスリッパに履き替えると、私は奥にある放送室のドアノブを捻《ひね》った。

「『でも、伝えようとしなきゃ、なんにも始まらないんだよ』」

耳に飛び込んできた声音《こわね》は確かな熱を孕《はら》んでいた。薄桃色の唇から零《こぼ》れた台詞《せりふ》が、年季の入った灰色のマットへ吸い込まれていく。目が合った。私は息を呑《の》んだ。透明なレンズ越しに、見開かれた瞳が見える。森唯奈だ、とそこで私は目の前にいる人物を認識した。

その小さな体躯《たいく》はまるで周囲から隠れるように、部屋の隅《すみ》にぴったりと収まっている。文庫本を開いていた彼女は驚いたように硬直していたが、やがて睫毛《まつげ》をぱちりと上下させた。

「あー……その場面、いいよね。私も朗読するならそのシーンだなって思ってたんだ」

［エ］　本を指さし、とりあえずは当たり障りのない言葉を投げかけてみる。気恥ずかしそうに目を伏せた唯奈のカッターシャツは第一ボタンまで律儀《りちぎ》にとめられており、彼女の［　④　］な性格が窺《うかが》えた。極限まで皮膚《ひふ》を隠したいのか、紺色のプリーツスカートは異様なほど長い。ブランドロゴの刻まれた黒のソックスとスカートとの隙間《すきま》からは、ほんの少しだけ瑞々《みずみず》しい肌が覗《のぞ》いていた。

「私、宮本知咲。仲良くしてくれると嬉《うれ》しいんだけど」

膝を折り、唯奈の目線に合わせる。どうやら相当の［　⑤　］らしく、彼女は「あ」とか「え」とかそんな短い声を漏《も》らした。動揺しているのか、その視線はうろうろと宙を彷徨《さまよ》っている。柔らかそうな喉《のど》が、ひくりと震えた。

「せ、先輩ですよね。あ、私、あの、森です。あの、」

「森唯奈ちゃんだよね？　知ってる知ってる」

こちらが頷《うなず》いてやれば、唯奈は顔を赤らめたまま俯《うつむ》いた。その指先は落ち着きなく文庫本の端を摑《つか》んだり離したりを繰り返している。

「指定図書持ってるってことは、唯奈ちゃんは朗読部門に出るの？」

「あ、いえ、どっちにするか悩んでるところです」

「確かに悩むよね。まあ私は唯奈ちゃんの声はアナウンス部門向きだと思うけど」

「え、」

唯奈の唇がぴたりと止まった。

「先輩、私の声を聞いててくれたんですか」

「そりゃそうでしょ。可愛《かわい》い後輩なんだから」

それは、反射的に出た台詞だった。唯奈がはにかむように口元を緩める。

「わ、わたし、嬉《うれ》しいです。先輩、優しいですね」

優しい。その言葉に、⑥私は思わず苦笑した。

――じゃあ、優しくない私のことは嫌いなの？

浮かんでくる疑念をぶつけたら、目の前の後輩はきっと私のことを面倒に思うだろう。だから私は何も言わない。優しい人間を装《よそお》うのは、ぶつかり合うよりずっと楽だ。相手に合わせて自分の意見を胸中で握《にぎ》り潰してしまえば、皆が私のことをいい人だと評価する。

「先輩は朗読とアナウンスのどっちに出るんですか？」

⑦澄んだ※双眸《そうぼう》が、私の顔を正面から映している。密集した睫毛は端まで黒く、そこに嵌《は》まった瞳はビー玉みたいにキラキラしていた。

「え、いや……」

2023年度 文京学院大学女子中学校

【国　語】〈ポテンシャル第一回試験〉（五〇分）〈満点：一〇〇点〉

一　次の文章を読んで、後の問いに答えなさい。

　電車が揺れている。つり革が、右から左に揺らいでいる。紺色のシートに座り、合皮製のスクールバッグから私は一冊の文庫本を取り出す。それは、今年の朗読部門の指定作品のうちの一つだった。読みすぎたせいか、その表紙は不自然な形に折れ曲がっている。ページを捲《めく》ると、黄色の蛍光ペンが様々な箇所《かしょ》を塗り潰《つぶ》しているのが分かる。細やかな文字が滲《にじ》み、白い紙面はわずかに黒く濁《にご》っていた。

「『でも、伝えようとしなきゃ、なんにも始まらないんだよ』」

　無意識の内に呟《つぶや》いたのは、作品の一節だった。少女たちが互いに本音をぶつけ合う、小説内のワンシーン。紙面に引かれた黄色の線を指でなぞり、私はそっと目を伏せる。

　朗読部門で一人の発表者に与えられる時間は、一分三十秒から二分の間だけ。それよりも短すぎてはいけないし、長すぎてもいけない。参加者たちはその時間内に収まるように苦心しながら、自分の表現したい箇所を選ぶのだ。

　私は何をしたいんだろう。薄っぺらな文庫本を片手に、揺れるつり革をぼんやりと眺める。去年の私もこうやって指定作品に蛍光ペンで線を引いた。自分が発表するならここを読みたい。そう思って、真っ直ぐな線を引いていた。だけど、①結局私が舞台に立つことはなかった。

　――二年前のあの日から、私はずっと現実から逃げ続けている。

「それじゃあ、宮本さん。三十二ページの五行目から」

　翌日の現代国語の授業。唐突《とうとつ》に教師から名指しされ、「はい」と返した声は少し上擦《うわず》ってしまった。赤くなった耳を誤魔化《ごまか》すように、私は勢いよく立ち上がる。膝《ひざ》裏に押され、木製の椅子《いす》がずりりと短い音を立てた。

　放送部員にとって、授業中の音読は鬼門《きもん》である。これはいわば心理ゲーム、己《おのれ》と周囲との戦いだ。言葉を読む訓練をした人間とそうでない人間の違いが最もわかりやすいのが発声方法で、私の場合だと本番用の声と地声は完全に別物となる。ウグイス嬢《じょう》を想像するとわかりやすいだろう。学校の授業中に誰かがあんな風にイイ声で教科書を読み出したらどうなるか。当然、周囲からの注目を集めることになる。

ア　私にだって放送部員としての矜持《きょうじ》がある。文章を音読する以上、本気で取り組まないと気がすまない。だが、なに張り切って読んじゃってるの、と嗤《わら》われるのは恥ずかしい。②相反する二つの感情に挟まれる度に、私はいつも途方に暮れる。

「宮本さん？」

悶々《もんもん》と葛藤《かっとう》に苛《さいな》まれる私の思考を遮《さえぎ》るように、教師の声が響いた。

「すみません、今読みます」

　私は慌てて口を開くと、悩んだ挙句《あげく》に結局地声で音読を行った。A平板な自分の声が、教科書の文を追いかける。指定された箇所を読み終わると、教師は「ありがとう」と事務的な言葉をこちらに寄越《よこ》した。

イ「じゃあ次、三浦さん。続きからよろしくね」

　その指示に、有紗が立ち上がった。私はB横目で彼女の様子を窺《うかが》う。ピンと伸びた背筋。彼女が息を吸うのに合わせて、その腹部がゆるりと膨《ふく》らんだ。

「『己の場合、この尊大な羞恥心《しゅうちしん》が猛獣だった。虎だったのだ』」

2023年度

文京学院大学女子中学校 ▶解説と解答

算　数　＜ポテンシャル第１回試験＞（50分）＜満点：100点＞

解　答

1 (1) 18　(2) 20　(3) 9　(4) 1.36　(5) 1200　(6) 1　(7) $4\frac{1}{6}$　**2** (1) ２時間30分　(2) 1247円　(3) 3.5km　(4) 150度　(5) 62.8cm　(6) 1　(7) E　**3** (1) 125個　(2) ７番目　(3) 96個　**4** (1) 19分後　(2) 5000cm^3　(3) 20cm

解　説

1 **四則計算**

(1) $20-10\div5=20-2=18$

(2) $57-(5+4\times8)=57-(5+32)=57-37=20$

(3) $12-\{21-3\times(15-9)\}=12-(21-3\times6)=12-(21-18)$
$=12-3=9$

(4) 右の筆算より，$0.16\times8.5=1.36$

(5) 右の筆算より，$84\div0.07=1200$

(4)
```
     0.1 6
 ×     8.5
 ---------
       8 0
   1 2 8
 ---------
   1.3 6 0
```
(5)
```
          1200
 0.07 ) 8400
        7
        --
        14
        14
        --
         0
```

(6) $\frac{5}{11}\times1\frac{7}{15}\div\frac{2}{3}=\frac{5}{11}\times\frac{22}{15}\times\frac{3}{2}=1$

(7) $\left\{1-\left(1\frac{1}{3}+0.4\right)\div2\frac{3}{5}\right\}\div0.08=\left\{1-\left(\frac{4}{3}+\frac{2}{5}\right)\div\frac{13}{5}\right\}\div0.08=\left\{1-\left(\frac{20}{15}+\frac{6}{15}\right)\times\frac{5}{13}\right\}\div0.08=\left(1-\frac{26}{15}\times\frac{5}{13}\right)\div0.08=\left(1-\frac{2}{3}\right)\div0.08=\left(\frac{3}{3}-\frac{2}{3}\right)\div\frac{2}{25}=\frac{1}{3}\times\frac{25}{2}=\frac{25}{6}=4\frac{1}{6}$

2 **速さ，売買損益，相当算，角度，長さ，周期算，条件の整理**

(1) 167.5kmの道のりを時速67kmで進むとき，かかる時間は，(時間)＝(道のり)÷(速さ)より，167.5÷67＝2.5(時間)である。また，１時間＝60分より，0.5時間は，0.5×60＝30(分)なので，かかる時間は２時間30分とわかる。

(2) 1980円の３割引きは，1980×(１－0.3)＝1386(円)である。1386円をさらに10％引きにすると，1386×(１－0.1)＝1247.4となり，小数第一位を四捨五入して1247円と求められる。

(3) 下の図１のように，家から学校までの道のりを①とすると，①－$\left(\left(\frac{1}{5}\right)+\left(\frac{7}{10}\right)\right)=\left(\frac{1}{10}\right)$にあたる道のりが350mである。よって，家から学校までの道のりは，①＝$350\div\frac{1}{10}=3500$(m)となり，1km＝

図１

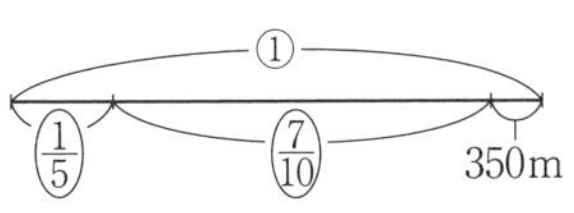

図２

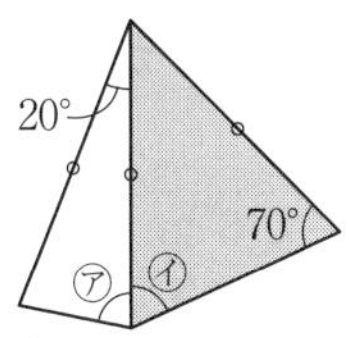

図３

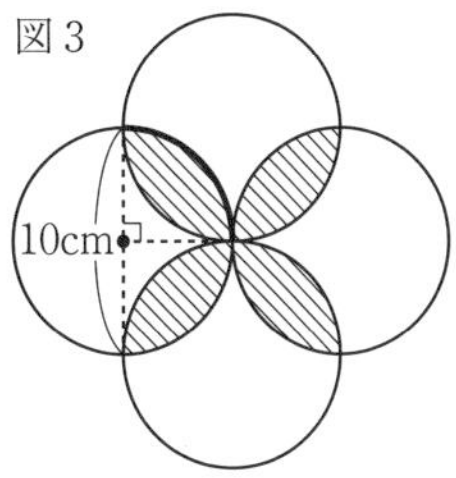

1000ｍより，3.5kmと求められる。

⑷　上の図２でかげをつけた三角形は二等辺三角形なので，角㋑の大きさは70度である。また，図２の白い三角形も二等辺三角形なので，角㋐の大きさは，（180－20）÷２＝80(度)とわかる。よって，角㋐と角㋑の大きさの和は，70＋80＝150(度)となる。

⑸　上の図３で，太線部分は直径10cmの円を４等分したおうぎ形の弧《こ》である。よって，斜線《しゃせん》部分のまわりの長さは，太線部分８本分の長さなので，（10×3.14÷４）×８＝3.14×20＝62.8(cm)となる。

⑹　問題文中の数列は，{5，２，１，３，４}の５個の数を周期として繰《く》り返す数列である。すると，2023÷５＝404余り３より，404回の周期を繰り返した後，３個の数が残るので，2023番目の数は１とわかる。

⑺　①より，Ｄは３番目に安いとわかる。また，②より，ＥはＤより高いので，Ｅは１番目か２番目に高い。次に，③より，ＤはＡより高いので，Ａは４番目か５番目に高くなる。さらに，③と④より，ＢはＡとＣより高いので，Ｂは高い方から１番目か２番目で，Ｃは４番目か５番目とわかる。よって，④より，ＥはＢより高いので，一番高いのはＥとわかる。

３　図形と規則性，図形の構成

⑴　１番目の立方体には，１辺が１cmの小さい立方体が，１×１×１＝１(個)，２番目の立方体には，２×２×２＝８(個)，３番目の立方体には，３×３×３＝27(個)あり，N番目の立方体には，小さい立方体が，N×N×N(個)あるとわかる。よって，５番目の立方体には，小さい立方体が，５×５×５＝125(個)必要である。

⑵　⑴と同様に考えると，６番目の立方体には，小さい立方体が，６×６×６＝216(個)，７番目の立方体には，小さい立方体が，７×７×７＝343(個)あるとわかるので，７番目とわかる。

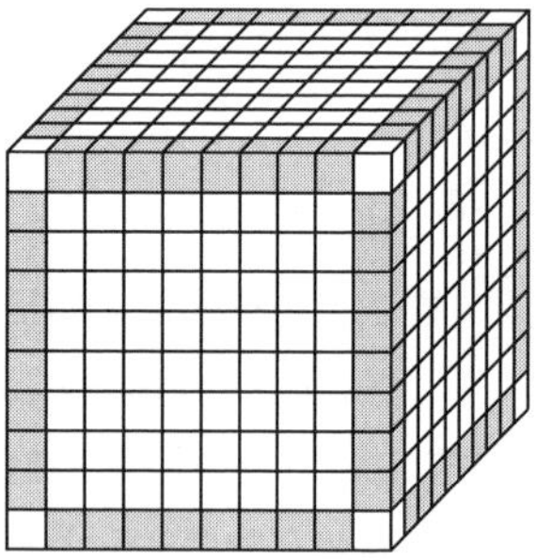

⑶　10番目の立方体には，右の図のように，大きい立方体の１辺に10個ずつ小さい立方体がある。２つの面が赤くぬられているのは，図でかげをつけた小さい立方体であり，１辺につき８個ある。立方体の辺の本数は12本なので，２つの面が赤くぬられている小さい立方体は，８×12＝96(個)とわかる。

４　グラフ—水の深さと体積

⑴　問題文中の図２より，立方体から切り取った直方体の高さは20cmとわかるので，問題文中の図１の容器を正面から見た図は，右下の図のようになる。この図でかげをつけた部分に水がたまるとき，８－４＝４(分間)で，28－20＝８(cm)水面が上がるので，１分間で，８÷４＝２(cm)水面が上がる。よって，水を入れ始めてから８分後から，容器が満水になるまでさらに，50－28＝22(cm)水面が上がるので，あと，22÷２＝11(分)かかる。したがって，容器が満水になるのは，水を入れ始めてから，８＋11＝19(分後)とわかる。

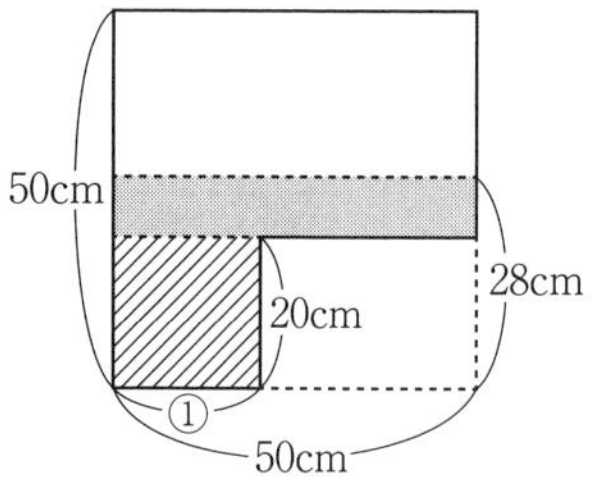

⑵　右の図でかげをつけた部分の高さは８cmなので，この部分の容積は，50×50×８＝20000(cm^3)である。この部分が満水になるのに４分かかるので，１分間に入る水の量は，20000÷４＝5000

(cm^3)とわかる。

(3)　上の図の斜線部分とかげをつけた部分は，ともに４分間で満水となったので容積が等しく，奥《おく》行きも50cmで等しいので，正面から見た面積も等しい。かげをつけた部分を正面から見たときの面積は，50×８＝400(cm^2)なので，①の長さは，400÷20＝20(cm)と求められる。

理　科　＜ポテンシャル第１回試験＞

解　答

1　(1)　350mA　(2)　ア　(3)　オ　(4)　エ　(5)　ウ　　2　(1)　酸性　(2)　イ，ウ　(3)　(イ)　(4)　イ

解　説

1　小問集合

(1)　電流計の－極側の端子《たんし》を500mAにつないでいるとき，電流計ではかれる電流の最大の大きさが500mAになるので，１目もりは10mAを表している。したがって，電流計が図のようになったとき，流れている電流の大きさは350mAである。

(2)　ふつう，ヘチマ，アサガオ，ツルレイシ，ヒマワリは秋から冬にかけて枯《か》れ，種子の姿で冬ごしをする。タンポポは枯れずに，地面に葉を広げるようにして冬ごしをする。タンポポのこのような姿をロゼット(葉)といい，地面から熱がにげるのを防ぎ，冷たい北風から身を守るのに役立っていると考えられている。

(3)　口ではだ液，胃では胃液，すい臓からはすい液，小腸の壁《かべ》からは腸液が出されている。大腸は消化液を出さず，水分やミネラルなどを吸収して便をつくっている。

(4)　音が１秒間に340m進むとき，１時間で進む距離《きょり》は，340×60×60＝1224000(m)だから，時速1224kmとなり，エが選べる。

(5)　天体には，自ら光を出す恒《こう》星(太陽など)，恒星のまわりを回る惑《わく》星(地球など)，惑星などのまわりを回る衛《えい》星(月など)がある。そのほかにも，恒星のまわりを回るものの中で惑星よりも小さい準惑星や小惑星などがあり，リュウグウは太陽のまわりを回っている小惑星にあたる。

2　水よう液の性質についての問題

(1)，(2)　青色リトマス紙を赤色に変えるのは酸性の水よう液で，赤色リトマス紙を青色に変えるのはアルカリ性の水よう液である。また，青色・赤色どちらのリトマス紙の色も変えない水よう液は中性の水よう液である。

(3)　アンモニア水は気体のアンモニアがとけたアルカリ性の水よう液で，食塩水は固体の食塩がとけた中性の水よう液，炭酸水は気体の二酸化炭素がとけた酸性の水よう液である。塩酸は気体の塩化水素がとけた酸性の水よう液で，鉄(スチールウール)と反応して水素を発生させる。また，水よう液から水を蒸発させると，とけていたものが固体であればつぶなどが残り，気体や液体であれば何も残らない。以上より，Ａの試験管に入っていたのはうすめた塩酸，Ｂの試験管に入っていたのは炭酸水，Ｃの試験管に入っていたのはうすめたアンモニア水，Ｄの試験管に入っていたのは食塩水とわかる。

(4)　Ｄの試験管に入っていたのは食塩水なので，水をすべて蒸発させると食塩のつぶが残る。食塩のつぶ(結しょう)はイのような立方体の形をしている。

社　会　＜ポテンシャル第１回試験＞

解　答

3　問１　い　　問２　原子爆弾　　問３　う　　問４　世界文化遺産　　問５　ウクライナ

4　問１　い　　問２　基本的人権の尊重，平和主義　　問３　え　　問４　(1)　い　　(2)　う

解　説

3　広島県の地形や歴史についての問題

問１　広島県は中国地方の中央部に位置する県で，北部は島根県や鳥取県などの山陰地方と接し，南部は瀬戸内海に面している。なお，「あ」は山口県，「う」は岡山県，「え」は愛媛県。

問２　太平洋戦争末期の1945年８月６日，広島市に人類史上初の原子爆弾がアメリカ軍によって投下された。３日後の８月９日には長崎市にも投下され，1945年末までに両都市合わせて21万人以上もの尊い人命が失われた。

問３，問４　原爆ドームは広島県産業奨励《しょうれい》館の焼け跡で，広島市に原子爆弾が投下されたさい，爆心地近くにあったがかろうじて外観をとどめた。その後，当時の姿のまま保存され，1996年には核兵器の恐ろしさを後世に伝え，世界の平和を訴《うった》えるシンボルとして，ユネスコ(国連教育科学文化機関)の世界文化遺産に登録された。

問５　ウクライナはヨーロッパ東部に位置する国で，2022年２月24日にロシアによる軍事侵攻《しんこう》を受け，東部の地域が占領《せんりょう》されるなど，2023年２月現在も戦闘が続いている。

4　長野県の地理や，政治・法律についての問題

問１　長野県は中央高地の気候に属しており，夏と冬の気温の差が大きく，周りを高い山々に囲まれて季節風の影響《えいきょう》を受けにくいことから，年間降水量が少ない。長野県の高原では，そうした気候を利用して，レタスやはくさいなどを通常よりも遅らせて収穫・出荷する抑制栽培《よくせいさいばい》による高原野菜づくりがさかんである。なお，ジャガイモは北海道，トマトは熊本県，きゅうりは宮崎県が，それぞれ生産量全国第１位となっている。統計資料は『データでみる県勢』2023年版による。

問２　日本国憲法の三原則は，「国民主権」「基本的人権の尊重」「平和主義」であり，国の政治のあり方を決める権限が国民にあること，生まれながらに持っている侵《おか》すことのできない永久の権利として基本的人権を最大限に尊重すること，外国と戦争をしないことや戦力を持たないことが定められている。

問３　総務省は2001年の中央省庁再編にともなって発足した行政機関で，行政全般の管理や地方自治，消防，情報通信，郵便事業などを担当している。

問４　(1)　十七条の憲法は飛鳥時代初めの604年に聖徳太子が役人や豪族の守るべき心構えを示したもの，大宝律令は飛鳥時代末の701年に文武天皇の命により刑部《おさかべ》親王や藤原不比等《ふひと》らが編さんして制定された法令，武家諸法度《しょはっと》は江戸時代に幕府が大名を統制するために制定した法令である。

(2)　1889年２月11日に発布された大日本帝国憲法は，主権者である天皇によって定められた欽定《きんてい》憲

法で，天皇は戦争の開始・終結を決めることや条約を結ぶことなどが可能であった。また，この憲法のもとにおかれていた帝国議会は，一部の国民による選挙で選ばれた議員で組織される衆議院と，皇族や華族をはじめ，国家功労者・高額納税者などによって組織される貴族院で構成されていた。なお，女性に選挙権が認められたのは，1945年の衆議院議員選挙法改正以降である。

英　語　<ポテンシャル第１回試験>

※解説は編集上のつごうにより省略させていただきました。

解　答

5　①　1　イ　2　イ　3　ウ　4　ア　5　ウ　②　1　イ　2　ウ　3　イ　4　ウ　5　ア　6　(1)　(例)　She is from London.　(2)　(例)　Because the time is different.　(3)　Yes, she does.　(4)　(例)　She likes P.E.　(5)　(例)　She needs P.E. clothes and lunch.

国　語　<ポテンシャル第１回試験>（50分）<満点：100点>

解　答

一　問１　A　へいばん　B　よこめ　問２　ウ　問３　(例)　(高校一年生のＮコンの本番で，)有紗よりも自分の方が劣っているという現実を突きつけられ，人前に出るのが恐ろしくなってしまったから(。)　問４　イ　問５　ア　問６　エ　問７　ア　問８　まだ何の～じている　問９　イ　二　問１　A　たも(たれて)　B　しばふ　問２　エ　問３　イ　問４　ウ　問５　エ　問６　ア　問７　皿形の花　問８　(例)　放牧をしながら，花と虫とのリンクをそこなわないように自然を利用してきた。　問９　イ　三　問１　ウ　問２　エ　問３　ア　問４　生産　問５　イ　四　下記を参照のこと。

●漢字の書き取り

四　①　夜桜　②　身構える　③　協賛　④　郵便　⑤　築く　⑥　拝む　⑦　水準　⑧　操る　⑨　簡潔　⑩　版画

解　説

一　**出典は武田綾乃《たけだあやの》の『青い春を数えて』による。**二年前に出たＮコンの朗読部門で，放送部員の「私」は緊張《きんちょう》のあまり一言も朗読できなかったため，完璧《かんぺき》な発表を行い，全国大会に進出したライバルの有紗《ありさ》に対して劣等感《れっとうかん》を抱《いだ》き続け，今も乗りこえられずにいる。

問１　A　変化がなくおもしろみがないこと。　B　前を向いたまま，目だけで横を見るさま。

問２　本文は四つの場面からなる。「私」が朗読の舞台《ぶたい》に立つことから逃《に》げ続けている自分に問いかける場面，授業中に音読をする自分と有紗を比べて劣等感を抱く場面，放送室で後輩《こうはい》の森唯奈からＮコンについて聞かれ，曖昧《あいまい》に返事をする場面，二年前のＮコンの本番を思い出し，朗読の舞台に立てなくなったきっかけを振《ふ》り返る場面に分けられる。

問３　最後に注目する。「私が朗読の舞台に立つことはなかった」理由として，高校一年生のＮコンの本番以降，「人前に出るのが恐《おそ》ろし」いと感じ，「有紗と比べられて，私の方が劣《おと》っているという現実を突《つ》きつけられるのが怖《こわ》かった」とあるので，この部分をまとめる。

問４　ぼう線部②の直前に注目する。放送部員として朗読には「本気で取り組まないと気がすまない」が，「本番用の声」で読んで嗤《わら》われるのが「恥《は》ずかしい」という二つの気持ちに挟《はさ》まれているのだから，イが合う。

問５　直後に，有紗の音読を聞いて「教室の空気がざわつ」いたとあるので，有紗は放送部員にとっての「本番用の声」で読んだのだとわかる。よって，アが選べる。

問６　空らん④の直前に，唯奈の「カッターシャツは第一ボタンまで律儀《りちぎ》にとめられて」いるとあることから，きちんとしているようすがわかる。また，空らん⑤の前後で唯奈は「私」に話しかけられて動揺《どうよう》していることから，内気で人見知りをする性格がうかがえる。

問７　前の部分に注目する。「私」が唯奈に対して「可愛《かわい》い後輩」だと「反射的に」話した台詞《せりふ》に対して，彼女《かのじょ》は喜び，私のことを「優《やさ》しい」と言ったことについて「苦笑した」のだから，アが選べる。

問８　後の部分に注目する。トイレに駆《か》け込《こ》んだ「私」は，Ｎコンへの希望を語る「唯奈の瞳《ひとみ》」を思い出して，「まだ何の挑戦《ちょうせん》もしておらず，無邪気《むじゃき》に自分の才能を信じている目」だと感じている。

問９　「私」は，二年前のＮコンの本番で失敗して以来，人前で朗読を発表することが怖くなってしまったが，Ｎコンに対する未練と執着《しゅうちゃく》を捨てきれず，朗読部門の指定作品の中から自分が読みたい場所に，付箋《ふせん》を貼《は》り，蛍光《けいこう》ペンで線を引いているのである。

二　**出典は高槻成紀《たかつきせいき》の『動物を守りたい君へ』による。**筆者は，モンゴルで過放牧のために花と虫のつながりがそこなわれ，砂漠化《さばくか》が起きたことを例にあげ，自然に影響《えいきょう》を与《あた》え過ぎない状態を維持《いじ》することが大切だと述べている。

問１　**Ａ**　音読みは「ホ」で，「保存」などの熟語がある。　　**Ｂ**　芝を密集させて植えた場所。

問２　「虫も見かけ」ない「過放牧地」とは異なり，ハチやチョウがたくさん飛んでいる草原の状況なので，「家畜」が「少ない」のだとわかる。

問３　後の部分に注目する。筆者が，「花は人が見て楽しむためにある」と思うことはまちがいだと述べているのは，花が人間のためにあるのではなく，受粉を助ける「昆虫《こんちゅう》を引きつけるため」にあると考えているからである。

問４　続く部分に注目する。二人一組になり，放牧の強さが異なる三カ所で決めた一〇〇メートルのラインに沿って歩きながら，虫が来ている花を見つけては，花の名前と虫の種類を記録している。

問５　問４でみたように，筆者は，花の名前と，そこに来ている虫の種類を記録している。ここでは，軽牧地での草花のようすと虫の種類を確認《かくにん》しているので，エが選べる。

問６　空らん⑤の前後で，日本ではエーデルワイスが「高山植物」として知られているが，モンゴルでは「平地」に生えていると述べられているので，空らん⑤には前のことがらを受けて，それに反する内容を述べるときに用いる「ところが」「しかし」があてはまる。また，空らん⑦の前の，特殊《とくしゅ》な形の花に，特殊な口をしたハチやチョウしか訪問できないということは，後の「同じ種類の花のめしべに花粉を運んでもらえる可能性」が高くなるということの理由になっているので，空らん⑦には前のことがらを理由・原因として，後にその結果をつなげるときに用いる「だから」がふさわしい。よって，アが選べる。

問7　重牧地に生えている「花に来ているのはハエばかり」だとあるので，後の部分に注目する。ハエやアブなどの特殊な口を持たない昆虫は，「皿形の花」にたくさん集まるのである。

問8　二つ前の段落の，モンゴル草原がこれまでの歴史でどのように自然を維持してきたのかが述べられている部分をおさえる。「二〇〇〇年くらいのあいだ，人がヒツジの群れといっしょに移動しながら」，花と虫の「リンクをそこなわないように自然を利用してき」たとあるので，この部分をまとめる。

問9　後ろから二つ目の段落に，日本の里山は，原生自然以外の場所が絶滅《ぜつめつ》を起こさないような「持続的利用」の考え方で利用されているとあるので，イが正しい。なお，モンゴル草原で高原植物は「平地に雑草のようにたくさん生えてい」るとあるので，アは誤り。また，問7でみたように，ハエやアブは特殊な形をしている植物には寄りつかないため，ウも正しくない。さらに，最初の部分で，モンゴル草原が砂漠化してきている原因は，「市場経済が導入され」たことによるものだとあるので，エもふさわしくない。

三　漢和辞典の使い方，慣用句・対義語・敬語の知識

問1　「想」の部首は，下にある「心」である。音読みは「ソウ」で，「想像」などの熟語で用いられ，訓読みは「おも(う)」である。「相」は九画，「心」は四画で書くので，総画数は十三画になる。

問2　アは，“ものごとの進みが遅《おそ》い”という意味の「牛の歩み」，イは，“争いの敗者が，陰《かげ》で勝者の悪口を言う”という意味の「負け犬の遠吠《とおぼ》え」，ウは，相手と気が合うことを表す「馬が合う」，エは，名誉《めいよ》なことを人に譲《ゆず》ることを表す「花を持たせる」。

問3　アの「木で鼻をくくる」とは，“そっけない態度をとる”という意味なので，正しい。なお，イの「言わぬが花」は，余計なことは言わないほうがいいということ。ウの「馬脚《ばきゃく》をあらわす」は，かくしていた正体が明らかになることを表す。エの「心を鬼《おに》にする」は，“相手のためを思って，あえて厳しく接する”という意味である。

問4　「消費」は，“ものを使う”という意味である。よって，反対語は，“ものをつくる”という意味の「生産」になる。

問5　ここでは，へりくだった言い方で相手への敬意を表す謙譲語《けんじょうご》の「うかがいます」があてはまる。なお，アの「いらっしゃる」は，「行く・来る・いる」の尊敬語で，ウの「おいでになる」とエの「来られる」は「来る」の尊敬語である。

四　漢字の書き取り

①　夜に見る桜。　②　用心する姿勢を取ること。　③　ものごとに賛成して，協力すること。　④　手紙や荷物をとどける仕組み。　⑤　音読みは「チク」で，「建築」などの熟語がある。　⑥　音読みは「ハイ」で，「拝見」などの熟語がある。　⑦　基準・レベルのこと。　⑧　音読みは「ソウ」で，「操作」などの熟語がある。　⑨　簡単でわかりやすいこと。　⑩　彫《ちょう》刻《こく》した板などにインクを塗《ぬ》り，それを紙に写し取る絵画。

Dr.福井の

入試に勝つ！脳とからだのウルトラ科学

試験場でアガらない秘けつ

キミたちの多くは，今まで何度か模擬試験（たとえば合不合判定テストや首都圏模試）を受けていて，大勢のライバルに囲まれながらテストを受ける雰囲気を味わっているだろう。しかし，模擬試験と本番とでは雰囲気がまったくちがう。そういうところでも緊張しない性格ならば問題ないが，入試独特の雰囲気に飲みこまれてアガってしまうと，実力を出せなくなってしまう。

試験場でアガらないためには，試験を突破するぞという意気ごみを持つこと。つまり，気合いを入れることだ。たとえば，中学の校門前にはあちこちの塾の先生が激励《げきれい》のために立っている。もし，キミが通った塾の先生を見つけたら，「がんばります！」とあいさつをしよう。そうすれば先生は必ずはげましてくれる。これだけでもかなり気合いが入るはずだ。ちなみに，ヤル気が出るのは，TRHホルモンという物質の作用によるもので，十分な睡眠をとる，運動する（特に歩く），ガムをかむことなどで出されやすい。

試験開始の直前になってもアガっているときは，腹式呼吸が効果的だ。目を閉じ，おなかをふくらませるようにしながら，ゆっくりと大きく息を吸う。ここでは「ゆっくり」「大きく」がポイントだ。そして，ゆっくりと息をはく。これをくり返し何回も行うと，ノルアドレナリンという悪いホルモンが減っていくので，アガりを解消することができる。

よく「手のひらに“人”の字を書いて飲みこむことを3回行う」とアガらないというが，そのようなおまじないを信じて実行し，自分に暗示をかけてもいいだろう。要は，入試に対するさまざまな不安な気持ちを消し去って，試験に集中できるようなくふうをこらせばいいのだ。

Dr.福井（福《ふく》井《い》一成《かずしげ》）…医学博士。開成中・高から東大・文Ⅱに入学後，再受験して翌年東大・理Ⅲに合格。同大医学部卒。さまざまな勉強法や脳科学に関する著書多数。

2022年度　文京学院大学女子中学校

〔電　話〕 (03) 3946－５３０１
〔所在地〕 〒113-8667　東京都文京区本駒込６－18－３
〔交　通〕 JR山手線・都営三田線―「巣鴨駅」より徒歩５分
JR山手線・東京メトロ南北線―「駒込駅」より徒歩５分

【算　数】〈ポテンシャル第１回試験〉（50分）〈満点：100点〉

1　次の計算をしなさい。解答用紙には，答えのみ書きなさい。

(1)　$14-(12-2\times4)$

(2)　$6+3\times(15-3)\div4-9$

(3)　$\{28-6\times(8-5)\}+4\times5$

(4)　2.534×1.5

(5)　$\frac{3}{4}\times2.4\div\frac{3}{5}$

(6)　$2\frac{3}{7}-\left\{(1-0.4)-\frac{1}{5}\right\}\times1\frac{13}{14}\div1.8$

(7)　$11\times8.5-3.8\times11+11\times6.2-11\times5.9$

2　次の問いに答えなさい。

(1)　長さ１mのはり金を折りまげて，長方形をつくりました。長方形のたては，横より20cm長くなっています。この長方形の横の長さは何cmですか。

(2)　2.1kmの道のりを，はじめの1.2kmは分速60mで歩きました。残りの道のりをそれまでの1.5倍の速さで走ると合わせて何分かかりましたか。

(3)　ある品物の売り値は定価の４割引きです。売り値に消費税10%を加えて1650円しはらいました。この品物の定価は何円ですか。

(4)　ある仕事をするのに，文子さんが１人ですると20日，京子さんが１人ですると30日かかります。この仕事を２人で一緒にすると，何日かかりますか。

(5)　右のような図があります。斜線《しゃせん》の部分の面積は何cm^2ですか。ただし，円周率は3.14とします。

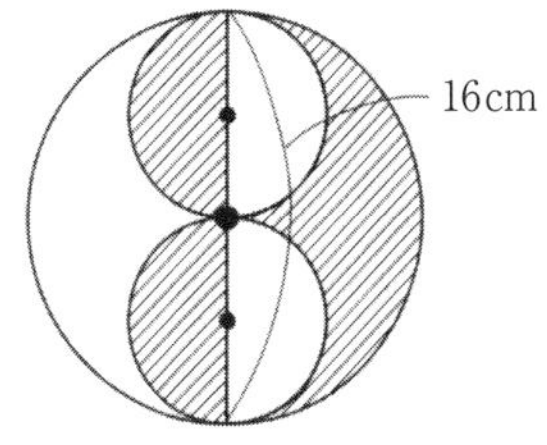

(6)　次のように，数があるきまりにしたがってならんでいます。

１，１，２，１，２，３，１，２，３，４，１，２，……

最初から100番目までに１は何回出てきますか。

(7)　Ａ，Ｂ，Ｃ，Ｄ，Ｅ，Ｆの６組が参加したリレーの結果は次の通りでした。ただし，同じ順位の組はないものとします。

①　Ｂは３位以内です。

②　ＣはＥの２つ上位です。

③　ＢとＤの間には２組あります。

④　Ａの１つ上位はＤです。

このとき，第３位の組を答えなさい。

3　文子さんと京子さんは，同時にＡ町を出発して，26kmはなれたＢ町に向かいます。文子さんは自転車で時速20kmで走りました。京子さんは，はじめ時速４kmで歩き，途中から時速60kmのタクシーに乗りました。グラフはかかった時間と道のりの関係を表したものです。このとき，次の問いに答えなさい。

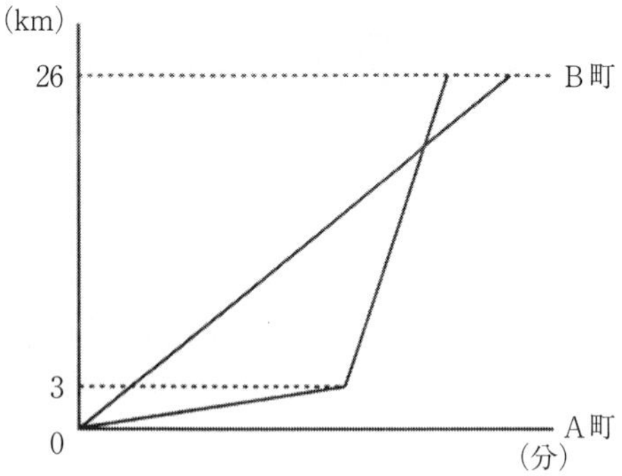

(1)　京子さんは，Ａ町を出発してから何分後にタクシーに乗りましたか。

(2)　京子さんは文子さんより何分早くＢ町に着きましたか。

(3)　京子さんは，Ａ町から何kmのところで文子さんに追いつきますか。

4　次の図１のような直方体の水そうに，直方体の形をした鉄が入っています。図１の水そうに１分間に2000cm^{3}の割合で水を入れていきます。図２のグラフは，水を入れ始めてからの時間と水の高さの関係を表しています。このとき，下の問いに答えなさい。

図１

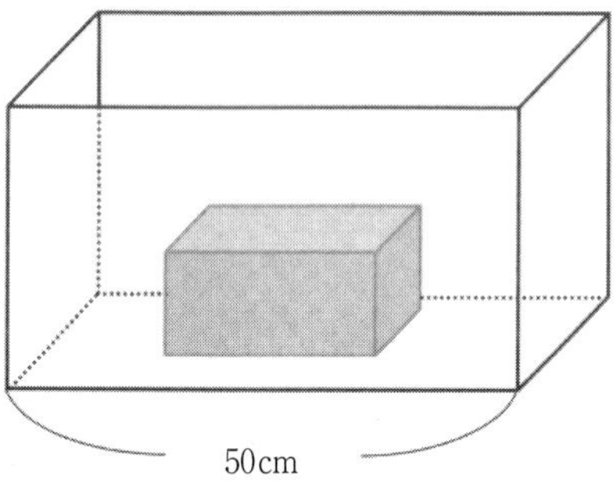

図２

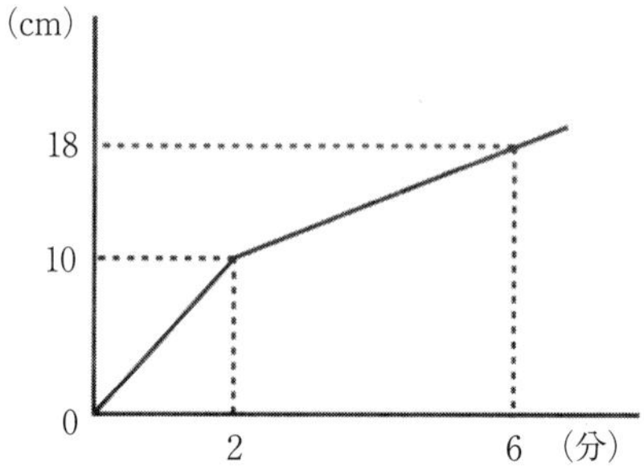

(1)　直方体の形をした鉄の高さは何cmですか。

(2)　水そうのたての長さは何cmですか。

(3)　直方体の形をした鉄の体積は何cm^{3}ですか。

【理科・社会・英語】〈ポテンシャル第１回試験〉（30分）〈満点：50点〉

・**1** **2** が理科の問題，**3** **4** が社会の問題，**5** **6** が英語の問題です。

・６題の問題より２題以上に解答してください。１題25点で採点します。３題以上解答した場合は，得点の高い２題を合計して，50点満点とします。

1　次の各問いに答えなさい。

(1)　水溶液の性質を調べるときに，BTB溶液の代わりに使うことができる食材として最も適しているものを，次の**ア**～**エ**の中から１つ選び，記号で答えなさい。

ア　ムラサキキャベツ　　**イ**　ジャガイモ　　**ウ**　ニンジン　　**エ**　キュウリ

(2)　私たちが住む関東地方に，南の海上から台風が近づいたとき，台風の進路に対してどちらの位置で風が強く吹きますか。次の**ア**と**イ**から１つ選び，記号で答えなさい。

ア　進路に対して右側　　**イ**　進路に対して左側

(3)　京子さんの学校は，10月10日に文化祭が行われました。その日，京子さんは気温の記録をつける当番でした。当日の午前中は，雲一つない晴天でした。ところが，お昼ごはんを食べていると急に空が暗くなり，風が吹きはじめ，にわか雨が降り出し，来校者はあわてて校舎に入り，雨宿りをしました。この日の気温を表すグラフを，次の**ア**～**エ**の中から１つ選び，記号で答えなさい。

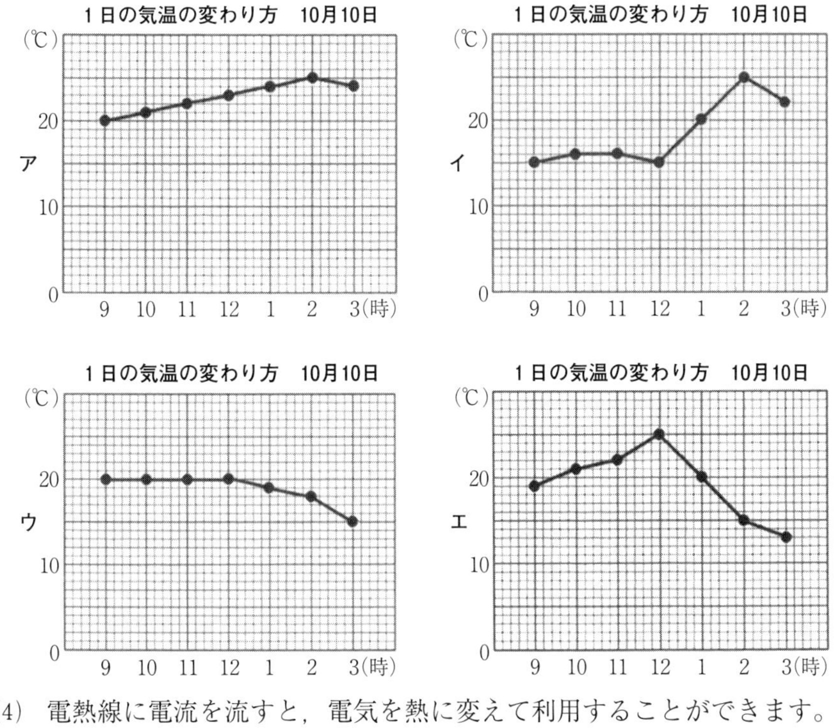

(4)　電熱線に電流を流すと，電気を熱に変えて利用することができます。そのしくみを利用した電化製品を次の**ア**～**エ**の中から１つ選び，記号で答えなさい。

ア　せん風機　　**イ**　ドライヤー　　**ウ**　冷蔵庫　　**エ**　電子レンジ

(5)　2021年７月，ユネスコ(国際連合教育科学文化機関)が日本で５つ目の世界自然遺産として，登録した地域はどこですか。次の**ア**～**オ**の中から１つ選び，記号で答えなさい。

ア　白神山地　　**イ**　小笠原諸島　　**ウ**　知床　　**エ**　奄美・沖縄　　**オ**　屋久島

2　文京学院のメダカが住む池にいる，小さな生き物を調べました。次の**ア**～**オ**は，今回見つけた生き物をスケッチしたものです。後の各問いに答えなさい。

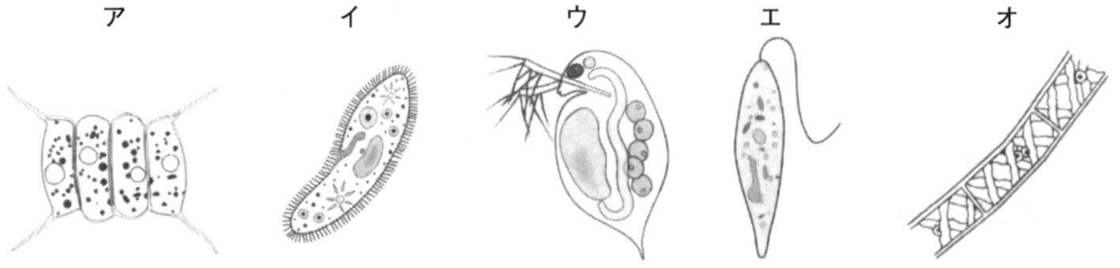

(1)　体のほとんどの部分が緑色をしている生き物を，上の**ア**～**オ**の中から全て選び，記号で答えなさい。

(2)　(1)の緑色の部分は，ある気体を取り入れて養分を作っています。その気体の名前を答えなさい。

(3)　上の**ア**～**エ**の中から最も大きいものを選び，記号で答えなさい。

(4)　上の**ウ**～**オ**の小さな生き物の名前を答えなさい。

(5)　池の中で見られる，生き物どうしの食べる・食べられるの関係を何といいますか。

(6)　植物と動物の両方の生き物の特徴を持つ生物を，上の**ア**～**オ**の中から１つ選び，記号で答えなさい。

3　次の文章と地図を見て，後の問いに答えなさい。

2021年，第32回オリンピック競技大会(2020／東京)と東京2020パラリンピック競技大会が行われました。新型コロナウィルス感染《かんせん》症《しょう》の影響《えいきょう》で１年延期されたこの大会は，東京都など関東地方を中心に行われました。関東地方は日本の政治・経済の中心となっており，日本の(1)総人口の３分の１にあたる約4300万人が生活しています。関東平野が中央に広がり，北西部は山がちで，沿岸部は太平洋に面しています。また，関東地方には，(2)流域面積が最大の川が流れています。

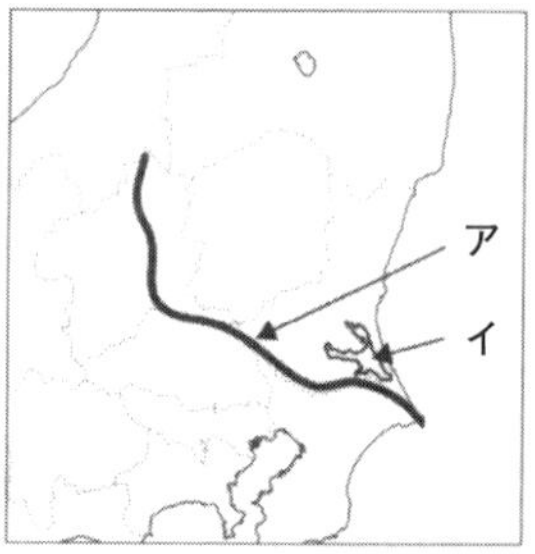

問１　下線部(1)について，日本のおおよその人口はどの範囲に当てはまるか。次の**あ**～**う**から１つ選び記号で答えなさい。

あ　9000万人～１億1000万人

い　１億1000万人～１億3000万人

う　１億3000万人～１億5000万人

問２　下線部(2)について，これは地図中の**ア**の川をさしています。この川の名を答えなさい。

問３　関東地方の気候の特色を表しているグラフを，次の**あ**～**う**から１つ選び記号で答えなさい。

あ

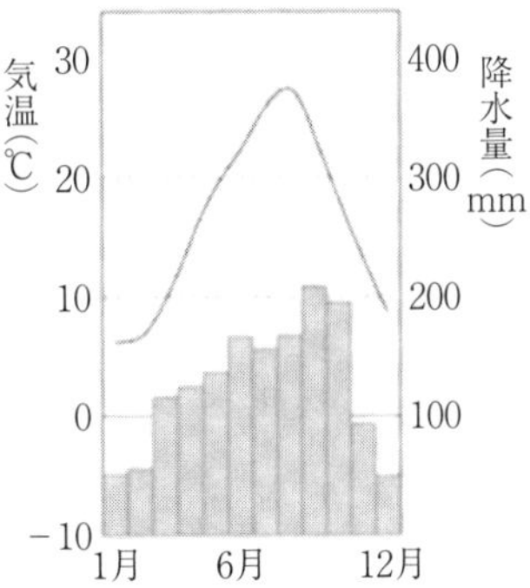

年平均気温：16.3℃
年間降水量：1528.8mm

い

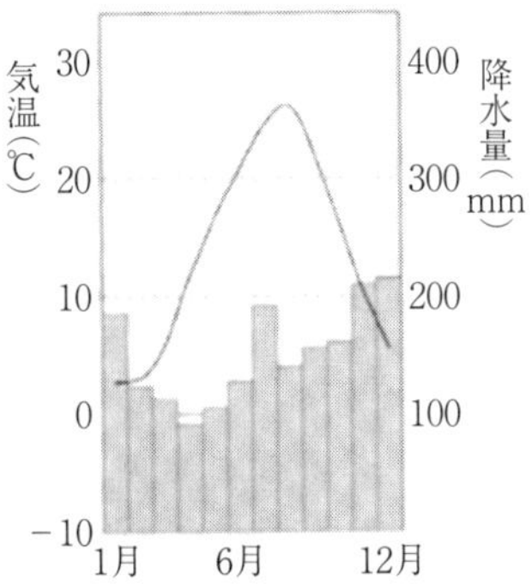

年平均気温：13.9℃
年間降水量：1821mm

う

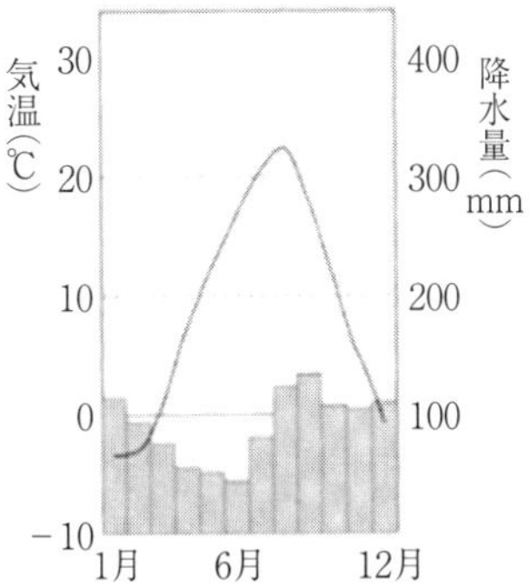

年平均気温：8.9℃
年間降水量：1106.5mm

問４　地図中**イ**の湖の名を，次の**あ**～**う**から１つ選び記号で答えなさい。

あ　琵琶湖　　**い**　霞ヶ浦　　**う**　猪苗代湖

問５　東京都の人口を示すグラフを，次の**あ**～**う**から１つ選び記号で答えなさい。

あ

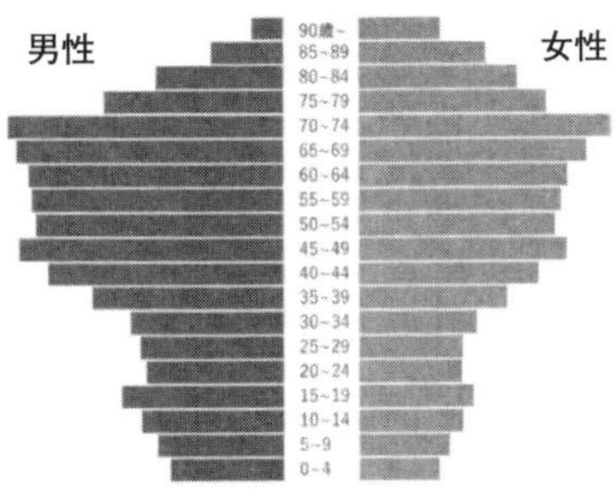

い

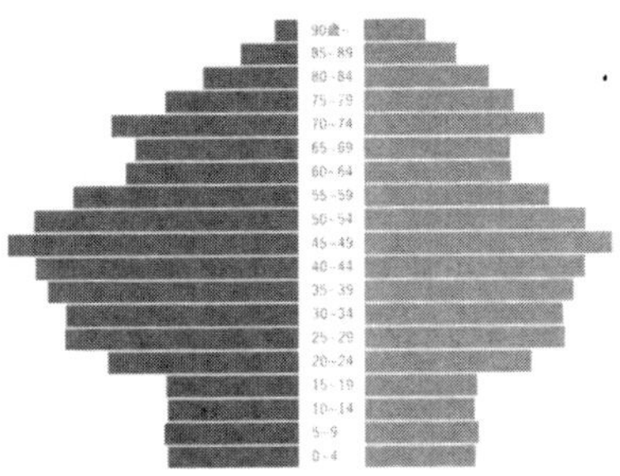

う

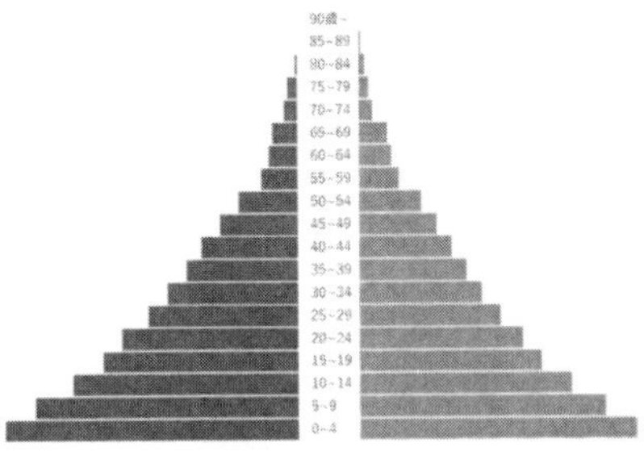

4　右の写真の人物に関する次の文章を読み，後の問いに答えなさい。

この人物は(1)1840年３月16日，現在の埼玉県深谷市で生まれ，江戸時代の末期に農民から(2)武士となり，明治時代になると役人として活躍しました。その後，第一国立銀行など様々な会社や団体の設立・経営に関わりました。

一部の人が利益を追求する社会ではなく，広く国民全体が豊かになることを目指して活動したといわれています。その後，(3)1931年11月11日，現在の東京都北区で亡くなりました。

問１　下線部(1)について，この翌年に水野忠邦が始めた改革を，次の**あ**～**え**から１つ選び記号で答えなさい。

あ　享保の改革　　**い**　田沼の改革　　**う**　寛政の改革　　**え**　天保の改革

問２　下線部(2)について，写真の人物が仕えた江戸時代最後の将軍の名を，次の**あ**～**え**から１つ選び記号で答えなさい。

あ　徳川慶喜　　**い**　徳川吉宗　　**う**　徳川綱吉　　**え**　徳川家光

問３　下線部(3)について，この年に日本軍が，柳条湖にある鉄道の線路を爆破した事件をきっかけに中国東北地方を占領しました。このことを何というか答えなさい。

問４　2024年から発行される新しい紙幣に写真の人物が採用されます。どの紙幣に採用されるのか，次の**あ**～**え**から１つ選び記号で答えなさい。

あ　千円札　　**い**　二千円札　　**う**　五千円札　　**え**　一万円札

問５　写真の人物について，次の(ア)・(イ)の問いに答えなさい。

(ア)　この人物の名を答えなさい。

(イ)　この人物は，生前の功績から「日本(　　)主義の父」と呼ばれました。(　)に当てはまる語句を，漢字２字で答えなさい。

5　絵と英語を見て質問に答えなさい。

①　次の英語を表す絵をア～ウから選びなさい。

１．hippopotamus

ア.

イ.

ウ.

２．watermelon

ア.

イ.

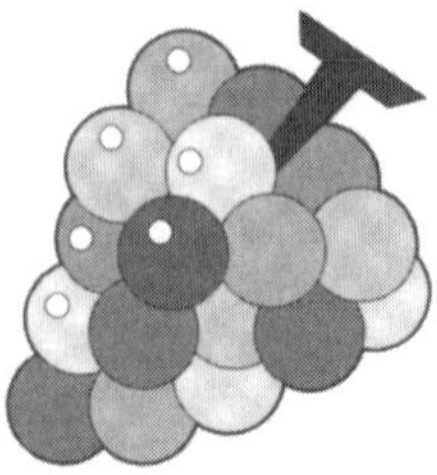

ウ.

3．brush

ア．

イ．

ウ．

4．pizza

ア．

イ．

ウ．

5．doctor

ア．

イ．

ウ．

② 次の絵を表す英語をア～ウから選びなさい。

1．

ア．These are birds.
イ．These are animals.
ウ．These are flowers.

2．

ア．These are vegetables.
イ．These are toys.
ウ．These are sweets.

3.

ア. She is reading.
イ. She is writing.
ウ. She is cleaning.

4.

ア. She is hungry.
イ. She is tired.
ウ. She is angry.

5.

ア. It is windy.
イ. It is cloudy.
ウ. It is rainy.

6 以下の英文を読んで,(1)〜(5)の質問に英文で答えなさい。

I am Kato Riku. I am twelve years old. I go to Wakaba Junior High School. Our school has about four hundred students. I'm a member of the badminton club. We practice badminton very hard every day. We go to school to practice even on Sundays. I'm very busy, but I enjoy my school life.

During summer vacation I went to see my aunt in Okinawa. It was very hot. This was my second trip. I saw my cousins, Miho and Taro. One day we went to * *Shurijo* castle together. There were many people there.

I stayed at my aunt's house for nine days. I returned home by plane. It took me about two hours. I was happy to see my aunt and her family.

* *Shurijo* castle:首里城公園

(1) How many students are there in Riku's school ?

(2) What sport does Riku play at school ?

(3) Where did Riku go during summer vacation ?

(4) Did Riku see many people at *Shurijo* castle ?

(5) How long did it take Riku to return by plane ?

四 次の――線部を漢字に直しなさい。送りがなが必要なものには、送りがなをつけること。

① しせいが良い。
② ないかくの支持率が下がる。
③ 花をそなえる。
④ ふんべつのない行動。
⑤ 小数をししゃ五入する。
⑥ たいさくを立てる。
⑦ けんちょう所在地。
⑧ 友人をうたがう。
⑨ 産業かくめい。
⑩ どきょうがある。

係・分子シャペロン」の中から抜き出しなさい。

問六　――線部⑥「少なくとも三つの方法で即座に対処する」とありますが、この「三つの方法」を本文中のことばを使ってそれぞれ十五字程度で答えなさい。（句読点や記号も字数に数えます。）

問七　⑦に入る小見出しとして最適なものを次のア～エの中から選び、記号で答えなさい。

ア　合成と分解のバランス　　イ　ネズミの臓器

ウ　細胞の構成　　エ　タンパク質の寿命

問八　本文の内容に合うものを、次のア～エの中から一つ選び、記号で答えなさい。

ア　遺伝子によってアミノ酸の配列順序が決まり、アミノ酸の配列順序によってタンパク質の構造やはたらきが決まる。

イ　私たちのからだをつくっているタンパク質は、生まれたときから変わらずにずっと同じ状態で存在している。

ウ　分子シャペロンは、未熟なタンパク質が集まってかたまりをつくりやすくすることを助けている。

エ　肝臓や心臓など、からだの組織を構成するタンパク質は全てかなり速い速度で入れ替わっている。

三

次の各問いに答えなさい。

問一　二字の熟語が完成するように□に当てはまる漢字一字を答えなさい。

突↓
算→□→馬
↓力

問二　①、②の意味を参考にして、四字熟語を完成させなさい。□の中の語を組み合わせてそれぞれ漢字で答えること。

①　口に出さずに実行すること。……□□実行

②　初めは勢いがよいが、終わりはおとろえること。……竜□蛇□

たん	ゆう	とう	いん	び
せい	げん	だい	ふ	てっ

問三　「技術がすぐれている」という意味の慣用句をア～エの中から一つ選び、記号で答えなさい。

ア　腕を磨く

イ　腕が鳴る

ウ　腕が上がる

エ　腕が立つ

問四　――線部の「られる」の中で、意味が異なるものをア～エの中から一つ選び、記号で答えなさい。

ア　この野草は食べられる。

イ　外国人に道をたずねられる。

ウ　六時半なら起きられる。

エ　美しい雪景色が見られる。

問五　次の＝＝線部の主語となるものをア～エの中から一つ選び、記号で答えなさい。

あるア企業が行なった調査によると、イ中高生が自由に使えると思うウ時間は、一日平均エ三時間を超える。

新しいタンパク質を多くしないように自主規制する方法です。現存する分子シャペロンの負担を軽くし、すべてのタンパク質に十分に目がとどくようにするというものです。

最後の手段は、もっとも冷徹《れいてつ》なものです。立体構造がうまくとれなかったタンパク質を分解してしまうことにより、細胞にとって、Ａ不都合な原因をとりのぞくというものです。この最後の方法はともかく、これらの対処のしかたは、なんとなく私たち人間の世界に似ていると思いませんか。

［⑦］

私たちのからだをつくっているタンパク質は、生まれたときから変わらずにずっと存在し、新たにつくられるタンパク質は、筋肉や毛髪や爪などの成長のために付け加えるためや、皮膚や消化管などから少しずつはげ落ちる細胞やけがなどで失った血液や筋肉などを補充するためのものなのでしょうか？

そうではありません。じっさいは、肝臓のタンパク質も、心臓のタンパク質も、からだのタンパク質の大部分はかなり速い速度で入れかわっています。

ある時点で合成されたタンパク質分子が、分解されることで半分の量にまで減少する時期をタンパク質の半減期、あるいは寿命と言います。ネズミの臓器のタンパク質の半減期を調べたところ、肝臓約一日、腎臓約二日、心臓約四日、脳約五日、筋肉約十一日でした。私たちヒトのタンパク質もほぼ同じような半減期と考えられています。

肝細胞は何年も生きているので、細胞の見かけやはたらきはほとんど変わっていないのに、細胞を構成しているタンパク質はかなりの速さで分解され、それと同じものがすばやく再生されていることになります。合成と分解とが完全にバランスがとれているので、細胞としては変化がないように見えているのです。

ところで、この半減期の、Ｂ値は、各臓器に含まれる全タンパク質の平均の値です。各臓器の個々のタンパク質について調べると、それぞれに異なった寿命をもっていることがわかりました。

短いものでは数分の寿命しかないものがあります。一方、長いものでは、筋肉を構成するミオシンや、赤血球中のヘモグロビンなどのように十数日から数十日、さらに、眼のレンズをつくっているクリスタリンは私たちの生涯を通して使用されます。

（伊藤明夫「細胞のはたらきがわかる本」より）

問一　＝線部Ａ「不都合」、Ｂ「値」の漢字の読み方をひらがなで答えなさい。

問二　――線部①「誕生」とありますが、「誕生」したときの「タンパク質」はどのような形をしていますか。本文中の言葉を使って二十五字以内で答えなさい。（句読点や記号も字数に数えます。）

問三　――線部②「教育」について、次の問題に答えなさい。

1　タンパク質が最初に受ける「教育」は何ですか。本文中から六字で抜き出しなさい。（句読点や記号も字数に数えます。）

2　タンパク質は、1で答えた以外にどんな「教育」を受けますか。本文中から二つ、それぞれ六字以内で抜き出しなさい。（句読点や記号も字数に数えます。）

問四　［③］、［④］に入ることばの組み合わせとして最適なものを、次のア～エの中から選び、記号で答えなさい。

ア　③　つまり　④　しかし
イ　③　たとえば　④　ところが
ウ　③　しかし　④　つまり
エ　③　だから　④　なぜなら

問五　――線部⑤「欠陥」とありますが、これと同じ意味で使われている漢字二字のことばを二つ目の意味段落**「タンパク質の教育**

は、遺伝子情報が遺伝子からはじまってその目的を果たすまでの、長い道のりの最終段階といえます。

立体構造がどのようにしてできるかという原理は、完全にわかっていませんが、おおよそ以下のようであろうと考えられています。

〈中略〉

立体構造形成は、すべてのタンパク質が通らなければならない義務教育のような過程です。しかし、すべてではありませんが、多くのタンパク質はさらにべつの教育を受けます。タンパク質の中の特定のアミノ酸にさまざまな化学基が結合したり（化学修飾）、いったんつくられたタンパク質の一部が切り落とされて短くなったり（プロセシング）、という変化です。

化学修飾の場合は、化学基が結合することにより、タンパク質の立体構造の一部が少し変化し、それによりはたらきが変化します。結合した反応基が除去されてもとに戻る可逆的な場合も多く、そのようなとき、はたらきももとにもどります。化学修飾は、次の章で説明する酵素のはたらきを調節する手段の一つとして、しばしばおこなわれます。

プロセシングの場合も、タンパク質の一部が切り落とされることにより、そのはたらきが変化します。しかし、この場合はもはやもとにもどれません。［　③　］、トリプシンやキモトリプシンなどの消化酵素や血液凝固《ぎょうこ》にかかわる酵素は、はたらきのできないタンパク質としてはたらき場所にひかえており、必要におうじてプロセシングを受けてタンパク質の一部が除かれ、はたらきができるようになります。

タンパク質の教育係・分子シャペロン

私たちの場合、さまざまな知識をえて育ってくる過程で、それを助けてくれるのは先生や先輩です。細胞内の社会もよく似ていて、細胞内で効率よく折りたたまれるのを助ける役目をするタンパク質があり、分子シャペロンといいます。

もともと、シャペロンというのは、ヨーロッパにおいて若い女性がはじめて社交界に出るときに介添《かいぞ》え後見の役をする老婦人のことをいいます。すなわち、分子シャペロンは未熟なタンパク質が成熟するのを助ける先生役のタンパク質分子なのです。

分子シャペロンの助けをえて、タンパク質はそれぞれ独自の立体構造をつくって、独自のはたらきをするようになります。［　④　］、たまには、分子シャペロンが助けてくれても立体構造の形成がうまくいかず、正しい構造をとれなかったタンパク質ができることがあります。そうした立体構造がうまくできなかったタンパク質は、集まってかたまりをつくりやすいので、そのようなタンパク質が多くできるのは細胞にとって危険です。

そこで、細胞は、自動車などの製造工場の組み立てラインと同じように、不適切な立体構造になったものや⑤欠陥のあるタンパク質を検出する品質管理をおこなっています。抜き取り検査をしているのが誰なのか、何万という異なった個性をもったタンパク質のそれぞれが正しい立体構造をしているのか、していないのかをどのようにして判断しているのか、残念ながらまだよくわかっていません。

しかし、いったんいずれかのタンパク質に不備が見つけられたとき、細胞はこれにたいし、⑥少なくとも三つの方法で即座に対処することがわかっています。

一つは、分子シャペロンの数を多くして、うまく立体構造ができなかったタンパク質の修復につとめることです。二つめは、細胞のタンパク質の合成をおさえ、これ以上立体構造をつくらなければならない

エ　スペースシャトルの名前の意味を尋ねることで、宇宙への興味を姉にも共有してもらいたいと思っている。

問九　――線部⑨「ぎこちない」の意味として最適なものを、次のア～エの中から選び、記号で答えなさい。

ア　動作や反応がじれったいほどのろい。
イ　動作がよどみなく、すらすらと進む。
ウ　動作に自然ななめらかさが感じとれない。
エ　動作にゆとりがなく落ち着かない。

問十　本文における「はるか」の「うみか」に対する気持ちの変化を説明したものとして最適なものを、次のア～エの中から選び、記号で答えなさい。

ア　捉えどころがない性格のうみかとは距離を置いていたが、雑誌の件で最後まで自分に食い下がったことや、嫌いな食べ物を無理して食べたこと、何度失敗してもあきらめずに逆上がりの練習を続けたことなどから、彼女の負けず嫌いな性格にあきれるようになった。

イ　普段から生意気な態度を取るうみかのことが気に入らなかったが、逆上がりの練習に付き合う中で、自分に対する素直な言葉や目標に向かって懸命に努力をする姿に触れ、彼女が苦手を克服するのに立ち会うことを楽しみに思うようになった。

ウ　生意気でいつも自分に反抗するうみかを嫌っていたが、逆上がりができなくて居残りをさせられていることを知ってかわいそうに思うようになり、姉として彼女の苦手の克服に積極的に協力しようと思うようになった。

エ　日頃からうみかのことを生意気に思っていたが、宇宙に興味を持っていることを知ったのをきっかけに、彼女の捉えどころがないけれども素直な性格に気づき、自分の手で逆上がりができるようにしてやりたいと思うようになった。

二　次の文章を読んで、後の問いに答えなさい。

タンパク質の教育

細胞内社会において、市民としてじっさいに細胞の活動をになっているタンパク質は、細胞の中で生まれ、育ち、決められたはたらき場所(細胞小器官)で、決められたはたらきをし、そして、寿命がくると死を迎えます。そのようすは、私たち人間とひじょうによく似ています。

タンパク質の一生には、私たちと同じように、①誕生からはじまって、教育、就職、労働そして死にいたるいくつかの過程があります。この中で、誕生、就職、労働の過程は、細胞のはたらきと直接関連しているので、次の章でくわしくとりあげます。ここでは、②教育と死について説明します。

タンパク質は、それぞれに決まった形、立体構造をつくってはじめて、それぞれに決められたはたらきをすることができます。ところが、生まれた直後のタンパク質は、ほどけたひものようにグニャグニャしていて、決まった形をもっていません。そこで、タンパク質が一人前としてはたらきに出るためには、まず、立体構造がつくられなければなりません。この過程をタンパク質の折りたたみ、あるいは立体(高次)構造形成といい、私たちの社会で言えば義務教育にあたります。

タンパク質の立体構造は、そのタンパク質のアミノ酸の配列順序が決まれば、多くの場合、自動的に特定の一つの構造に決められます。アミノ酸配列は遺伝子によって決められていますから、遺伝子上にすでにタンパク質の立体構造を決める情報が書き込まれていることを意味しています。タンパク質のはたらきは立体構造により決まるので、はたらきもアミノ酸配列により決まることになります。立体構造形成

問二　本文は三つの場面に分けることができます。第二の場面と第三の場面の最初の六字を、それぞれ本文中から抜き出しなさい。（句読点や記号も字数に数えます。）

問三　――線部①「そのこと」が指す内容を十五字以内で書きなさい。（句読点や記号も字数に数えます。）

問四　――線部②「うみかがナポリタンのピーマンを、時間をかけて丸呑みする音が、横の私にまで聞こえた。顔色を悪くしながら、無理して片づけていた」とあるが、「うみか」がそのように行動した理由として最適なものを、次のア～エの中から選び、記号で答えなさい。

ア　『6年の科学』を追加してもらうために、好き嫌いをなくして、逆上がりもできるようになろうと考えたから。

イ　苦手な食べ物を食べられたら『6年の学習』を『6年の科学』に変えてくれると、はるかが約束したから。

ウ　ピーマンが食べられないことを給食の時間にみんなにからかわれて、涙を流すほど悔しい思いをしたから。

エ　逆上がりができないことを食べ物の好き嫌いと結びつけたお母さんに対して強く反発する気持ちがあったから。

問五　③、⑤、⑦に入ることばの組み合わせとして最適なものを、次のア～エの中から選び、記号で答えなさい。

ア　③　決して　⑤　まさか　⑦　きっと

イ　③　さすがに　⑤　きっと　⑦　ただ

ウ　③　さすがに　⑤　きっと　⑦　まるで

エ　③　あたかも　⑤　ただ　⑦　さすがに

問六　――線部④「私は自分のミスを悟《さと》る」とありますが、「ミス」とはどのようなことですか。四十字以内で説明しなさい。（句読点や記号も字数に数えます。）

問七　――線部⑥「一緒に練習しよう」と言ったときの「はるか」の気持ちの説明として最適なものを、次のア～エの中から選び、記号で答えなさい。

ア　自分のミスが原因でうみかが一人だけピアニカの練習ができなかったことの埋め合わせとして彼女に逆上がりを教えてやることで、妹に対して感じていた罪の意識から逃れようと思った。

イ　ピアニカを家に置いてきて一人だけ練習ができなかったうえに、逆上がりの居残りまでさせられているうみかをかわいそうに思って、逆上がりだけでもできるようにしてやろうと決意した。

ウ　逆上がりができないにもかかわらず、ろくに練習もしていない様子のうみかに対していらだちを感じ、彼女が馬鹿にされることがないようしっかりと練習させなければならないと責任を感じている。

エ　想像の中で、うみかが一人だけ授業に参加できないでいる姿と逆上がりの居残りをさせられる姿が重なり、妹がつらい思いをすることがないように、自分の力で苦手を克服させてやろうと決心した。

問八　――線部⑧「エンデバーってどういう意味か知ってる？」と言ったときの「うみか」の気持ちの説明として最適なものを、次のア～エの中から選び、記号で答えなさい。

ア　逆上がりができるようになるために、何度失敗しても頑張って練習を続けたいと思っている。

イ　失敗を繰り返す中で練習が嫌になり、姉と会話することで少し気を紛《まぎ》らわしたいと思っている。

ウ　自分と違って苦労せずに逆上がりができるようになった姉に対して、うらやましいと思う気持ちをぶつけている。

「いたっ」

「あ、ごめん」

ぶつかった場所を押さえて蹲《うずくま》った私に、うみかが近寄る。「だから言ったのに」と。

「いいよ。私、自分で回れるようになるから」

「私はいなくてもいいってこと？」

じんじん痛む額を押さえながら見たうみかの顔が、表情をなくした。

おや、と思う間もなく、うみかが首を振る。

「ううん。いて欲しい」

今度は私が表情をなくす番だった。そんなふうに素直に言われたら、逆らえなかった。

「――見てれば、いいの？」

「うん。お願い」

こくりと頷いて、それから何度も何度も、空に向けて足を蹴る。

「⑧エンデバーってどういう意味か知ってる？」

何度目かの失敗の後で、うみかが息を切らして言った。手のひらが赤茶色になって、見ているだけで鉄の匂《にお》いがかげそうだ。

私は「知らない」と首を振った。

「努力」とうみかが答えた。

空にうっすらと藍色《あいいろ》が降りてきて、薄い色の月が見え始めてしばらくした頃、うみかがとうとう練習をやめた。妹が鉄棒を離れたのと入れ違いに、今度は私が逆上がりをする。

足を上げる時、つま先の向こうに白い月が見えた。今日、うみかは何度も何度もこうやって、私と同じように、月を蹴ってたんだなぁと思った。

逆上がりを成功させて、すとっと地面に降りた私に向け、うみかが「いいなぁ」と呟《つぶや》いた。

「思いっきり走ってきて、その弾《はず》みの力を借りるって手もあるよ」

自分が最初の頃、そうやって初めて回れたことを思い出す。こんなふうに、とお手本で回って見せた。二、三メートル離れた場所から走り、その勢いで鉄棒を摑《つか》む。月を蹴り、ぐるんと回る。

「こう？」

うみかが真似《まね》して、同じように走る。⑨ぎこちない走り方だったけど、そのまま鉄棒を摑んだら、これまでで一番勢いよく足が上がった。あと少しできれいな円が描けそうだった。

「惜しいっ！」

思わず声が出た。うみか自身、驚いた顔をしていた。

「まだ、練習してもいい？」

「このやり方で、明日からもやってみなよ。今日はもう遅いよ」

家に帰ると、もう七時を回っていて、私たちは、おじいちゃんとお母さんに叱《しか》られた。お父さんがまだ帰ってきてなくて、よかった。

「明日も練習、一緒に来てくれる？」

うみかとひさしぶりにお風呂に一緒に入った。鉄棒を摑みすぎたせいで感覚がおかしいのか、うみかが何度も手をグーとパーに動かしている。

「いいよ」と私は答えた。

誰かが何かできるようになる瞬間《しゅんかん》に立ち会うのが、こんなに楽しいとは思わなかった。

＊1　毛利さん…毛利衛。一九九二年（平成四年）に日本人科学者としてはじめてスペースシャトル「エンデバー」に搭乗し、宇宙実験や宇宙授業をおこなった。

＊2　ピアニカ…鍵盤《けんばん》ハーモニカのこと。

問一　===線部A「生意気」、B「結ぶ」の漢字の読み方をひらがなで答えなさい。

かべた。きょとんとしたような、息を呑むような。

だけどすぐに「わかった」と頷いて、水色のピアニカケースを持ってきてくれる。

ひょっとして、ピアニカのホースで間接キスになるのが嫌《いや》なのかもしれない。だけど、別にいいじゃないか、姉妹なんだから。他の学年にどれだけ仲がいい友達がいたって、［　③　］ピアニカは借りられないだろうけど、姉妹だったらそれができる。私は得した気分だった。

びっくりしたのは、授業の後、借りたピアニカを返しに行った時だった。うみかの近くにいた五年生が「あれ、うみかちゃん、ピアニカあったの？」と私たちに声をかけてきた。

「忘れたんだと思ってた。お姉ちゃんが持ってきてくれたのに、間に合わなかったの？」

「うん」

頷くうみかは落ち着いていた。ピアニカの側面に書かれた平仮名のうみかの名前が、私たちの間で間抜けに浮き上がって見えた。④私は自分のミスを悟《さと》る。あの不思議そうな表情の意味はこれか。

「――同じ時間、だったの？」

「そう」

「言ってくれればよかったのに」

「だって」

短く答えるうみかの口調に怒っている様子はなかったけど、それがよりいっそう私にはこたえた。ピアニカを忘れてみんなの間に黙《だま》って座る妹を想像する。六年の教室からも、［　⑤　］私たちのピアニカの音が聞こえてきたはずだ。その音を聞きながら、下の階で座り続ける気持ちはどんなものだっただろう。

唇《くちびる》を引きＢ結ぶと同時に、胸の奥がきゅっと痛んだ。素直《すなお》に言葉で謝ることができないほど、気まずかった。

「逆上がりの練習、してる？」

尋ねていた。うみかがぱちくりと目を瞬《またた》く。

私は逆上がり、得意だった。

「⑥一緒に練習しよう」

罪滅《ほろ》ぼし、という意識はそれほどなかった。［　⑦　］、一人きりみんなのピアニカ練習を見つめる妹を想像したら、それが逆上がりの居残りをさせられる姿と重なって、私の胸を締めつけた。

うみかをバカになんかさせない、と強く感じたのだ。

鉄棒の特訓は、近所の『ちびっこ広場』で放課後にやることにした。私が一緒《いっしょ》にやろうと言う前から、うみかは毎日ここで練習していたらしい。

毛利さんが宇宙に行くのは九月。スペースシャトルエンデバーの名前をテレビでも少し前から紹介してる。

「そんなに楽しみなの？」

「楽しみ」

別に意地悪で聞いたわけじゃなかったけど、うみかの返答は短かった。

鉄棒を両手で握《にぎ》り、えいっと空に向けて蹴《け》り上げたうみかの足が、重力に負けたようにばたん、と下に落ちる。

「足、持ってあげようか」

私が逆上がりができたのは一年生の時だ。その時、先生やお父さんが、練習する私の足を捕《つか》まえて回してくれた。

「重いよ」

「大丈夫だよ」

安請《やすう》け合《あ》いしたけど、うみかがえいっと足を蹴り上げたらかなり迫力があった。捕まえそこねて、さらにもう一回。思いきって手を伸ばしたらうみかの靴《くつ》の先が額を掠《かす》めた。

二〇二二年度
文京学院大学女子中学校

【国　語】〈ポテンシャル第一回試験〉（五〇分）〈満点：一〇〇点〉

一　次の文章は辻村深月の小説「1992年の秋空」の一部です。本文は、はるか（本文中では「私」）が、妹のうみかに来月からは雑誌『6年の学習』ではなく『6年の科学』を買うようお願いされている場面の続きです。よく読んで、後の問いに答えなさい。

「いやだよ」と、反射的に声が出た。

あんまりなんじゃないか。うみかがどれだけ宇宙のことを好きか知らないけど、だからってそのために私から楽しみを奪《うば》う権利なんかない。だいたい、普段あんなにA生意気な態度を取ってるくせに、こんな時だけ調子いい。

「私だって、『学習』が楽しみなんだもん。いいじゃん、五年の読んでれば。来年になれば、嫌でもあんた六年になるでしょ」

「今年じゃなきゃ、ダメだと思う。お願い、お姉ちゃん」

すぐに折れると思ったのに、食い下がったのがさらに生意気に思えた。私だって、『5年の学習』を読むの我慢《がまん》して、一度だってうみかに頼んだことなんかなかったのに。睨《にら》みつけると、うみかが思いがけず、必死な声で続けた。

「今年の『科学』は、特別なの」

「どうして？」

「＊1毛利さんが、九月に、宇宙に行くから」

私は呆気《あっけ》に取られた。うみかの目は真剣だった。「お願い」とまた、くり返す。

「五年のより詳しく、①そのことが載《の》るかもしれない。今年じゃなきゃ、ダメなの」

「……そんなに好きなの？」

毛利さんや宇宙への情熱のせいなのか、それとも私とケンカして興《こう》奮《ふん》してるだけなのか、わからないけど、うみかの目が赤くなっていた。こくん、と無言で頷《うなず》いて顔を伏《ふ》せる。開きっぱなしの来月号の予告ページに、ぽとっと涙の粒が落ちた。

二人してお母さんに、『6年の科学』『6年の学習』、両方を買ってくれるように頼みに行く。お母さんは「ふうん」と頷いた後で、うみかに「じゃあ、頑張らなきゃね」と告げた。

「うみか、逆上がりできるようになった？」

うみかの全身にぴりっと電気が通ったように見えた。痛いところ突かれたっていう顔だ。

「うみかだけできなくて居残りになったって、この間泣いてたでしょう？　みんなに笑われたって」

うみかは答えなかった。私は驚《おどろ》いていた。

この子が悔《くや》しがるとか、人の目を気にするところなんて想像できない。何かの間違いなんじゃないかと思っていたら、お母さんが「好き嫌いが多いからよ」とうみかに言い、さっさと台所に戻ってしまう。

結局、『6年の科学』の追加がオーケーになったのかどうかはわからないままだった。

その日の夕食、②うみかがナポリタンのピーマンを、時間をかけて丸呑《まるの》みする音が、横の私にまで聞こえた。顔色を悪くしながら、無理して片づけていた。

うみかは捉《とら》えどころがない。

＊2ピアニカを忘れた、その日もそうだった。五年の教室を訪ねて貸してくれるように頼むと、うみかが少しだけ不思議そうな表情を浮

2022年度

文京学院大学女子中学校 ▶解説と解答

算　数　＜ポテンシャル第１回試験＞（50分）＜満点：100点＞

解　答

[1] (1)　10　(2)　6　(3)　30　(4)　3.801　(5)　3　(6)　2　(7)　55　[2] (1)　15cm　(2)　30分　(3)　2500円　(4)　12日　(5)　100.48cm²　(6)　14回　(7)　E　[3] (1)　45分後　(2)　10分　(3)　21km　[4] (1)　10cm　(2)　20cm　(3)　6000cm³

解　説

[1] 四則計算，計算のくふう

(1)　$14-(12-2\times4)=14-(12-8)=14-4=10$

(2)　$6+3\times(15-3)\div4-9=6+3\times12\div4-9=6+36\div4-9=6+9-9=15-9=6$

(3)　$\{28-6\times(8-5)\}+4\times5=(28-6\times3)+20=(28-18)+20=10+20=30$

(4)　右の筆算より，$2.534\times1.5=3.801$

```
    2.5 3 4
×       1.5
-----------
   1 2 6 7 0
   2 5 3 4
-----------
   3.8 0 1 0̸
```

(5)　$\frac{3}{4}\times2.4\div\frac{3}{5}=\frac{3}{4}\times\frac{24}{10}\div\frac{3}{5}=\frac{3}{4}\times\frac{12}{5}\times\frac{5}{3}=3$

(6)　$2\frac{3}{7}-\left\{(1-0.4)-\frac{1}{5}\right\}\times1\frac{13}{14}\div1.8=\frac{17}{7}-\left\{\left(1-\frac{2}{5}\right)-\frac{1}{5}\right\}\times\frac{27}{14}\div\frac{18}{10}=\frac{17}{7}-\left(\frac{3}{5}-\frac{1}{5}\right)\times\frac{27}{14}\div\frac{9}{5}=\frac{17}{7}-\frac{2}{5}\times\frac{27}{14}\times\frac{5}{9}=\frac{17}{7}-\frac{3}{7}=\frac{14}{7}=2$

(7)　$A\times B+A\times C=A\times(B+C)$，$A\times B-A\times C=A\times(B-C)$を利用すると，$11\times8.5-3.8\times11+11\times6.2-11\times5.9=11\times8.5-11\times3.8+11\times6.2-11\times5.9=11\times(8.5-3.8+6.2-5.9)=11\times(4.7+6.2-5.9)=11\times(10.9-5.9)=11\times5=55$

[2] 和差算，速さ，売買損益，仕事算，面積，数列，条件の整理

(1)　長方形の辺は，たて，横２本ずつあり，それらの長さの和は，１m＝100cmなので，たてと横１本ずつの長さの和は，$100\div2=50$(cm)である。また，たては横より20cm長いので，右の図１のようになる。よって，横の長さは，$(50-20)\div2=15$(cm)と求められる。

図１

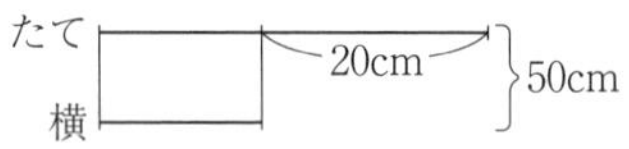

(2)　はじめの，1.2km（＝1200m）を分速60mで歩くときにかかる時間は，$1200\div60=20$(分)とわかる。道のりは全体で，2.1km（＝2100m）なので，残りの道のりは，$2100-1200=900$(m)となる。この道のりを，はじめの速さの1.5倍である分速，$60\times1.5=90$(m)で走るので，残りの道のりを走るのにかかる時間は，$900\div90=10$(分)とわかる。よって，かかる時間の合計は，$20+10=30$(分)と求められる。

(3)　定価を１とおくと，売り値は定価の４割引きなので，$1\times(1-0.4)=0.6$となる。この売り値に消費税10％を加えると，$0.6\times(1+0.1)=0.66$となる。この0.66が1650円にあたるので，定価である１あたりの金額は，$1650\div0.66=2500$(円)と求められる。

(4)　仕事全体の量を20と30の最小公倍数である60とする。文子さんは20日でこの仕事を終えるので，文子さんの１日あたりの仕事量は，60÷20＝３である。また，京子さんは同じ仕事を30日で終えるので，京子さんの１日あたりの仕事量は，60÷30＝２となる。すると，２人が一緒《いっしょ》にこの仕事をすると，１日あたりの仕事量は，３＋２＝５であり，かかる日数は，60÷５＝12(日)と求められる。

(5) 下の図２のように，２つの小さな半円を移動させると，斜線《しゃせん》部分の面積は，半径が，16÷２＝８(cm)の大きな半円の面積と等しくなる。よって，斜線部分の面積は，８×８×3.14÷２＝100.48(cm²)とわかる。

図２

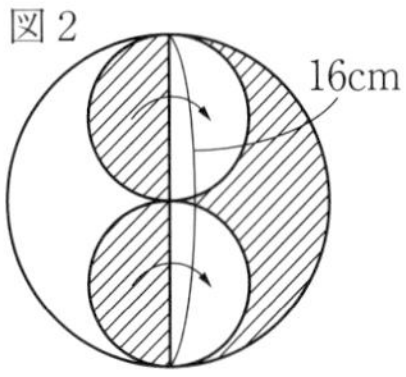

図３

１	１，２	１，２，３	１，２，３，４	１，２，…
１組	２組	３組	４組	

(6) 上の図３のように，数列を組分けする。１組には１個の数が，２組には２個の数があるように，N組にはN個の数がある。１＋２＋３＋…＋13＝(１＋13)×13÷２＝91より，13組までの数の個数は91個である。すると，100番目の数は，13＋１＝14(組)の，100−91＝９(番目)の数となる。よって，１組から14組までのすべての組に，１が１個ずつふくまれるので，最初から100番目までに１は14回出てくるとわかる。

(7) ＤがＢより上位とすると，問題文中の③より，Ｂは４位以下となるが，①よりＢは３位以内である。よって，ＢはＤより上位であり，ＢとＤの間に２組ある。また，④より，ＡはＤの１つ下位なので，右上の図４のようになる。リレーに参加したのは６組だが，ＢからＡまで５組しかないので，残りの，６−５＝１(組)は，図４のアかエである。もし，Ｃがアならば，②より，ＥはＣの２つ下位なので，Ｅはイとなる。一方，Ｃがイかウかエであるとき，ＥはＣの２つ下位となることはできない。よって，Ｃはア，Ｅはイ，Ｆはウであり，第３位はＥとわかる。

図４

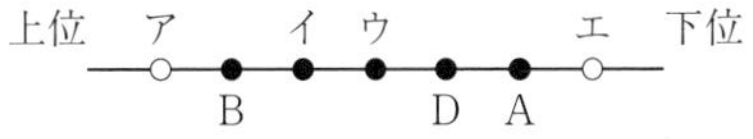

3 グラフ―速さ，旅人算

(1) 問題文中のグラフより，京子さんはタクシーに乗るまでに３km歩いた。歩く速さは時速４kmなので，歩いた時間は，３÷４＝$\frac{3}{4}$(時間)である。１時間＝60分より，$\frac{3}{4}$時間は，$\frac{3}{4}$×60＝45(分)なので，京子さんがタクシーに乗ったのは，出発してから45分後とわかる。

(2) 京子さんがタクシーに乗った道のりは，グラフより，26−３＝23(km)である。タクシーの速さは時速60kmなので，タクシーに乗った時間は，23÷60＝$\frac{23}{60}$(時間)，つまり，$\frac{23}{60}$×60＝23(分)となる。(1)より，京子さんはタクシーに乗る前に45分歩いたので，Ａ町を出発してからＢ町に着くまでにかかった時間は，45＋23＝68(分)とわかる。また，文子さんは，Ａ町からＢ町までの26kmを自転車で時速20kmで走ったので，かかった時間は，26÷20＝$\frac{26}{20}$(時間)より，$\frac{26}{20}$×60＝78(分)となる。よって，２人は同時に出発したので，京子さんは文子さんより，78−68＝10(分)早くＢ町に着いたとわかる。

(3) (1)より，京子さんは，出発して45分後にＡ町から３kmのところにいる。また，文子さんは，京子さんと同時に出発して，45分後＝$\frac{3}{4}$時間後にＡ町から，20×$\frac{3}{4}$＝15(km)のところにいる。すると，出発してから45分後の２人の位置は，右の図のよ

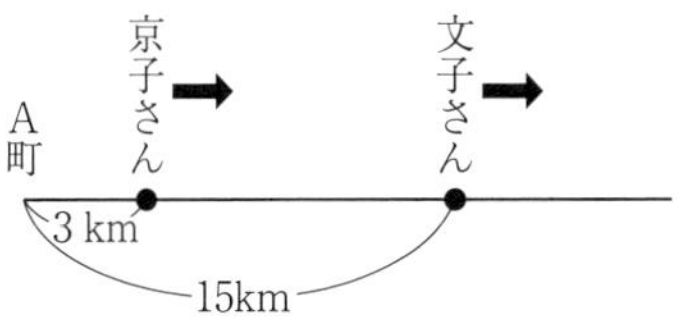

うになり，２人の間の距離《きょり》は，15－３＝12(km)とわかる。文子さんの速さは時速20km，京子さんはこの地点からタクシーに乗って時速60kmで進むので，京子さんが文子さんに追いつくのにかかる時間は，$12\div(60-20)=\frac{3}{10}$(時間)となる。この$\frac{3}{10}$時間で，京子さんが進む距離は，$60\times\frac{3}{10}=18$(km)なので，京子さんが文子さんに追いつくのは，Ａ町から，３＋18＝21(km)のところと求められる。

4　立体図形，グラフ―水の深さと体積

(1)　問題文中の図２のグラフの折れ目で，鉄の高さと水面の高さが等しくなったので，鉄の高さは10cmとわかる。

(2)　グラフより，２分から６分までの，６－２＝４(分間)で，水面は，18－10＝８(cm)上がった。４分間で入る水の体積は，2000×４＝8000(cm^3)であり，右の図の斜線部分の体積と等しい。そこで，水そうのたての長さを△cmとすると，△×50×８＝8000より，△×400＝8000，△＝8000÷400＝20(cm)とわかる。よって，水そうのたての長さは20cmである。

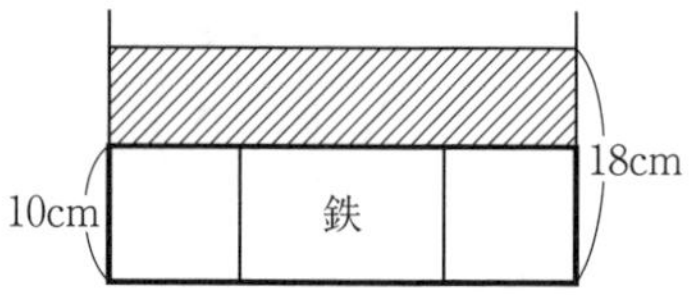

(3)　右上の図で，太線部分の体積は，50×20×10＝10000(cm^3)である。また，グラフより太線部分が満水になるのに２分かかったので，太線部分の中で鉄をのぞいた体積は，2000×２＝4000(cm^3)とわかる。よって，鉄の体積は，10000－4000＝6000(cm^3)と求められる。

理　科　<ポテンシャル第１回試験>

解　答

1　(1)　ア　(2)　ア　(3)　エ　(4)　イ　(5)　エ　**2**　(1)　ア，エ，オ　(2)　二酸化炭素　(3)　ウ　(4)　**ウ**　ミジンコ　**エ**　ミドリムシ　**オ**　アオミドロ　(5)　食物連さ　(6)　エ

解　説

1　小問集合

(1)　ムラサキキャベツを煮《に》出して作るムラサキキャベツ液は，強い酸性の水溶液《すいようえき》に入れると赤色，弱い酸性ではピンク色，中性ではむらさき色，弱いアルカリ性では青色(緑色)，強いアルカリ性では黄色に変化する。

(2)　地表付近では，台風の中心へ向かって反時計回りに風が吹《ふ》きこんでいる。台風の進行方向に向かって右側では，風が吹きこむ向きと台風の進行方向が同じため，左側よりも強い風が吹く。

(3)　午前中は晴天なので，太陽の光によって気温が上昇《じょうしょう》する。お昼ごはんを食べていると風が吹きはじめ，にわか雨が降り出したとあるため，そのころに冷たい空気に入れかわり，太陽の光もさえぎられて急に気温が下がったと考えられる。よって，エが選べる。

(4)　ドライヤーは，電熱線に電流を流して発生した熱を，ファンで送り出すことで温風が出る。

(5)　日本では，1993年に屋久島《やくしま》と白神《しらかみ》山地，2005年に知床《しれとこ》，2011年に小笠原《おがさわら》諸島が世界自然遺産としてそれぞれ登録された。2021年７月に世界自然遺産として登録されたのは，奄美大島《あまみおおしま》，徳之島《とくのしま》，

沖縄《おきなわ》北部および西表島《いりおもてじま》である。

2 水中の微《び》生物についての問題

(1) アのイカダモ，エのミドリムシ，オのアオミドロは体の中に葉緑体をふくんでいるため，体のほとんどの部分が緑色をしている。

(2) 緑色をしている葉緑体では光合成を行っていて，生きていくために必要な養分を作り出している。このとき，光のエネルギーを使い，水と二酸化炭素から，デンプンなどの養分と酸素ができる。

(3) ウのミジンコは甲《こう》かく類で，植物プランクトンをえさとしている。体長は0.5～3.0mmほどで，ア～オの中では最も大きい。

(4) ウのミジンコは，触角《しょっかく》を動かしておよぐことができる。エはミドリムシで，１本の長いべん毛を使い，水中を移動することができる。オはアオミドロで，自ら動くことはできない。

(5) 生き物どうしの食べる・食べられるの関係を，食物連さという。たとえば，植物プランクトンは動物プランクトンに食べられ，植物プランクトンと動物プランクトンはメダカなど小魚に食べられる。

(6) エのミドリムシは植物のように葉緑体を持ちながら，べん毛を使って動物のように自ら動くことができるので，植物と動物の両方の特徴《とくちょう》を持つといえる。

社 会 ＜ポテンシャル第１回試験＞

解 答

3 問１ い　問２ 利根川　問３ あ　問４ い　問５ い　4 問１ え　問２ あ　問３ 満州事変　問４ え　問５ (ア) 渋沢栄一　(イ) 資本

解 説

3 日本の人口や関東地方の地理についての問題

問１ 問題文中に，関東地方には「日本の総人口の３分の１にあたる約4300万人」が生活しているとあることから，日本の総人口は，4300(万人)×３＝12900(万人)より，約１億2900万人と求められる。なお，日本の総人口は2020年現在，約１億2600万人となっている。統計資料は『日本国勢図会』2021／22年版による。

問２ 利根川(全長約322km)は信濃川(全長約367km)につぐ日本第２位の長流で，越後山脈の大水《おおみな》上山《かみやま》を水源とし，関東平野をおおむね南東へ向かって流れ，千葉県の銚子《ちょうし》市で太平洋に注ぐ。その流域面積(約16840km^2)は日本最大で，古くから関東第一の川として「坂東太郎」(坂東は関東地方の古いよび名)の名でもよばれ，日本三大暴れ川にも数えられる。

問３ 関東地方は夏に降水量が多くなる太平洋側の気候に属しているので，「あ(東京)」が関東地方の気候の特色を表しているグラフと判断できる。なお，「い(新潟)」は冬の降水量が多い日本海側の気候の特色を，「う(札幌)」は12～２月の平均気温が０℃を下回っていることから，冬の寒さの厳しい北海道の気候の特色を表している。

問４ 茨城県は関東地方の北東部に位置し，県南東部には琵琶《びわ》湖(滋賀県)についで全国で２番目に面積が大きい湖である霞《かすみ》ケ《が》浦《うら》がある。なお，猪苗代《いなわしろ》湖は福島県の中央部に位置する湖で，全国で

４番目に大きい湖である。

問５　東京都には大企業《きぎょう》の本社や大学などが多数立地しており，全国各地から進学や就職などを機に東京都へ移り住む人が多いため，生産年齢人口(15～64歳)の割合が高い「い」のグラフと判断できる。なお，高齢人口(65歳以上)の割合が高い「あ」は，過疎《かそ》化などによって若い世代の人口流出が続く地方の県などで見られるグラフ。「う」は富士山型とよばれ，子供の出生率も死亡率も高い多産多死の発展途上国などで見られるグラフ。

4　ある歴史上の人物を題材とした問題

問１　水野忠邦《ただくに》は老中として天保の改革(1841～43年)とよばれる幕政改革を行い，商工業者の同業組合である株仲間の解散や，江戸と大阪周辺の土地を幕府の直轄《ちょっかつ》地とする上知令などの政策を実施した。なお，享保の改革(1716～45年)は江戸幕府の第８代将軍徳川吉宗，田沼の改革(1772～86年)は老中の田沼意次《おきつぐ》，寛政の改革(1787～93年)は老中の松平定信によって行われた。

問２　徳川慶喜《よしのぶ》は「徳川御三家」の一つである水戸藩(茨城県)の藩主・斉昭《なりあき》の子で，一橋家に養子に入り，1866年に江戸幕府の第15代将軍に就任した。しかし，倒幕の気運が高まると，慶喜は翌67年に大政奉還を行って朝廷に政治の実権を返したため，江戸幕府の最後の将軍となった。なお，徳川吉宗は第８代将軍，徳川綱吉は第５代将軍，徳川家光は第３代将軍である。

問３　1931年，満州(中国東北部)にいた日本軍が奉天(現在の瀋陽《しんよう》)の柳条湖《りゅうじょうこ》付近で南満州鉄道の線路を爆破し，これを中国側のしわざであるとしてただちに軍事行動を起こし，半年あまりの間に満州各地を占領した。このできごとを満州事変といい，翌32年には満州国を独立させ，日本の支配下に置いた。

問４　2024年度から発行される新千円札の肖像《しょうぞう》には北里柴三郎《しばさぶろう》が，新五千円札の肖像には津田梅子が，新一万円札の肖像には渋沢《しぶさわ》栄一(写真の人物)が採用されることになっている。なお，二千円札は2000年に発行された紙幣《しへい》で，裏面には紫式部が描かれている。

問５　(ア)，(イ)　渋沢栄一は埼玉県深谷市の豪農出身の実業家で，江戸幕府の一橋家に仕えたが，明治時代になると政府に出仕し財務を担当した。退官後は，日本初の銀行である第一国立銀行の設立をはじめ，多くの会社や団体の設立・経営にたずさわり，その功績から「日本資本主義の父」とよばれた。

英　語　＜ポテンシャル第１回試験＞

※解説は編集上のつごうにより省略させていただきました。

解　答

5　①　1　ア　2　ウ　3　ウ　4　ア　5　ウ　②　1　ウ　2　ア　3　ア　4　イ　5　ウ　6　(1)　(例)　There are about four hundred students.　(2)　He plays badminton.　(3)　He went to Okinawa.　(4)　Yes, he did.　(5)　(例)　It took him about two hours.

国語 ＜ポテンシャル第１回試験＞（50分）＜満点：100点＞

解答

一 問１ A なまいき B むす(ぶ) 問２ 第二の場面…うみかは捉え 第三の場面…鉄棒の特訓は 問３ (例) 毛利さんが宇宙に行くこと。 問４ ア 問５ イ 問６ (例) 自分がピアニカを借りたのが，うみかがピアニカを使うのと同じ時間だったこと。 問７ エ 問８ ア 問９ ウ 問10 イ 二 問１ A ふつごう B あたい 問２ (例) グニャグニャしていて，決まった形をもっていない。 問３ １ 立体構造形成 ２ 化学修飾／プロセシング 問４ イ 問５ 不備 問６ (例) タンパク質の修復につとめること。／タンパク質の合成をおさえること。／タンパク質を分解してしまうこと。 問７ エ 問８ ア 三 問１ 出 問２ ① 不言(実行) ② (竜)頭(蛇)尾 問３ エ 問４ イ 問５ ウ 四 下記を参照のこと。

●漢字の書き取り

四 ① 姿勢 ② 内閣 ③ 供える ④ 分別 ⑤ 四捨 ⑥ 対策 ⑦ 県庁 ⑧ 疑う ⑨ 革命 ⑩ 度胸

解説

一 **出典は辻村《つじむら》深月《みづき》の『家族シアター』所収の「1992年の秋空」による。**妹のうみかに宇宙の雑誌がほしいとお願いされた「私」(はるか)は，ふとしたきっかけでうみかの逆上がりの練習につき合うことになり，うみかの意外な素直《すなお》さや，好きなもののために努力する姿に心を動かされていく。

問１ A 態度が大きく，かわいげのないさま。 B 音読みは「ケツ」で，「結束」などの熟語がある。

問２ 本文は三つの場面からなり，家でうみかが『６年の科学』を買ってほしいと「私」や母にお願いする場面，学校で「私」がうみかからピアニカを借りたことから，逆上がりの練習につき合おうと約束する場面，近所の広場でうみかと「私」が鉄棒の特訓をする場面に分けられる。

問３ ぼう線部①の直前で，うみかは「毛利さん」が「今年」の「九月」に「宇宙に行く」と話している。うみかは毛利さんの宇宙行きが『６年の科学』でより詳《くわ》しく取り上げられる可能性があると考え，「私」に今年かぎりの特別なお願いをしていることが読み取れる。

問４ 『６年の科学』と『６年の学習』の両方を買ってほしいと頼《たの》まれた母は，うみかに「頑張《がんば》らなきゃね」と言った後，逆上がりと好き嫌《きら》いのことにふれている。どうしても『６年の科学』が読みたいうみかは，両方とも頑張ろうと思ったのである。よって，アが合う。

問５ ③は，どれほど仲のいい友達だとしても，妹と違《ちが》ってピアニカの共有はできないという文脈なので，前に述べたことをある程度認めたうえで，対立する内容を述べる「さすがに」がよい。⑤は，「私」は自分たち六年の合奏がうみかにも「聞こえ」たはずだと想像しているので，推量を表す「きっと」があてはまる。⑦の前後では，「私」には「罪滅《ほろ》ぼし」という意識はなく，単に，一人だけピアニカなしで音楽の授業に出た妹をふびんに思ったことが描《えが》かれている。よって，⑦には，後に述べることを限定する「ただ」が合う。

問６ 授業の後，「私」がうみかにピアニカを返すと，うみかがクラスメートから「ピアニカあったの？」「忘れたんだと思ってた」と話しかけられていることをおさえる。「私」はその言葉を受けて，「私」とうみかがその日同じ時間に音楽の授業があったこと，「私」にピアニカを貸したためにうみかが忘れ物をしたかのようになってしまったことに初めて気づいたのである。

問７　直後で，「私」はうみかが一人で「ピアニカ練習を見つめる」姿と「逆上がりの居残りをさせられる姿」を想像し，妹のつらさを感じて「胸を締《し》めつけ」られている。「うみかをバカになんかさせない」という思いからは，苦手を克服《こくふく》させてやりたいという強い気持ちが伝わる。よって，エがよい。

問８　うみかが鉄棒の練習で息を切らしながら，スペースシャトルの名前は「努力」という意味だと言葉少なに説明している場面である。何度失敗しても地面を蹴《け》り続けるようすから，何としても逆上がりができるようになりたいという気持ちが読み取れるため，アがふさわしい。

問９　「ぎこちない」は慣れていなくてたどたどしく，不自然なさまを表すので，ウがふさわしい。

問10　「私」は日ごろうみかを「生意気」で「捉《とら》えどころがない」と感じていたが，『６年の科学』をきっかけに，好きなものに対する熱意を目《ま》のあたりにしたり，練習を「私」に見ていてほしいと「素直」にお願いされたりしている。本文の最後では，もう少しで逆上がりができそうなようすのうみかを見て，「誰《だれ》かが何かできるようになる瞬間《しゅんかん》に立ち会うのが，こんなに楽しいとは思わなかった」という感想をいだいており，妹の成長をいっしょに喜んでいることが読み取れる。よって，イがふさわしい。アは，「負けず嫌いな性格にあきれ」たという描写《びょうしゃ》がないため正しくない。ウは，うみかを嫌っていたことは本文で描かれていないため，ふさわしくない。エは，「私」はうみかの練習を見守っている立場であり，「私」自身の手で逆上がりができるようにしてやりたいと考えているわけではないため誤り。

二　**出典は伊藤明夫《いとうあきお》の『細胞《さいぼう》のはたらきがわかる本』による。**タンパク質が誕生してからそれぞれの構造やはたらきが決まるまでの過程と，その過程の中で分子シャペロンが果たす役割，そして分解と再生をくり返すタンパク質の寿命《じゅみょう》などについて説明している。

問１　**A**　物事を進めるうえで都合が悪く，差しつかえがあること。　**B**　音読みは「チ」で，「価値」などの熟語がある。訓読みにはほかに「ね」がある。

問２　続く段落で，「生まれた直後のタンパク質」について，「ほどけたひも」のように「グニャグニャ」で，「決まった形をもってい」ないと述べられている。

問３　**１**　〈中略〉の直後の段落で，「立体構造形成は，すべてのタンパク質が通らなければならない義務教育のような過程」であると述べられている。誕生後のタンパク質は，まず，あらかじめ決まっているアミノ酸の配列順序に基《もと》づいて立体構造をつくることが必要となるのである。　**２**　「立体構造形成」に続いてタンパク質が受ける「べつの教育」として，アミノ酸と化学基の結合により「立体構造の一部が少し変化」する「化学修飾《しゅうしょく》」と，「タンパク質の一部が切り落とされ」る「プロセシング」の二つがあげられている。

問４　③は，後にプロセシングをへて「はたらき」が変化するタンパク質の例として，「トリプシン」や「キモトリプシン」といった酵素《こうそ》があげられているので，具体的に例をあげるときに用いる「たとえば」がよい。④は，前でタンパク質が「分子シャペロンの助けをえて」それぞれの「立体構造」をつくるという原則にふれた後，「分子シャペロンが助けてくれても立体構造の形成がうまくいか」ない例外もあるとしている。よって，前のことがらを受けて，期待に反することがらを導く「ところが」が合う。

問５　「細胞」の役割は，「不適切な立体構造になったもの」や「欠陥《けっかん》」のあるタンパク質を「検出」することだと，ぼう線部⑤の前後で述べられている。次の段落ではこれをふまえ，「いずれかのタンパク質に不備が見つけられたとき」について説明しているので，「不備」がぬき出せる。

問６　続く部分で，タンパク質に不備が見つかったときの「細胞」の対処方法として，「分子シャペロンの数」を増やし，不備のあるタンパク質の「修復につとめる」こと，「細胞のタンパク質の合成をおさえ」，新しいタンパク質を増やさないようにして「分子シャペロンの負担を軽く」すること，そして立体構造に欠陥のあるタンパク質を「分解」することの三つがあげられている。

問７　空らん⑦に続くまとまりで筆者は，タンパク質の大部分が「かなり速い速度で入れかわっている」事実を述べた後，ネズミやヒトの臓器のタンパク質の「寿命」について平均値を紹介《しょうかい》したり，タンパク質ごとに寿命の長さが異なると説明したりしている。よって，エがふさわしい。

問８　最初の「タンパク質の教育」のまとまりに書かれている内容に合うので，アが正しい。
イ　問７でみたように，タンパク質の多くが短期間で入れかわると述べられているので，合わない。
ウ　分子シャペロンが助けるのはあくまでタンパク質の「立体構造」の形成であり，未熟なタンパク質が「かたまり」をつくることは細胞にとって危険なことだと説明されているので，合わない。
エ　タンパク質の「大部分は」入れかわるとは述べられているが，全てが入れかわるとは述べられていない。

三　漢字のパズル，四字熟語の完成と意味，慣用句の知識，助動詞の用法，主語と述語

問１　「出」を入れると，上から時計まわりに「突出」「出馬」「出力」「算出」という熟語ができる。

問２　①「ふ」と「げん」を用いて「不言実行」という四字熟語ができる。　②「とう」と「び」を用いて「竜頭《りゅうとう》蛇《だ》尾《び》」という四字熟語ができる。

問３　技術がすぐれているという意味の慣用句は，「腕《うで》が立つ」。「腕を磨《みが》く」は技能や技術を高めようと努力すること，「腕が鳴る」は自分の腕前を早く披露《ひろう》したくてわくわくすること，「腕が上がる」は技能や技術が向上することを意味する。

問４　アの「食べられる」，ウの「起きられる」，エの「見られる」はいずれも「可能」を意味する。イの「たずねられる」のみ「受け身」を意味するので，イが選べる。

問５　一日平均三時間を「超《こ》える」ものは「時間」なのだから，ウがふさわしい。

四　漢字の書き取り

①　身体のかまえ方や物事への取り組み方。　②　国の行政をになう機関。　③　音読みは「キョウ」で，「提供」などの熟語がある。　④　物事の良し悪《あ》しや道理を理解していること。　⑤　四以下の数字を切り捨てること。　⑥　起こりそうな事態を防いだり対応したりするための方法。　⑦　県の行政事務が行われる役所。　⑧　音読みは「ギ」で，「疑問」などの熟語がある。　⑨　短期間で，それまでの常識が根本的にくつがえる大きな変化が起きること。　⑩　物事をおそれずに立ち向かう勇かんさ。

Memo

2021年度　文京学院大学女子中学校

〔電　話〕 (03) 3946－５３０１
〔所在地〕 〒113-8667　東京都文京区本駒込６－18－３
〔交　通〕 JR山手線・都営三田線－「巣鴨駅」より徒歩５分
JR山手線・東京メトロ南北線－「駒込駅」より徒歩５分

【算　数】〈ポテンシャル第１回試験〉（50分）〈満点：100点〉

1　次の計算をしなさい。解答用紙には，答えのみ書きなさい。

(1)　$18-6\div2+4\times3$

(2)　$30-3\times(61-43)\div9+6$

(3)　$\{10\times(6-4)+2\}-7\times2$

(4)　0.506×7.5

(5)　$8\div\dfrac{1}{7}\times12.5$

(6)　$\left\{(1-0.2)-\dfrac{1}{5}\right\}+\dfrac{21}{5}\div0.75\div1\dfrac{13}{15}$

(7)　$144\times\dfrac{1}{2}-144\times\dfrac{1}{4}-144\times\dfrac{1}{6}$

2　次の問いに答えなさい。

(1)　分速60mで歩く人が，１時間20分歩いた道のりは何 km ですか。

(2)　おかしを何人かの子どもに分けます。２個ずつ分けると８個余り，５個ずつ分けると10個足りません。おかしは何個ありますか。

(3)　32人のクラスで，得意な教科を調べました。国語が得意な人は20人，算数が得意な人は13人，国語も算数も得意な人は８人でした。国語も算数も得意でない人は何人いますか。

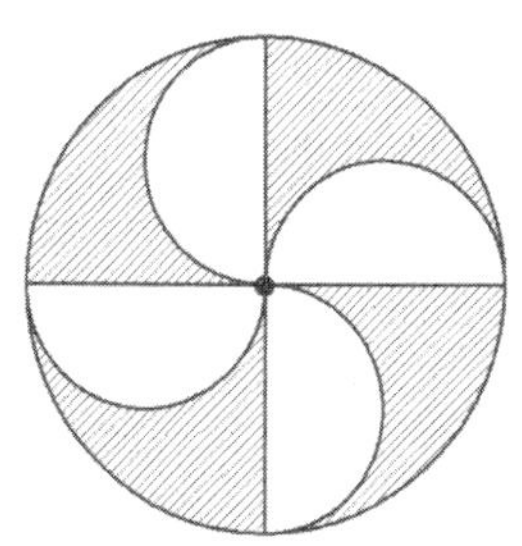

(4)　０，１，２，３，４の５つの数字から，ことなる２つの数字を選んで２けたの整数をつくります。２けたの整数は何個できますか。

(5)　右の図のような，半径６cm の円のなかに半円が４つあります。斜《しゃ》線《せん》の部分の面積は何cm^2ですか。ただし，円周率は3.14とします。

(6)　次のように，数がある規則《きそく》にしたがってならんでいます。2021番目の数字は何ですか。

１　２　３　４　５　２　３　４　５　６　３　４　５　６　７　４　５……

(7)　Ａ，Ｂ，Ｃ，Ｄ，Ｅの５人がプレゼント交かんをしました。それぞれが次のように話しています。

Ａ「私の受け取ったものはＣのプレゼントではなかった。」

Ｂ「私の受け取ったものもＣのプレゼントではなかった。」

Ｃ「私はＢかＥのプレゼントを受け取った。」

Ｄ「私はＡかＢのプレゼントを受け取った。」

Ｅ「５人とも自分のプレゼントは受け取らなかったし，自分がプレゼントをわたした相手から受け取ることはなかった。」

Ｃのプレゼントを受け取ったのはだれですか。

3 下のグラフは，文子さんが家から遊園地まで自転車で往復したときの時間と道のりの関係を表したものです。文子さんは遊園地に行く途中，公園で20分間休みました。帰りは，まっすぐ家に帰りました。このとき，次の問いに答えなさい。ただし，行きと帰りのそれぞれの自転車の速さは一定とします。

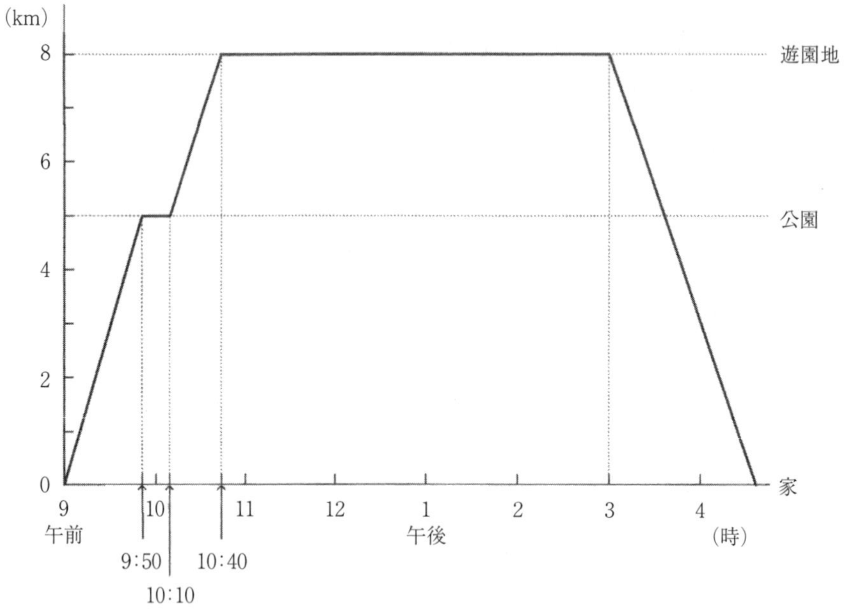

(1) 遊園地にいた時間は何時間何分ですか。

(2) 行きの自転車の速さは時速何 km ですか。

(3) 家には午後何時何分に着きますか。

4 下の図1は，直方体の容器です。この容器には15cm の深さまで水が入っています。このとき，次の問いに答えなさい。

図1

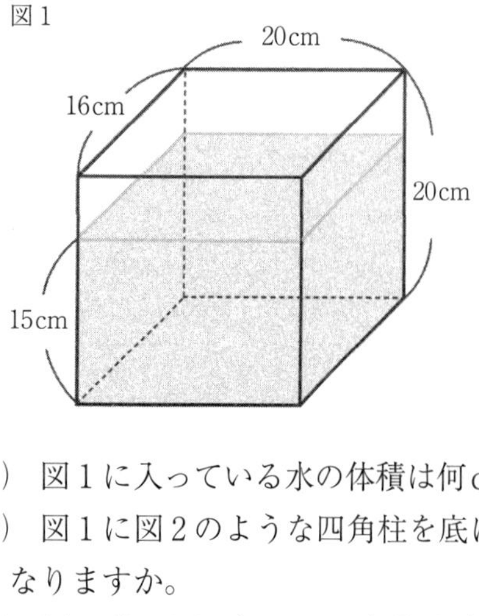

図2

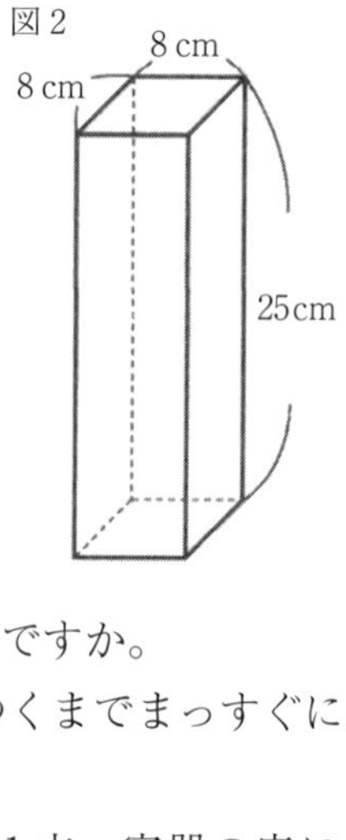

(1) 図1に入っている水の体積は何 cm^3 ですか。

(2) 図1に図2のような四角柱を底につくまでまっすぐに入れると，容器の水の深さは何 cm になりますか。

(3) (2)の後，図2と同じ四角柱をもう1本，容器の底につくまでまっすぐに入れると，水は何 cm^3 あふれますか。

【理科・社会・英語】〈ポテンシャル第１回試験〉（30分）〈満点：50点〉

・**1** **2** が理科の問題，**3** **4** が社会の問題，**5** **6** が英語の問題です。

・６題の問題より２題以上に解答してください。１題25点で採点します。３題以上解答した場合は，得点の高い２題を合計して，50点満点とします。

1　次の各問いに答えなさい。

(1)　公園でいろいろな生物を見つけたいと思います。次の**ア**～**ウ**の生物が見つかると考えられる場所をそれぞれ線で結んでください。

【生物】		【場所】
ア　アメンボ	・	・木
イ　セミ	・	・池
ウ　ダンゴムシ	・	・かれ葉や石の下

(2)　ヒトは，うでをほねとほねのつなぎ目で曲げることができます。この部分を何と呼びますか。

(3)　次の**ア**～**ウ**の気体の中から種類のちがう気体を１つ選び，記号で答えなさい。

ア　炭酸飲料の泡《あわ》の中に含まれる気体

イ　動物が呼吸するときに，体の中へとり入れる気体

ウ　植物が日光を利用してデンプンを作るときにつかう気体

(4)　化石を調査することで分かることについて，次の**ア**～**エ**の文のうち，誤っているものを１つ選び，記号で答えなさい。

ア　当時の環境《かんきょう》について知ることができる。

イ　当時，多く生息していた生物などを知ることができる。

ウ　現在生きている生物との関連性を見つけることができる。

エ　当時，生きていたすべての生物について知ることができる。

(5)　オリンピック種目である陸上競技男子100mの日本記録(2020年８月現在)は，９秒97です。日本記録保持者のサニブラウン アブデルハキーム選手は，日本記録をだしたとき，１秒あたり何m走ることができましたか。割り切れない場合は，小数第１位を四捨五入して，整数で求めなさい。

2　京子さんは理科の授業で，昔の科学者が教会のシャンデリアがゆっくりゆれるようすを見て，ふりこの性質に気づいた話をきき，興味をもちました。そこで，糸とおもりを準備して，ふりこを作ることにしました。次の各問いに答えなさい。

(1)　糸とビー玉を使って，図１のような，ふりこを作りました。このとき，ふりこの長さを示している矢印を，図１の矢印**ア**～**ウ**の中から１つ選び，記号で答えなさい。

図１

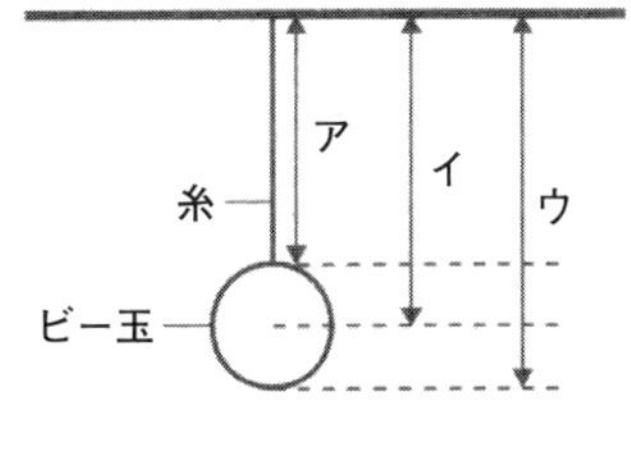

(2)　京子さんは，ふりこの１往復する時間が変わる条件を調べる実験を行いたいと考えています。あなたが京子さんと同じ実験を行う場合，どの条件を変える実験を行うとふりこの１往復する時間が変わる結果が得られますか。次の条件**ア**～**オ**の中から１つ選び，記号で答えなさい。

ア　糸の種類を変える実験

イ　糸の長さを変える実験

ウ　おもりの種類を変える実験

エ　おもりの重さを変える実験

オ　ふれる角度を変える実験

(3)　ふりこが10往復する時間をはかったところ，右の表のような結果になりました。このとき，ふりこが１往復する時間の平均を求めなさい。割り切れない場合は，小数第２位を四捨五入し，小数第１位まで求めなさい。

表

10往復する時間（秒）	1回目	14.4
	2回目	14.8
	3回目	14.4
	4回目	14.6
	5回目	14.2

(4)　図２は，点線の位置でふりこをはなしたときの動きのようすを示したものです。このとき，ふりこがふれる速さがもっとも速い位置を，図の**ア**～**オ**の中から１つ選び，記号で答えなさい。

図２

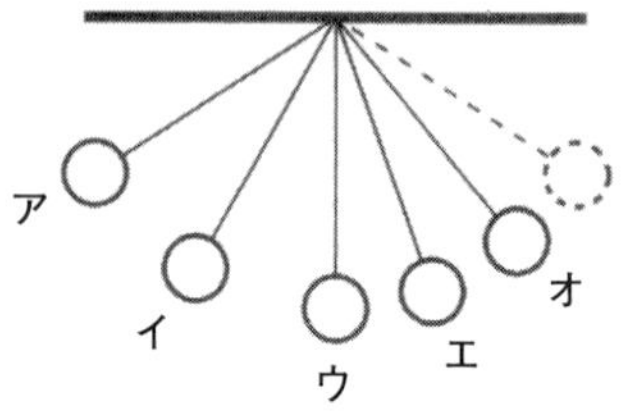

(5)　ふりこの性質を利用していないものを，次の**ア**～**エ**の中から１つ選び，記号で答えなさい。

ア　ブランコ　　**イ**　シーソー

ウ　メトロノーム　　**エ**　ジェットコースター

3　次の文章を読んで，後の問いに答えなさい。

文京学院の中学１年生は，校外学習「都電の旅」に関連して，東京の地理や歴史，交通の特《とく》徴《ちょう》などについて学習します。

「都電」とは，東京都が運行している路面電車（自動車が走る道路にレールを敷《し》いて走らせる電車）のことです。(1)1960年代までは，たくさんの都電が東京都内を走っていましたが，(2)東京の産業が発達して自動車の交通量が増えたので，渋滞《じゅうたい》を解消する方法の一つとして，多くの路線が廃止《はいし》されました。現在は，早稲田から三ノ輪橋を結ぶ(3)荒川線（東京さくらトラム）しかありません。

しかし近年では，環境《かんきょう》保護や（　４　）の考え方から，路面電車が見直されつつあります。

問１　下線部(1)について，1960年代（1960～1969年）に起こった出来事を，次の**あ**～**う**から１つ選び記号で答えなさい。

あ　日本国憲法が公布された。

い　東京でアジア初のオリンピックが開催《かいさい》された。

う　昭和天皇が亡《な》くなり，年号が平成に変わった。

問２　下線部(2)について，東京の産業について誤りを含《ふく》む文を，次の**あ**～**う**から１つ選び記号で答えなさい。

あ　東京を中心とする京浜工業地帯には，自動車の生産額がもっとも大きい県がある。

い　東京23区内でも，近郊《きんこう》農業としてキャベツや小松菜などの葉物野菜の栽培《さいばい》が行われている。

う　東京は人・もの・情報が集まることから，大きな企業《きぎょう》の本社が置かれることが多い。

問３　下線部(3)について，荒川線沿線にある飛鳥山は，江戸時代の８代将軍が行った改革がきっかけで，桜の名所として今でも知られるようになりました。これに関する次のア・イの問いに答えなさい。

ア　この江戸時代の８代将軍の名を，漢字４字で答えなさい。

イ　この将軍が行った改革を何というか，次の**あ**～**う**から１つ選び記号で答えなさい。

あ　享保の改革　　**い**　寛政の改革　　**う**　天保の改革

問４　文中の空らん(４)に当てはまる，障がい者や高齢者《こうれいしゃ》などにとって不便に感じられるものを取り除くことを表す語を，次の**あ**～**う**から１つ選び記号で答えなさい。

あ　パンデミック　　**イ**　バリアフリー　　**う**　エコロジー

4　次の文章を読んで，後の問いに答えなさい。

(1)沖縄県は一年を通して気温が高く，冬でも雪がふることはほとんどありません。夏から秋にかけては台風の近づく数が他の地方にくらべると多いのも特徴《とくちょう》です。(2)温暖な気候を生かした農業がさかんで，観光地としても人気があります。最近では海水の温度が上昇《じょうしょう》し，貴重な観光資源である(　３　)に悪い影響《えいきょう》(白化現象)が出ています。また，(4)外国の軍事基地が多いことでも知られています。

問１　下線部(1)について，この特徴を表しているグラフを，次の**あ**～**え**から１つ選び記号で答えなさい。

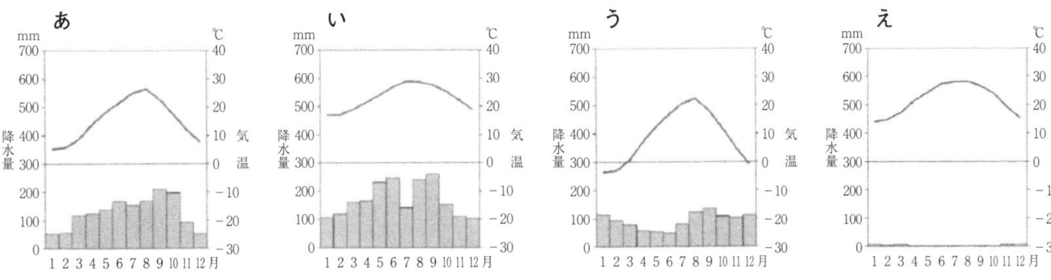

問２　下線部(2)について，沖縄県で栽培《さいばい》がさかんな果物を，次の**あ**～**え**から１つ選び記号で答えなさい。

あ　おうとう(さくらんぼ)　　**い**　西洋なし

う　パイナップル　　**え**　りんご

問３　空らん(３)に当てはまる語句を，次の**あ**～**え**から１つ選び記号で答えなさい。

あ　さとうきび畑　　**い**　さんご礁《しょう》　　**う**　温泉　　**え**　くじら

問４　下線部(4)について，どこの国の軍事基地か答えなさい。

問５　沖縄県に問４の国の軍事基地が置かれるきっかけとなった戦争(1941～1945年)の名を，解答らんに合わせて答えなさい。

5　絵と英語を見て質問に答えなさい。

①　次の英語を表す絵をア～ウから選びなさい。

1．tiger

ア．
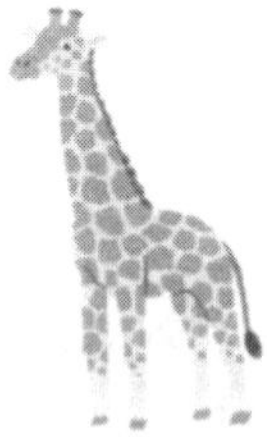

イ．

ウ．

2．strawberry

ア．
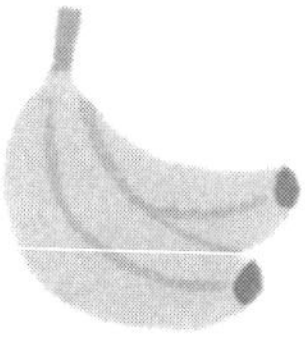

イ．
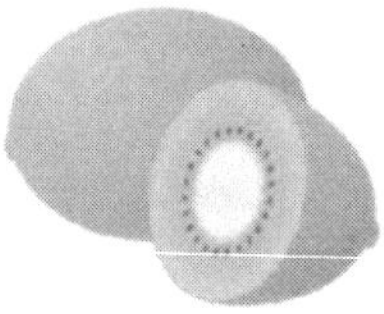

ウ．

3．eggplant

ア．

イ．

ウ．

4．table tennis

ア．

イ．

ウ．

5．She is cycling.

ア．

イ．

ウ．

②　次の絵を表す英語をア～ウから選びなさい。

１．

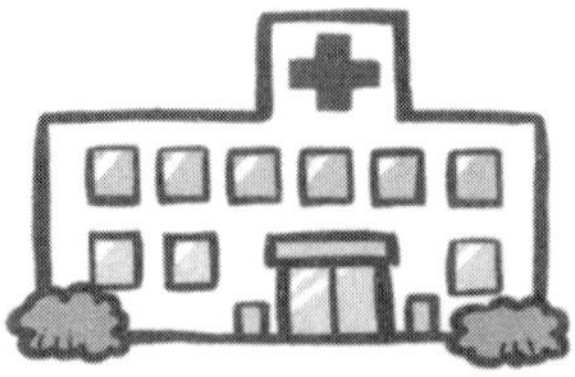

ア．zoo
イ．hospital
ウ．police box

２．

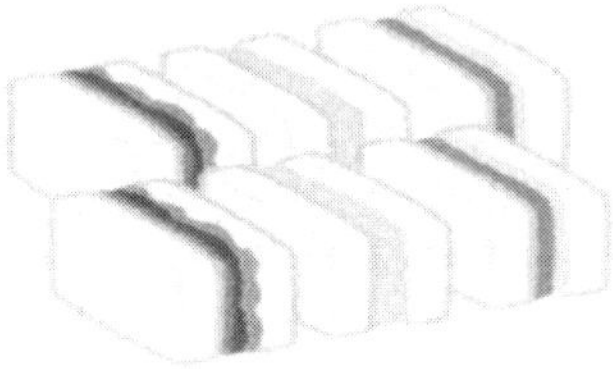

ア．curry and rice
イ．sandwich
ウ．hamburger

３．

ア．fire fighter
イ．teacher
ウ．police officer

４．

ア．He is angry.
イ．He is sleepy.
ウ．He is hungry.

５．

ア．It is windy.
イ．It is cloudy.
ウ．It is sunny.

6 以下の英文を読んで，(1)～(5)の質問に英文で答えなさい。

I am Jane White. I am from London. Now, I live in Tokyo. I work at an office from 9 in the morning to 5 in the afternoon. And after that I study Japanese at school. I don't work on Saturday and Sunday. I have a Japanese friend. Her name is Kana. She teaches Japanese at my school. She speaks English very well. We talk about a lot of things, for example, movies, sports, clothes and so on. I have a book about Japan. I can learn many things from this book. I read it every day. But sometimes I can't understand several words in it. I ask Kana about them. She answers all of my questions.

(1) What time does Jane start her work at her office ?

(2) What does Jane do after work ?

(3) What is Jane's Japanese friend's name ?

(4) What do Kana and Jane talk about at school ?

(5) Does Jane have a book about Japan ?

ったため、ごく普通の日常生活が全くできなくなった。

エ　非常に便利な生活をしている現在の人には、江戸時代の人々の生活の不便さは理解できない。

オ　江戸時代の人々は、仏教の教えである因縁果報についてよく考え、自然をおそれて敬う習性を持っていた。

カ　現代の人々は無から有が生じないという事実を忘れ、自然を喰いつぶして便利な生活をしている。

三

次の各問いに答えなさい。

問一　「機」の黒字の部分の書き順は何画目ですか、漢数字で答えなさい。

問二　――線部の敬語の種類が異なるものをア～エの中から一つ選び、記号で答えなさい。

ア　ご乗車になってお待ちください。

イ　先生の作品を拝見しました。

ウ　市長に意見を申し上げる。

エ　いただいた資料はこちらです。

問三　「予算より多くお金を使ってしまう」という意味の慣用句をア～エの中から一つ選び、記号で答えなさい。

ア　足元に火がつく

イ　足がつく

ウ　足が出る

エ　足を引っ張る

問四　①、②の熟語と同じ成り立ちの熟語をア～エの中から一つ選び、記号で答えなさい。

①　着脱

ア　創造　イ　無情　ウ　着陸　エ　増減

②　地震

ア　帰国　イ　温水　ウ　頭痛　エ　飲食

四

――線部を漢字に直しなさい。送りがなが必要なものには、送りがなをつけること。

①　道路をかくちょうする。

②　けんぽうを制定する。

③　毎日ぜんこうを重ねる。

④　花をそなえる。

⑤　じゅくれんした職人。

⑥　試合にのぞむ。

⑦　ちゅうせいをちかう。

⑧　まんちょうの海。

⑨　商品ののうきを守る。

⑩　いせきを訪ねる。

村の人は、木炭の原料になる雑木林が毎年どれだけ成長するか、はっきり知っているから、その限度を越えて伐採することはない。そんなことをすれば、すぐに原料が枯渇《こかつ》して炭焼きが続けられなくなることが目に見えているからだ。

　漁師が魚をとるのでも、同じような判断が働くだろう。自分の村の海や川なら、どの程度の量をとっても減らないかということは、先祖代々のノウハウの蓄積によってはっきりわかっている。売れるからといって、けっしてむちゃくちゃにとり尽くしたりはしない。

　要するに、過去の蓄積を喰《く》いつぶすことをせずに、なるべく最近の太陽エネルギーだけを利用するのが、ミクロコスモスでの正しい生活態度なのだ。

　江戸時代の人々のこういう生き方を、積極的でないとか封建的だとかいって切り捨てるのは自由である。だが、科学的で合理的だと思っている現代の便利な生活は、無から有が生じないというごく簡単な事実さえ無視した上に成り立っていることも忘れてはならない。

（石川英輔『大江戸えねるぎー事情』より）

※炭酸同化…生物が二酸化炭素を吸収して有機物を作る生理作用。植物が行う光合成もそのひとつで、二酸化炭素を取り込み、酸素を出すこと。

問一　＝＝線部Ａ「万能」とＢ「説得」の漢字の読み方をひらがなで書きなさい。

問二　——線部①「恐ろしいほどきわどい釣合いの上に立って生命のいとなみを続けて行く」とありますが、これとほぼ同じ内容をたとえを使って表現した部分を、本文中から二十五字で抜き出しなさい。（句読点や記号も字数に数えます。）

問三　——線部②「生物たち」が指すものを十一字で抜き出しなさい。（句読点や記号も字数に数えます。）

問四　——線部③「暗闇にしておけば、遠からず水草は枯れ、魚もバクテリアも死滅する」とありますが、それはなぜですか。解答欄の形に合うように本文中から九字の言葉を抜き出し、説明を完成させなさい。（句読点や記号も字数に数えます。）

問五　④ に入ることばとして最適なものを、次のア～エの中から選び、記号で答えなさい。

ア　技術　イ　生活　ウ　復元　エ　労働

問六　——線部⑤「非常に便利な生活」とありますが、その具体例として筆者があげているものを、「～の生活」につながる形で、本文中から三十一字で抜き出しなさい。（句読点や記号も字数に数えます。）

問七　——線部⑥「ニッチもサッチも行かなくなる」とほぼ同じ意味の表現を、本文中の〰〰線部ア～エの中から一つ選び、記号で答えなさい。

問八　⑦ に入ることばとして最適なものを、次のア～エの中から選び、記号で答えなさい。

ア　だが　イ　つまり　ウ　では　エ　だから

問九　——線部⑧「当時の人はそれなりに、ミクロコスモスの原理をかなりはっきり意識していた」とありますが、その具体例として筆者が述べている内容を二つ、それぞれ簡潔に答えなさい。

問十　本文の内容に合うものを次のア～カの中から二つ選び、記号で答えなさい。

ア　地球上の環境は充分に容積が大きいから、人間が何をしようとびくともすることがない。

イ　科学技術によって生み出された新しいトラブルは、もともと自然界にあった問題よりはるかにやっかいである。

ウ　オイルショックの時は、石油の絶対的な供給量が足りなくな科学技術のおかげで、現在のわれわれは、⑤非常に便利な生活をしている。

こういう環境に生まれ育った世代の人には、現在の日本のような生活も特に便利だと思えないのかもしれないが、人類がこれほど便利な生活をするようになったのは、長い歴史のほんの最後の部分にすぎないのだ。

物質文明の最先進国であるアメリカ合衆国の大都会でさえ、蛇口《じゃぐち》をひねると湯が出たり、外出するのに自動車を使うのが当たり前になってからまだ百年にならない。

しかし、最初に書いたように、けっして無から有は生じない。この便利さも、何もない所から湧いて来ているのではない。われわれは、科学技術を駆使《くし》した便利さの代償《だいしょう》として膨大《ぼうだい》なエネルギーを消費し、生活環境を大きく変えつつあるのだ。

高い崖《がけ》から一本のロープでつるされている人は、自殺が目的でない限り、けっしてそのロープを切ろうとはしない。それどころか、ロープが傷つかないようにできるだけの注意を払うだろう。

ところが、人類は、自分を支えているただ一本のロープをせっせと傷つけているのではないかという不安を感じるような現象が、方々で見られるようになった。

それにもかかわらず、どうすれば良いのか誰にもはっきりわからないのは、現在の社会があまりに複雑になりすぎていて、そのロープが本当に切れかけているのかいないのか、切れかけているとすれば、どこがどの程度切れているのか、誰にもはっきりとは見えないからだ。

それが誰にでも見えるようになるのは、イ行き詰《づ》まってどうにもならなくなる時だけなのかもしれない。

いくらかでもそれに似た状態になったのが、オイルショックの時だった。あの時は、石油の絶対的な供給量が足りなくなったため、現代社会のさまざまな問題点がいやでもはっきりと浮かび上がり、何をどうしなくてはならないかが、誰の目にもぼんやりと見え始めた。ああいう状態では、ロープに傷がついているらしい様子が、ほんの一部分であってもかすかに見えたので、私たちは、はっきりした目的をもって協力することができた。

幸か不幸か、オイルショックはあの程度でおさまり、先進国はまた物質的繁栄の道を突き進むようになった。特に日本は、経済的に大成功して、空前の繁栄のただ中にいる。今のこの世の中で、金もうけ以外のことに少しでも心を傾けるようにB説得するのは、お祭りで浮かれ騒《さわ》いでいる人に、ウ死後の生活を真剣に考えるようにお説教する以上にむだなことであろう。

本当に⑥ニッチもサッチも行かなくなるまで、日本人……というより現代の人類が今のような生活態度を変えようとしないことは、かなり高い確率で予測できる。

［⑦］、人間はもともとこれほどエ目先のことしか考えない動物ではなかった。特に、仏教の影響の強かった日本人は、いわゆる因縁《いんねん》果報《かほう》つまり、今やっている行為が近い将来あるいは遠い未来に及ぼす結果について考える習性が深くしみついていた。

江戸時代のことをくわしく調べていると、われわれの先祖は、自分たちがどの程度の強度のあるロープにぶら下がっているのか、はっきり理解して生きていたとしか思えない部分が多い。

四つの島にたてこもった先祖たちが、二百数十年にわたって日本の自然を喰《く》いつぶすことなく安定した社会を維持《いじ》し続けたのは、けっしてただの偶然ではあり得ない。⑧当時の人はそれなりに、ミクロコスモスの原理をかなりはっきり意識していたことがわかる。

けっしてむずかしい原理ではない。たとえば、毎年決まった量の木炭を焼いて町へ売る生活をずっと続けて来た村があったとする。この

ウ　永瀬は将来陣内が家裁調査官として子供を救うことを楽しみにしている。

エ　「わたし」は普段から陣内の常識知らずな行動を不愉快に思っていた。

二　次の文章を読み、後の問いに答えなさい。

「無から有は生じない」

　これは、自然界の根本法則で、例外はない。

　ミクロコスモス（エコスフェア・生命地球儀）の実験というのがある。

　水と空気、それに砂や小石などを入れたガラスの容器に、小魚と水草とバクテリアを入れて密封してしまい、外部から完全に遮断《しゃだん》する。外から入るのは、ガラスごしに入る光と熱だけという状態にするのだ。すると、光と熱のエネルギーによって水草は※炭酸同化を始めて酸素を発生し、魚はその水草を食べて生き続け、排泄《はいせつ》する。その排泄物はバクテリアの栄養になり、バクテリアによって分解されて水草の栄養になる。

　それぞれの量的バランスが適正に保たれれば魚は繁殖《はんしょく》するが、増え過ぎてエサや酸素が不足すれば、弱い個体が死ぬ。死骸《しがい》はバクテリアが分解して、小さな世界のバランスを回復する。

　注意深く管理するなら、このミクロの生態系、小さな世界ミクロコスモスは①恐ろしいほどきわどい釣合いの上に立って生命のいとなみを続けて行くことができる。

　密閉された世界、ミクロコスモスを見ていると②生物たちはまるで自分たちの力だけで生きているようだ。しかし、ここでも、けっして無から有が生じているわけではない。生命現象をささえているのは外から光と熱の形で供給され続けているエネルギーにほかならない。

　③暗闇《くらやみ》にしておけば、遠からず水草は枯れ、魚もバクテリアも死滅する。

　ミクロコスモスの実験を見た人は、いったい何という危なっかしい世界だろうと思う。まるで、一筋の細い糸で絶壁の上からつるされているような生活ではないか。

　だが、よく考えると、われわれの住んでいるこの地球上の世界も、基本原理はまったく同じで、大変危なっかしいことに変りはない。ただ、机の上に置くことのできるガラス容器よりもサイズが大きくて、生きている生物の種類が多いため、危なっかしさが見えにくいだけなのだ。といっても、細い糸が、いくらか太いロープに代っただけであって、本質的には同じことをしているのである。

　地球上の環境は充分に容積が大きいから、人間ごときが何をしようとびくともするはずがないというのが、長い間の常識だった。また、あらゆる問題は、いずれは科学技術つまり自然科学を応用した技術の力によって解決できるだろうと、無邪気《むじゃき》に信仰している人が圧倒的に多かった。いや、今でもまだ大多数の人はそう信じているのかもしれない。

　だが、最近では、無限に近いほど巨大だったはずの地球は意外に狭く、無限の［　④　］力があると信じられていた地球上の環境も予想以上に繊細で、ひとたび大きく傷つけば容易に回復しないことがわかってきた。

　われわれも、ミクロコスモスに生きているのだ。

　A万能のはずだった科学技術も、規模が大きくなるにつれて、いろいろな問題が解決できる一方で、ア新しい問題やトラブルを生み出す発生源になっている。しかも、科学技術の生み出した新しいトラブルは、もともと自然界にあった問題よりはるかにたちが悪いのだ。今では、中途はんぱに発達してしまった科学技術こそが、地球規模での異常を起こす元凶《げんきょう》になるのではないかと恐れる人が増えている。

を指しますか。最後の六字を抜き出しなさい。（句読点や記号も字数に数えます。）

問三　――線部②「案の定だ」、⑥「口ごもった」の意味として最適なものを、それぞれア～エの中から選び、記号で答えなさい。

②　案の定だ

ア　意外なことだ　　イ　とんでもないことだ

ウ　驚くべきことだ　　エ　思った通りのことだ

⑥　口ごもった

ア　わざと言わなかった

イ　はっきり言わなかった

ウ　いらだった口調で言った

エ　無意識に言ってしまった

問四　――線部③「こういうことのベテラン」とはどういうことですか。最適なものを次のア～エの中から選び、記号で答えなさい。

ア　永瀬は子供の頃から目が見えなかったが、同じ境遇の人のためにお金を集める活動に長い間取り組んできたということ。

イ　永瀬は子供の頃から目が見えなかったので、紙幣の金額を見なくても判別できるようになっていたということ。

ウ　子供の頃から目が見えない永瀬は、そのことを気の毒に思った見知らぬ人からお金をもらうという経験を何度もしてきたということ。

エ　子供の頃から目が見えない永瀬にとって、駅前で待ち合わせをすることは難しいことではないということ。

問五　――線部④「憂鬱になった」について。

1　この「憂鬱」とほぼ同じ「わたし」の心情を表した部分を、本文中から二十四字で抜き出し、その最初と最後の四字を書きなさい。（句読点や記号も字数に数えます。）

2　「わたし」が「憂鬱になった」のはなぜですか。「過剰な同情」「善意」の二つの言葉を必ず用い、三十五字以内で説明しなさい。（句読点や記号も字数に数えます。）

問六　⑤ に入ることばとして最適なものを、次のア～エの中から選び、記号で答えなさい。

ア　ところが　　イ　だから

ウ　つまり　　エ　ところで

問七　――線部⑦「わたしは、その時の陣内君が発した、『関係ない』の響きが、とても心地よかったのを今でも憶えている」とありますが、このときの「わたし」の心情の説明として最適なものを、次のア～エの中から選び、記号で答えなさい。

ア　陣内が目の見えない永瀬の気持ちを理解することなく、うらやましがるのを見て心底あきれてしまった。

イ　陣内が永瀬にお金を押しつけた女性に対して怒っているのを見て、自分自身が感じていた怒りが少し紛《まぎ》れるように感じた。

ウ　陣内が目の見えない永瀬を特別扱いせずあまりにも普通に振る舞うのを見て、それまでの憂鬱が晴れるように感じた。

エ　陣内が永瀬に同情してわざと普通なふりをしているのを見て彼の永瀬への友情を感じ、温かい気持ちになった。

問八　――線部⑧「そう」が指す内容を、二十五字以内で説明しなさい。（句読点や記号も字数に数えます。）

問九　本文の内容に合うものを、次のア～エの中から一つ選び、記号で答えなさい。

ア　永瀬は「わたし」をバス停で待つ間に老人から差別的な扱いを受けた。

イ　陣内は最終的には永瀬が見知らぬ女性から五千円をもらったことに納得した。

「え」はじめは冗談《じょうだん》を言っているのかと思った。
「何でって」永瀬も⑥口ごもった。
「何で、おまえがもらえて、俺がもらえないんだよ」
「たぶん、僕が盲導犬を連れているから、じゃないかな。目も見えないし」
「は？」陣内君が啞然《あぜん》とした顔になった。心底《しんそこ》、訝《いぶか》しそうだった。
「そんなの、関係ねえだろ」
「え」とわたしはもう一度間の抜けた声を出してしまった。
「関係ないっつうの。ずるいじゃねえか」と喚《わめ》いた。
⑦わたしは、その時の陣内君が発した、「関係ない」の響きが、とても心地よかったのを今でも憶《おぼ》えている。永瀬も顔をほころばせていた。
「おい、何笑ってるんだよ。自分だけ金を手に入れたからって、いい気になるなよ」
「なってないって」
「俺は納得しないぞ。何で、おまえだけ五千円なんだよ。おかしいだろ？」
「おかしいかもしれない」
「どうして、おまえだけ特別扱いなんだよ」陣内君はそう言ってから、あたりをきょろきょろ見回し、「そのおばさんどこに行ったんだ？」と必死に探しはじめた。
わたしは、彼の真剣な姿がどうにも可笑《おか》しくて、唇を嚙《か》んで笑いを堪《こら》えていた。
しばらくして陣内君は、婦人の姿を追い求めることにも厭《あ》きたのか、水瀬の手にある紙幣《しへい》に目をやって、「いいなあ。おまえはラッキーだったな」と恨めしそうに、呟《つぶや》いた。
「そうだね、たぶん、僕はラッキーだ」
後になって、「あの時の陣内は、本当に、普通だったなあ」と永瀬がしみじみと言ったことがある。わたしも同意見だった。あれほど「普通」に振舞《ふるま》うことなんて、普通はできない。陣内君が、「関係ない」と言った時、わたしの身体の周囲を覆《おお》っている暗く黒々とした悩みが、吹き飛んだ。
「うまく言えないけどさ、陣内君って凄《すご》いよね」
「陣内は世の中の面倒なことを飛び越しちゃっているのかもしれない」
「誰も許可してないのに、勝手に、飛び越しちゃったって感じだよね」
それと関係するのかどうか分からないが、永瀬は、陣内君が家裁《かさい》調査官になることを楽しみにしていた。「きっと、陣内みたいな人は子供たちを救うんじゃないかな」
ただ、わたしは正直なところ、陣内君がまともに働けるかどうか、それすらも疑問視していた。「だってさ、前に、バイト中に人を殴《なぐ》ったことがあったよね」
一年程前に、実際、そういうことがあった。
「あれは驚いたね」永瀬は言いながらも、「でもさ」とつづけた。「でも僕は、ああいうのにも何か理由があったと信じているんだ」
「突然、人を殴るのが？」
「そう」永瀬は優しく微笑《ほほえ》んだ。「僕は、⑧そう信じているんだ」
わたしは信じていない。

（伊坂幸太郎『チルドレン』より）

問一　＝線部A「側面」、B「文句」の漢字の読み方をひらがなで答えなさい。

問二　――線部①「印象的な場面を思い出す。まだ知り合って間もない頃のことだ」とありますが、ここでいう「場面」とはどこまで

二〇二一年度　文京学院大学女子中学校

【国　語】〈ポテンシャル第一回試験〉（五〇分）〈満点：一〇〇点〉

一　次の文章を読んで、後の問いに答えなさい。

ここまで思い出したところでわたしは、これではまるで、陣内君はただの奇人変人の常識知らずでしかないみたいだな、と感じた。もちろん、奇人変人の常識知らずではあるのだけれど、陣内君には別のA側面もある。

①印象的な場面を思い出す。まだ知り合って間もない頃のことだ。わたしたちは駅前のバス停留所で待ち合わせをしていた。永瀬はすでに来ていて、ベスを連れたまま、人ごみを避けるようにして立っていた。わたしが近づいていこうとすると、それより前に、背の低い婦人が永瀬のほうへ寄っていくのが見えた。サングラスをかけた永瀬の耳に口を寄せ、婦人は話しかけている。それから、永瀬の手に何かを握らせると、去った。

「今のおばさん、どうしたの」気になったので、そばに寄るとすぐに訊《たず》ねた。何があったのか、予想はできていた。

永瀬が小さく笑い、渡された五千円札を、わたしに見せる。②案の定だ。

「また？」

「また、だね」

見知らぬ人間が、哀れな者を見る顔でやってきて、「何も言わずに、これ使って」と永瀬にお金を手渡していく。こういうことが、わたしが知り合った後でも何回かあった。

「僕はどこに行っても、募金活動をしているように見えるらしい」

永瀬は慣れていた。子供の頃から目の見えない彼は、それこそ何度となくこういうことに遭遇《そうぐう》してきたのだろう。彼自身が苦笑《くしょう》しながら言うように、「③こういうことのベテラン」だった。

「彼らは善意の人だからね、B文句を言ったら悪いよ」

「そうだと思う」と言ってはみるが、わたしはいつもつらかった。憤《ふん》慨《がい》すべきなのか、悲しがるべきなのか、感謝すべきなのか、判断もつかない。寄こしてきたお金を返すべきなのか、投げつけるべきなのか、受け取るべきなのか。もちろん、お金を手渡してきた婦人は悪人ではないのだろう。街中《まちなか》で、盲導犬《もうどうけん》を連れて歩いている青年を見かけて、どうにかしてやりたいと思っただけに違いない。バスに乗った永瀬のことをじろじろと眺《なが》めて、あからさまに舌打ちをする老人や、ベスの尻尾《しっぽ》を踏んでおいて謝りもしないOLに比べれば、まだ害はなかったし、十分にありがたい人たちだった。

けれど、わたしはやっぱり割り切ることができなかった。だから、永瀬が過剰な同情を受けるたびに、④憂鬱《ゆううつ》になった。

［　⑤　］その日の場合は少し違った。

陣内君がいたからだ。

ちょうどやってきたばかりの彼は、わたしたちの会話の断片《だんぺん》的なところが耳に入ったらしく、「おい、永瀬、その手に持っている五千円、どうしたんだよ」と口を尖《とが》らせた。

「どこかのおばさんがくれたんだよ」

「ふざけんなよ」陣内君が声を上げた。

「いいんだ。悪気《わるぎ》はないんだよ」婦人を庇《かば》う口ぶりだった。てっきりわたしも、陣内君は、「善意を押しつけてきた婦人」に怒っているのだと思った。ところが陣内君は、「よくねえよ」とつづけてから、さらにこう言った。

「何で、おまえだけなんだよ！」

2021年度

文京学院大学女子中学校 ▶解説と解答

算　数　＜ポテンシャル第１回試験＞（50分）＜満点：100点＞

解　答

1 (1) 27　(2) 30　(3) 8　(4) 3.795　(5) 700　(6) $3\frac{3}{5}$　(7) 12　**2** (1) 4.8km　(2) 20個　(3) 7人　(4) 16個　(5) 56.52cm^2　(6) 405　(7) E　**3** (1) 4時間20分　(2) 時速6km　(3) 午後4時20分　**4** (1) 4800cm^3　(2) 18.75cm　(3) 960cm^3

解　説

1 四則計算，計算のくふう

(1) $18-6\div2+4\times3=18-3+12=15+12=27$

(2) $30-3\times(61-43)\div9+6=30-3\times18\div9+6=30-54\div9+6=30-6+6=24+6=30$

(3) $\{10\times(6-4)+2\}-7\times2=(10\times2+2)-14=(20+2)-14=22-14=8$

(4) 右の筆算より，0.506×7.5＝3.795

$$\begin{array}{r} 0.506 \\ \times\quad 7.5 \\ \hline 2530 \\ 3542 \\ \hline 3.795\not{0} \end{array}$$

(5) $8\div\frac{1}{7}\times12.5=8\div\frac{1}{7}\times12\frac{1}{2}=\frac{8}{1}\times\frac{7}{1}\times\frac{25}{2}=4\times7\times25=4\times25\times7=100\times7=700$

(6) $\left\{(1-0.2)-\frac{1}{5}\right\}+\frac{21}{5}\div0.75\div1\frac{13}{15}=\left\{\left(1-\frac{1}{5}\right)-\frac{1}{5}\right\}+\frac{21}{5}\div\frac{3}{4}\div\frac{28}{15}=\left(\frac{4}{5}-\frac{1}{5}\right)+\frac{21}{5}\times\frac{4}{3}\times\frac{15}{28}=\frac{3}{5}+3=3\frac{3}{5}$

(7) $144\times\frac{1}{2}-144\times\frac{1}{4}-144\times\frac{1}{6}=72-36-24=36-24=12$

〔ほかの解き方〕 $144\times\frac{1}{2}-144\times\frac{1}{4}-144\times\frac{1}{6}=144\times\left(\frac{1}{2}-\frac{1}{4}-\frac{1}{6}\right)=144\times\left(\frac{6}{12}-\frac{3}{12}-\frac{2}{12}\right)=144\times\frac{1}{12}=12$

2 速さ，過不足算，集まり，場合の数，面積，数列，条件の整理

(1) 1時間20分は，60×1＋20＝80(分)なので，分速60mで歩く人が80分歩いた道のりは，60×80÷1000＝4.8(km)である。

(2) 子どもの人数を□人として，用意したおかしの個数と，子ども1人につき2個ずつ，あるいは，5個ずつ配るのに必要なおかしの個数を線分図で表すと，右の図1のようになる。2個ずつ配るのと，5個ずつ配るのに必要なおかしの個数の差は，8＋10＝18(個)で，1人あたりだと，5－2＝3(個)とわかる。

図1

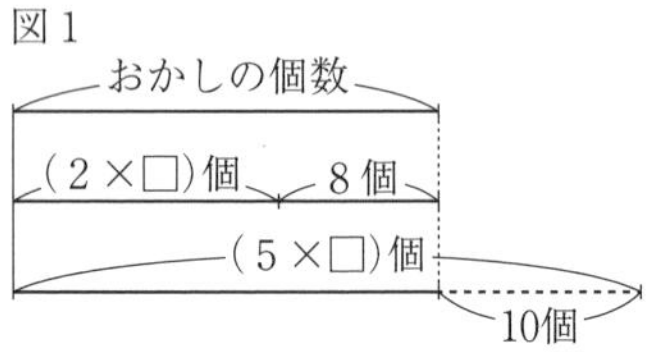

よって，子どもは，18÷3＝6(人)いて，おかしは，2×6＋8＝20(個)ある。

(3) クラスの人たちを，国語と算数について，得意か得意でないかで分類すると，下の図2のよう

になる。これより，国語が得意でない人の人数(ア)は，32－20＝12(人)，国語が得意でなく算数が得意な人の人数(イ)は，13－8＝5(人)だから，国語も算数も得意でない人の人数(ウ)は，12－5＝7(人)となる。

図2

国語＼算数	得意	得意でない	合計
得意	8人		20人
得意でない	イ	ウ	ア
合計	13人		32人

(4) 十の位，一の位という順で数字を決めていく。十の位には0を使えないので，十の位の数字は1，2，3，4の4通りから選べる。また，一の位には，十の位で使った数字は使えないが，0を使うことができるので，残りの4通りから選べる。すると，2けたの整数は，4×4＝16(個)できる。なお，これらをすべて樹形図で書きならべると，右の図3のようになる。

図3

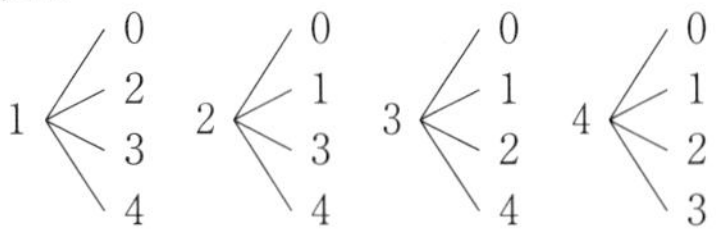

(5) 円のなかにある半円の直径は，円の半径と等しく6cmなので，半円の半径は，6÷2＝3(cm)である。斜線《しゃせん》の部分は，半径6cmの円から，半径3cmの半円を4つ除いたものとなる。よって，求める面積は，$6 \times 6 \times 3.14 - 3 \times 3 \times 3.14 \times \frac{1}{2} \times 4 = 36 \times 3.14 - 18 \times 3.14 = (36-18) \times 3.14 = 18 \times 3.14 = 56.52$ (cm^2)と求められる。

(6) 右の図4のように，数列を5個ずつに区切って，順番に1組目，2組目，3組目，…とすると，□組目には，□から順に連続した整数が5個ならぶことになる。2021÷5＝404余り1より，2021番目の数字は，404組がならんだあとの1個目，つまり，405組目の1個目なので，405である。

図4

1 2 3 4 5／2 3 4 5 6／3 4 5 6 7／4 5…
1組目　2組目　3組目

(7) 5人の話から，だれのプレゼントをだれが受け取ったか，あるいは，受け取っていないかを表にまとめると，右の図5のようになる。このうち，点線で囲まれた部分に注目すると，Cのプレゼントは E が受け取ったとわかる(アが○)。

図5

		受け取った人				
		A	B	C	D	E
わたした人	A	×		×	オ	
	B		×	ウ	エ	
	C	×	×	×	×	ア
	D	カ	ク	×	×	
	E	キ		イ	×	×

図6

		受け取った人				
		A	B	C	D	E
わたした人	A	×	×	×	○	×
	B	×	×	○	×	×
	C	×	×	×	×	○
	D	×	○	×	×	×
	E	○	×	×	×	×

〔参考〕 CはEのプレゼントを受け取らないので(イが×)，Bのプレゼントを受け取ったことになる(ウが○)。さらに，DはBのプレゼントを受け取らないから(エが×)，Aのプレゼントを受け取った(オが○)。残っているのはDとEのプレゼントで，Aは自分がプレゼントをわたしたDのプレゼントを受け取らないから(カが×)，Eのプレゼントを受け取った(キが○)。残ったDのプレゼントはBが受け取った(クが○)。これらをまとめると，右上の図6のようになり，全員がだれのプレゼントを受け取ったか決まる。

3 グラフ―速さ

(1) 問題文中のグラフより，文子さんが遊園地にいたのは，午前10時40分から午後3時までの，午後3時－午前10時40分＝4時間20分と考えられる。

(2) 文子さんは，午前9時に家を出て，家から5km離《はな》れた公園に，午前9時50分に着いた。よって，5km進むのに50分かかったので，このときの自転車の速さは，時速，$5 \div \frac{50}{60} = 6$ (km)となる。

(3)　遊園地から家までは８kmあるから，文子さんが遊園地を出て家に着くのに，$8\div6=1\frac{1}{3}$(時間)，つまり，$60\times\frac{1}{3}=20$より，１時間20分かかる。よって，文子さんは家に，午後３時＋１時間20分＝午後４時20分に着く。

〔ほかの考え方〕　文子さんは，家から遊園地まで行くのに，午前９時から午前10時40分までの１時間40分かかっているが，途《と》中《ちゅう》，公園で20分間休んだのだから，進んでいたのは，１時間40分－20分＝１時間20分である。帰りは，休まずまっすぐ家に帰ったので，１時間20分かかったと考えることができる。

4　立体図形―水の深さと体積

(1)　容器が直方体なので，入っている水の形も直方体になる。水の形は，縦16cm，横20cm，高さ15cmの直方体だから，水の体積は，$16\times20\times15=4800(cm^3)$となる。

図①

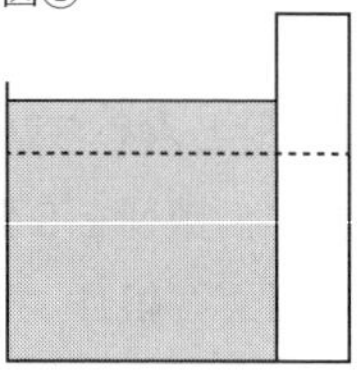

図②

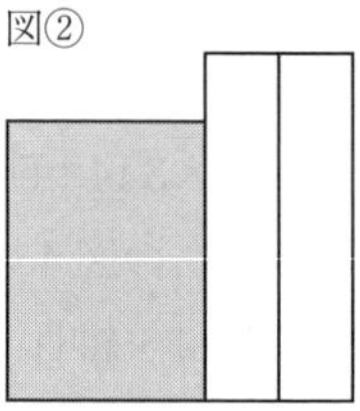

(2)　問題文中の図１の容器に，問題文中の図２の四角柱を底につくまでまっすぐ入れた様子を横から見ると，右の図①のようになる。このとき，直方体の容器の底面積は，$16\times20=320(cm^2)$，四角柱の底面積が，$8\times8=64(cm^2)$なので，容器の水の底面積は，$320-64=256(cm^2)$になり，水の深さは，$4800\div256=18.75(cm)$になる。

(3)　四角柱を２本入れた様子を横から見ると，右上の図②のようになる。このとき，容器の水の底面積は，$320-64\times2=192(cm^2)$だから，容器に残った水の体積は，$192\times20=3840(cm^3)$になる。よって，あふれた水の体積は，$4800-3840=960(cm^3)$である。

理　科　＜ポテンシャル第１回試験＞

解　答

1　(1)　ア　池　　イ　木　　ウ　かれ葉や石の下　　(2)　関節(ひじ)　　(3)　イ　　(4)　エ　　(5)　10m　　2　(1)　イ　　(2)　イ　　(3)　1.448秒　　(4)　ウ　　(5)　イ

解　説

1　小問集合

(1)　アメンボは軽いからだと足先の毛にしみこませた油によってうき，水面上で生活することができる。セミは樹液をエサとするため，木にとまっているすがたが多く見られる。ダンゴムシは夜行性で，昼間は天敵などから身を守ることができる石の下などにかくれている。また，落ち葉などを食べるため，かれ葉の下でも見つけることができる。

(2)　ほねとほねが動けるように結合している部分を関節という。また，うでを折り曲げた部分の関節のあたりをひじとよぶ。

(3)　アの炭酸飲料には二酸化炭素がとけこんでいる。イの動物が呼吸をするときに体の中にとり入れる気体は，酸素である。ウについて，植物は日光を利用して光合成をおこない，二酸化炭素と水からデンプンを作る。したがって，ちがう気体はイとなる。

(4)　すべての生物が化石として残るわけではないから，エが誤りである。なお，化石によっては，化石となった生物が生存していた当時の環境《かんきょう》や，化石が発見された地層の年代などの手がかりとなる。また，化石となった生物のからだのつくりを調べることで，現在生きている生物との関連性なども知ることができる場合もある。

(5)　速さは，(進んだ距離《きょり》)÷(時間)で求められるから，100÷9.97＝10.03…より，1秒あたりに進む距離は10mとなる。

2　ふりこの運動についての問題

(1)　ふりこの長さとは，糸がつるされている位置(支点)からおもりの重心までの距離のことをいう。

(2)　ふりこが1往復する時間は，ふりこの長さによって決まり，糸の長さを変えれば，ふりこの長さも変わる。

(3)　表から，10往復する時間の平均は，(14.4＋14.8＋14.4＋14.6＋14.2)÷5＝14.48(秒)である。したがって，ふりこが1往復する時間の平均は，14.48÷10＝1.448(秒)とわかる。

(4)　ふりこの速さは，ふりこがふれ始めてから一番低い位置にきたときに，もっとも速くなる。なお，ふりこをはなす位置が高いほど，一番低い位置にきたときの速さは速い。

(5)　シーソーは，てこのつりあい(てこをかたむけようとするはたらき)を利用した遊具である。

社　会　＜ポテンシャル第1回試験＞

解　答

3　**問1**　い　**問2**　あ　**問3**　**ア**　徳川吉宗　**イ**　あ　**問4**　い　**4**　**問1**　い
問2　う　**問3**　い　**問4**　アメリカ(合衆国)　**問5**　太平洋(戦争)

解　説

3　「都電」を題材とした問題

問1　1964年10月10日，東京でアジア初のオリンピックが開幕し，戦後の復興・発展を世界にアピールするよい機会となった。また，これに先がけて同年10月1日，東海道新幹線が開業し，東京駅—新大阪駅間を4時間(翌年には3時間10分)で結び，「夢の超特急」といわれた。なお，「あ」は1946年11月3日，「う」は1989年のできごと。

問2　自動車などの輸送用機械器具の製造品出荷額等が最も大きい県は愛知県である。愛知県・三重県の伊勢湾岸から岐阜県南部にかけて広がる中京工業地帯は，自動車工業を中心とする機械工業がさかんで，日本最大の工業地帯となっている。よって，「あ」が誤っている。なお，京浜工業地帯では，川崎市で石油化学工業や鉄鋼業，横浜市で自動車工業などがさかんである。統計資料は『データでみる県勢』2021年版による(以下同じ)。

問3　ア，イ　江戸幕府の第8代将軍徳川吉宗は，享保の改革(1716～45年)とよばれる幕政の改革を行い，上米の制や，裁判や刑罰《けいばつ》の基準を示す公事方御定書《くじかたおさだめがき》を定め，目安箱を設置するなどした。なお，寛政の改革(1787～93年)は老中松平定信が，天保の改革(1841～43年)は老中水野忠邦《ただくに》が行った改革である。

問４　障がい者や高齢者などにとって障壁《しょうへき》(バリア)となるものを取り除くことを，バリアフリーという。そのために設置されるものとしては，車いすの人びとや高齢者のためのスロープ，ノンステップバス，視覚障がい者のための点字ブロックなどがあげられる。なお，「あ」のパンデミックは，感染症《かんせんしょう》の世界的な大流行のこと。「う」のエコロジーは，もともと生態学という意味を表す語であるが，近年は環境保全や自然との調和といった意味で用いられることが多い。

4　沖縄県の気候や産業などについての問題

問１　沖縄県は南西諸島の気候に属しており，一年を通して温暖で12月でも平均気温が20℃近い。また，早めに訪れる梅雨の影響《えいきょう》を受けることや，台風の通り道にあたることから，５・６月と８・９月の降水量が多い。よって，「い」のグラフ(那覇《なは》)が選べる。なお，「あ」は太平洋側の気候に属する東京，「う」は北海道の気候に属する札幌，「え」は乾燥《かんそう》帯の砂漠気候に属するカイロ(エジプトの首都)のグラフ。

問２　沖縄県で栽培《さいばい》がさかんな果物としては，「う」のパイナップルやマンゴーなどがあげられる。日本におけるパイナップルの生産量は，沖縄県が100％を占《し》めている。なお，おうとう(さくらんぼ)と西洋なしの生産量全国第１位は山形県，りんごの生産量全国第１位は青森県である。

問３　沖縄諸島をふくむ南西諸島の島々には多くのさんご礁《しょう》が見られ，貴重な観光資源となっている。さんご礁はさんご虫の群体の石灰質骨格などが堆積《たいせき》してできたもので，近年，海水温の上昇や水質汚染などが原因で引き起こされる白化現象が，世界的に大きな問題となっている。

問４，問５　太平洋戦争末期に国内唯一《ゆいいつ》の地上戦が行われた沖縄県は，戦後，アメリカ軍の占領下に置かれ，このときに多くの軍事基地が建設された。1951年に結ばれた日米安全保障条約では，連合国による占領終結後もアメリカ軍が引き続き日本に駐留《ちゅうりゅう》することが認められ，1972年に沖縄県が日本に返還されたあとも，県内には多くのアメリカ軍基地が残された。現在，日本にあるアメリカ軍基地(専用施設)の面積の約70％が沖縄県に集中し，沖縄本島の約15％を占めている。

英　語　＜ポテンシャル第１回試験＞

※解説は編集上のつごうにより省略させていただきました。

解　答

5　①　１　イ　２　ウ　３　ア　４　ウ　５　ウ　②　１　イ　２　イ　３　ア　４　ウ　５　ウ　6　(1)　(例)　She starts (her work at her office) at 9(nine).　(2)　She studies Japanese (at school).　(3)　Her name is Kana.　(4)　(例)　They talk about a lot of things.　(5)　Yes, she does.

国語　＜ポテンシャル第１回試験＞（50分）＜満点：100点＞

解答

一 問１　A　そくめん　B　もんく　問２　ラッキーだ」　問３　②　エ　⑥　イ　問４　ウ　問５　１　わたしの～した悩み　２　（例）　永瀬が受けた過剰な同情を，善意であると割り切ることができなかったから。　問６　ア　問７　ウ　問８　（例）　陣内がバイト中に人を殴ったのには理由があったこと。　問９　ウ　二 問１　A　ばんのう　B　せっとく　問２　一筋の細い糸で絶壁の上からつるされているような生活　問３　小魚と水草とバクテリア　問４　光と熱のエネルギー（がなくなるから）　問５　ウ　問６　蛇口をひねると湯が出たり，外出するのに自動車を使うのが当たり前（の生活）　問７　イ　問８　ア　問９　（例）　木炭の原料になる木を限度を超えて伐採しないこと。／売れるからと言って魚をめちゃくちゃにとり尽くしたりしないこと。　問10　イ，カ　三 問１　十三（画目）　問２　ア　問３　ウ　問４　①　エ　②　ウ　四 下記を参照のこと。

●漢字の書き取り

四 ①　拡張　②　憲法　③　善行　④　供える　⑤　熟練　⑥　臨む　⑦　忠誠　⑧　満潮　⑨　納期　⑩　遺跡

解説

一 **出典は伊坂幸太郎《いさかこうたろう》の『チルドレン』による。**目の見えない永瀬《ながせ》は人から同情を向けられることが多く，それに対して「わたし」は割り切れない思いを抱《いだ》いていたが，友人の陣内《じんない》は意外な反応を見せる。

問１　A　いろいろな性質を持ったものの，それぞれの面。　B　相手に対する不満を表す言葉。

問２　「印象的な場面」とは，目の見えない永瀬に見知らぬ婦人《ふじん》がお金を渡《わた》したと知った陣内が「何で，おまえだけなんだよ！」と言った日のことを指している。文章の後半に，「後になって，『あの時の陣内は，本当に，普通《ふつう》だったなあ』と永瀬がしみじみと言ったことがある」と書かれているので，この直前にある「そうだね，たぶん，僕《ぼく》はラッキーだ」という部分までが過去の「印象的な場面」にあたる。

問３　②　「案の定」は，予想していた通りになるようす。　⑥　「口ごもる」は，返事にこまったり，言いづらいことがあったりしてはっきり言わないこと。

問４　「こういうこと」とあるので，前の部分に注目する。「子供の頃《ころ》から目の見えない」永瀬は，哀《あわ》れな者を見る目をした見知らぬ人間から，お金を手渡されるということを何度となく経験してきたのである。なお，「ベテラン」は“経験を多く積んだ人”という意味。

問５　１　「永瀬が過剰《かじょう》な同情を受けるたびに，憂鬱《ゆううつ》に」なっていた「わたし」だが，陣内の，永瀬が盲導犬《もうどうけん》を連れているとか目が見えないということは「関係ない」という言葉を聞いて，憂鬱な気持ちが消え，心地よく感じている。後で永瀬とそのときのことを思い返す場面で，「憂鬱」な気持ちは「わたしの身体の周囲を覆《おお》っている暗く黒々とした悩《なや》み」と表現されている。　２　永瀬が言うように，「わたし」も永瀬にお金を手渡してくる人たちを「悪人ではない」だろうし「十分にありがたい人」だと思うものの，「やっぱり割り切ることができな」いのだから，「永瀬が過剰な同情を受けることを，善意だからよいとは割り切れないから」のようにまとめる。

問６　空欄《くうらん》⑤の直前には「永瀬が過剰な同情を受けるたびに，憂鬱になった」とあり，直後には「その日の場合は少し違《ちが》った」とあるので，前のことがらを受けて，期待に反することがらを導く「ところが」が合う。

問７　「何で，おまえがもらえて，俺《おれ》がもらえないんだよ」と言っているように，陣内は永瀬だけがお金をもらえたことを本気でおかしいと思っている。陣内にとって永瀬の目が見えるか見えないかなど「関係ない」ことなのである。「わたし」はそれまで永瀬が過剰な同情を受けることで憂鬱になっていたが，ほかの人と違って陣内が永瀬を全く特別扱《あつか》いしていないことを心地よく感じたのだから，ウが合う。

問８　すぐ前にある永瀬の言葉に注目する。「ああいうのにも何か理由があったと信じている」の「ああいうの」が指す内容を明らかにしてまとめる。

問９　最後のほうで，「陣内君が家裁《かさい》調査官になることを楽しみにして」いる永瀬は，「きっと，陣内みたいな人は子供たちを救うんじゃないかな」と言っているので，ウが合う。

二　**出典は石川英輔《いしかわえいすけ》の『大江《え》戸《ど》えねるぎー事情』による。**「無から有は生じない」という自然の根本法則をあげ，科学技術の発達により非常に便利な生活をしている現代人も，その代償《だいしょう》として生活環境《かんきょう》を大きく変えてしまっていることを忘れてはならないと説《と》いている。

問１　**A**　すぐれていて何でもできること。　**B**　よく話して納得《なっとく》させること。

問２　「ミクロコスモス」では，「外から光と熱の形で供給され続けているエネルギー」によって生物の「量的バランスが適正に保たれ」，「生命のいとなみ」が続けられている。外から供給される「光と熱のエネルギー」がなくなってしまうと，「水草は枯《か》れ，魚もバクテリアも死滅《しめつ》する」。この「危なっかしい」状態を「一筋の細い糸で絶壁《ぜっぺき》の上からつるされているような生活」とたとえている。

問３　直前にある「密閉された世界」とは，「ミクロコスモス」の実験をしている「小魚と水草とバクテリアを入れて密封《みっぷう》」した容器のことなので，「生物たち」は「小魚と水草とバクテリア」を指す。

問４　直前に「生命現象をささえているのは外から光と熱の形で供給され続けているエネルギー」だと述べられている。「暗闇《くらやみ》」にした場合「光と熱のエネルギー」がなくなるため，「生物たち」は「死滅する」のである。

問５　「地球上の環境は充分《じゅうぶん》に容積が大きいから，人間ごときが何をしようとびくともするはずがないというのが，長い間の常識だった」が，「最近では，無限に近いほど巨大《きょだい》だったはずの地球は意外に狭《せま》く」，「地球上の環境も予想以上に繊細《せんさい》で，ひとたび大きく傷つけば容易に回復しないことがわかってきた」という文脈なので，どんなに傷ついても回復すると信じられていたという意味になるように「復元」を入れるとよい。

問６　続く部分で筆者は，「人類がこれほど便利な生活をするようになったのは，長い歴史のほんの最後の部分にすぎない」と述べた後，「蛇口《じゃぐち》をひねると湯が出たり，外出するのに自動車を使うのが当たり前」になった「アメリカ合衆国の大都会」の例をあげているので，この部分がぬき出せる。

問７　「ニッチもサッチも行かない」は，ものごとがどうしようもなく行き詰《づ》まっていることをいうので，イがふさわしい。

問8　筆者は，「現代の人類が今のような生活態度を変えようとしないことは，かなり高い確率で予測できる」と述べた後，「人間はもともとこれほど目先のことしか考えない動物ではなかった」と続けているので，前のことがらに対し，後のことがらが対立する関係にあることを表す「だが」がふさわしい。

問9　「当時の人」とは，「江戸時代の人々」のことである。本文のはじめにもあったように，「ミクロコスモス」は「恐《おそ》ろしいほどきわどい釣《つり》合《あ》いの上に立って生命のいとなみを続けて」いる。「江戸時代の人々」は，自分たちもそのような状況《じょうきょう》にあることを「はっきり理解」して生活していたので，「二百数十年にわたって日本の自然を喰《く》いつぶすことなく安定した社会を維《い》持《じ》し続け」ることができた。その生活の例が，ぼう線部⑧の次の段落から二つあげられている。

問10　二重ぼう線部Aのある段落に「科学技術の生み出した新しいトラブルは，もともと自然界にあった問題よりはるかにたちが悪い」とあるので，イが合う。また，「われわれの住んでいるこの地球上の世界」も，「大変危なっかしい」状況なのに，人類は「無から有が生じないというごく簡単な事実さえ無視」し，「便利さの代償として膨大《ぼうだい》なエネルギーを消費し，生活環境を大きく変えつつある」と述べられていることから，カも選べる。

三　漢字の筆順，敬語の知識，慣用句の知識，熟語の組み立て

問1　「木」の後「幺」を二つ書き，横棒，下の左はらいに続いて黒字の部分を書く。

問2　「ご乗車になる」は動作主に対する敬意を表す尊敬語。「拝見する」「申し上げる」「いただく」はへりくだった言い方で相手への敬意をあらわす謙譲《けんじょう》語にあたる。

問3　「足が出る」は出費が予算や収入よりも多くなるという意味。なお，「足元に火がつく」は危険がせまっていること。「足がつく」は犯人や逃亡《とうぼう》者のゆくえがわかること。「足を引っ張る」は人のじゃまをすること。

問4　①　「着脱」は反対の意味を表す漢字の組み立てなので，エが同じ。なお，アの「創造」は似た意味の漢字を重ねた組み立て。イの「無情」は上の漢字が下の漢字を打ち消している組み立て。ウの「着陸」は上の漢字が動作を表し，下の漢字が動作の対象を表す組み立て。　②　「地震」は上の漢字が主語，下の漢字が述語を表す組み立てなので，ウが同じ。なお，アの「帰国」は上の漢字が動作を表し，下の漢字が動作の対象を表す組み立て。イの「温水」は上の漢字が下の漢字を修飾《しゅうしょく》する組み立て。エの「飲食」は似た意味の漢字を重ねた組み立て。

四　漢字の書き取り

①　範《はん》囲《い》や規模を広げること。　②　国を治めるための基本となるきまり。　③　よい行い。　④　音読みは「キョウ」で，「提供」などの熟語がある。　⑤　慣れていて上手にできること。　⑥　音読みは「リン」で，「臨海」などの熟語がある。　⑦　まじめで正直であること。　⑧　潮が満ちて海面がいちばん高くなった状態。　⑨　商品などを届ける期限。　⑩　古い時代の建物などの跡《あと》。

Dr.福井の

入試に勝つ! 脳とからだのウルトラ科学

右の脳は10倍以上も覚えられる！

　手や足，目，耳に左右があるように，脳にも左右がある。脳の左側，つまり左脳は，文字を読み書きしたり計算したりするときに働く。つまり，みんなはおもに左脳で勉強していることになる。一方，右側の脳，つまり右脳は，音楽を聞き取ったり写真や絵を見分けたりする。

　となると，受験勉強に右脳は必要なさそうだが，そんなことはない。実は，右脳は左脳の10倍以上も暗記できるんだ。これを利用しない手はない！　つまり，必要なことがらを写真や絵などで覚えてしまおうというわけだ。

　この右脳を活用した勉強法は，図版が数多く登場する社会と理科の勉強のときに大いに有効だ。たとえば，歴史の史料集には写真や絵などがたくさん載っていて，しかもそれらは試験に出やすいものばかりだから，これを利用する。やり方は簡単。「ふ～ん，これが○○か…」と考えながら，載っている図版を５秒間じーっと見つめる。すると，言葉は左脳に，図版は右脳のちょうど同じ部分に，ワンセットで記憶される。もし，左脳が言葉を忘れてしまっていたとしても，右脳で覚えた図版が言葉を思い出す手がかりとなる。

　また，項目を色でぬり分け，右脳に色のイメージを持たせながら覚える方法もある。たとえば江戸時代の三大改革の内容を覚えるとき，享保の改革は赤，寛政の改革は緑，天保の改革は黄色というふうに色を決め，チェックペンでぬり分けて覚える。すると，「“目安箱”は赤色でぬったから享保の改革」というように思い出すことができ，混同しにくくなる。ほかに三権分立の関係，生物の種類分け，季節と星座など，分類されたことがらを覚えるときもピッタリな方法といえるだろう。

Dr.福井(福井《ふくい》一成《かずしげ》)…医学博士。開成中・高から東大・文Ⅱに入学後，再受験して翌年東大・理Ⅲに合格。同大医学部卒。さまざまな勉強法や脳科学に関する著書多数。

2020年度　文京学院大学女子中学校

〔電　話〕 (03) 3946－5 3 0 1
〔所在地〕 〒113-8667　東京都文京区本駒込6－18－3
〔交　通〕 JR山手線・都営三田線－「巣鴨駅」より徒歩5分
JR山手線・東京メトロ南北線－「駒込駅」より徒歩5分

【算　数】〈第1回試験〉（50分）〈満点：100点〉

1　次の計算をしなさい。解答用紙には，答えのみ書きなさい。

(1)　$32+20-9$

(2)　$12\div3+9\times6-7$

(3)　$(15\times5+3)\div2-(32-13)$

(4)　0.76×4.25

(5)　$\frac{5}{6}\div1.5\times0.8$

(6)　$2\times5\times8+2\times5\times10-2\times5\times12$

(7)　$\frac{2}{3}\times\left\{2.25\div\left(\frac{3}{4}-0.6\right)\times\frac{1}{2}\right\}\div5$

2　次の問いに答えなさい。

(1)　1個80円のアメと1個50円のガムを合わせて20個買ったところ，代金の合計が1360円になりました。このとき，ガムは何個買いましたか。

(2)　定価1800円の品物を2割引きで売りました。値引き後の価格はいくらですか。

(3)　文子さんはお年玉の$\frac{3}{4}$を貯金し，残りの$\frac{2}{3}$で本を買ったところ，450円残りました。文子さんのお年玉は何円でしたか。

(4)　4個の数字1，2，3，4を使って，各位の数字がすべてちがう3けたの整数をつくります。このとき，ぐう数は何個できますか。

(5)　右の図は長方形です。斜線《しゃせん》の部分の面積は何cm^2ですか。

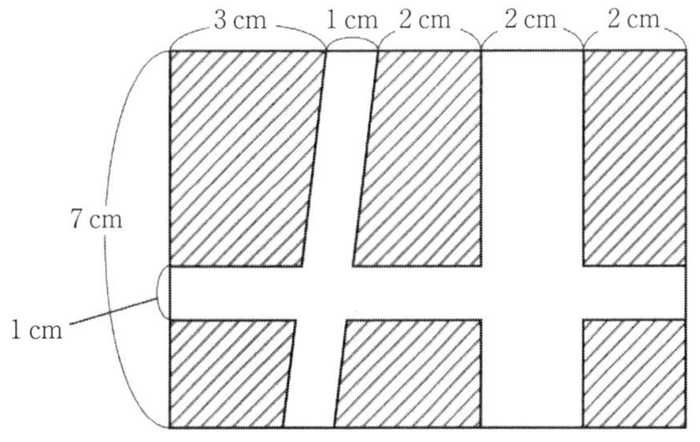

(6)　次のように，数字が規則的に並んでいるとき，95番目の数字は何ですか。

4　2　1　3　4　2　1　3　4　2　1　3　4　2　……

(7)　A，B，C，D，Eの5人が算数のテストを受けました。テストの点数について，次のように話しています。ただし，同じ点数の人はいません。

A「私はEより点数が低かったが，一番低くなかった。」

B「私より点数が低い人は3人いた。」

C「私はEより点数が高かった。」

5人を，点数の高い順にかき並べなさい。

3　次の図のような，円すいの形をした容器に，水が６cm の高さまで入っています。このとき，下の問いに答えなさい。ただし，円周率は3.14とします。

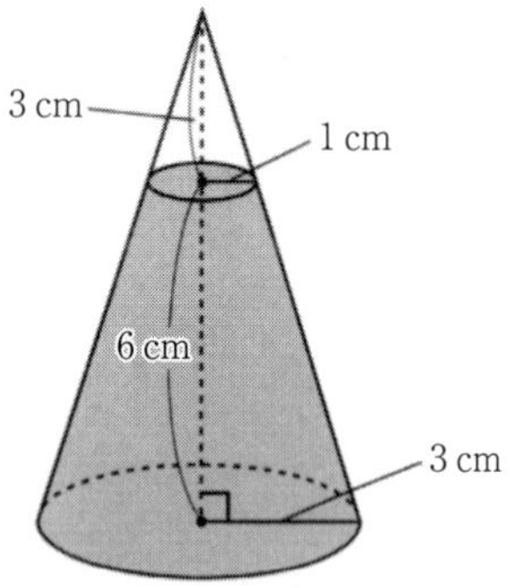

(1)　円すいの容積は何cm^3ですか。

(2)　円すいに入っている水の体積は何cm^3ですか。

4　次のグラフは，ある電車が走った時間と道のりの関係を表しています。このとき，下の問いに答えなさい。

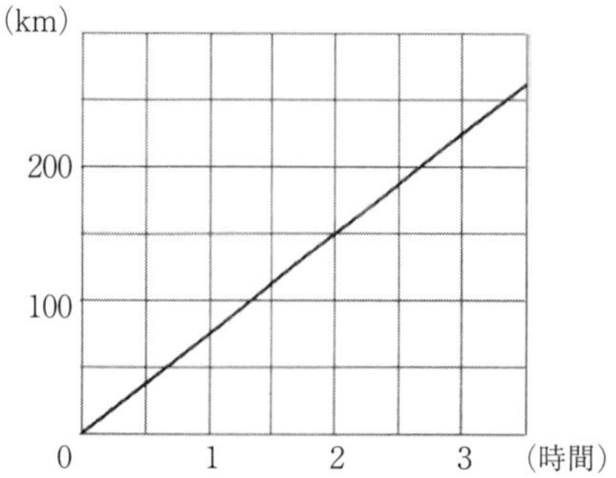

(1)　この電車が２時間走ったときの道のりは何 km ですか。

(2)　この電車の速さは毎時何 km ですか。

(3)　この電車が３時間半走ったときの道のりは何 km ですか。

(4)　この電車が180km 走るのに，何時間何分かかりますか。

【理科・社会・英語】〈第１回試験〉（40分）〈満点：50点〉

・**1** **2** が理科の問題，**3** **4** が社会の問題，**5** **6** が英語の問題です。

・６題の問題より２題以上に解答してください。１題25点で採点します。３題以上解答した場合は，得点の高い２題を合計して，50点満点とします。

1　次の各問いに答えなさい。

(1)　ガスバーナーを使い，試験管《しけんかん》の水をあたためました。一番早く全体があたたまるものを，次の図**ア**～**ウ**の中から１つ選び，記号で答えなさい。

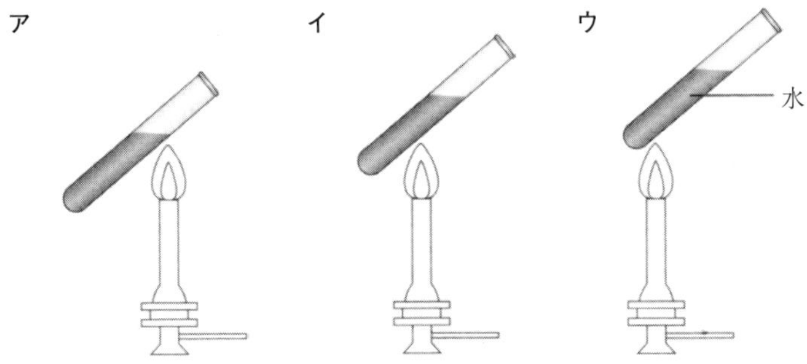

(2)　□の中は世の中の生き物の食べられるものと食べるものの関係について表したものです。(　)にあてはまる動物のなかまを答えなさい。ただし，矢印(→)は，食べられる→食べる の関係を表しています。

植物　→　(　　　動物)　→　肉食動物

(3)　空気でっぽうについて正しく説明《せつめい》した文を，次の**ア**～**エ**の中から１つ選び，記号で答えなさい。

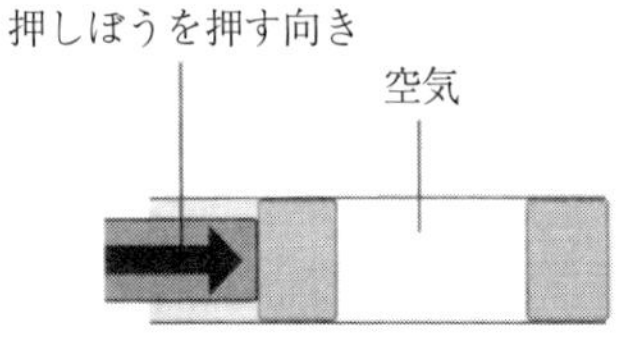

図　空気でっぽう

ア　空気でっぽうは，水の中でも玉を飛《と》ばすことができる。

イ　前玉は，後玉が直接ぶつかることによって前に押し出される。

ウ　つつの中に入れる押しぼうの長さは，つつより必ず長くなるようにする。

エ　押すときのじゃまにならないよう，押しぼうに輪《わ》ゴムはつけない。

(4)　日ぼつから次の日の日の出までの間，一番長い時間，観察することができる月を，次の**ア**～**エ**の中から１つ選び，記号で答えなさい。

ア　新月　　**イ**　三日月　　**ウ**　上げんの月　　**エ**　満月

(5)　近年，人間が使用しているある物が海に多量に流れた結果，海ガメや海鳥などがエサと間違《まちが》って食べ，死にいたるという問題が起きています。ある物は多くの物の材料として使われています。ある物の名前を次の**ア**～**エ**の中から１つ選び，記号で答えなさい。

ア　ガラス　　**イ**　石炭　　**ウ**　金属　　**エ**　プラスチック

2　京子さんは校庭で，いろいろな植物やこん虫を観察しました。次の各問いに答えなさい。

(1)　アサガオのつるについているアブラムシのようすをはっきり観察するには，何という器具を使いますか。

(2)　アブラムシの近くにちがう種類のこん虫がいました。このこん虫はアブラムシのおしりから出るあまいしるをもらっていました。このこん虫を次の**ア**～**オ**の中から１つ選び，記号で答えなさい。

ア　テントウムシ　　**イ**　カブトムシ　　**ウ**　チョウ　　**エ**　セミ　　**オ**　アリ

(3)　京子さんはアサガオの花を教室に持ち帰り，花粉をけんび鏡で観察することにしました。右の図はアサガオの花のつくりを表したものです。花のどの部分にセロハンテープをつけるとたくさんの花粉を取ることができますか。右の図の**ア**～**オ**の中から１つ選び，記号で答えなさい。

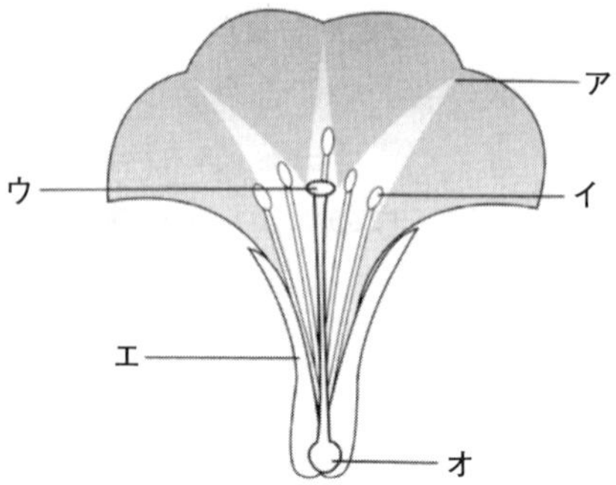

(4)　けんび鏡の使い方について，次の**ア**～**エ**を正しい順番にならべかえて，記号で答えなさい。

ア　ステージにプレパラートを置いて，クリップでとめる。

イ　真横から見ながら調節ねじを回して，対物レンズにプレパラートをできるだけ近づける。

ウ　対物レンズの倍率を一番低いものにし，接眼レンズをのぞきながら反しゃ鏡を動かして明るくする。

エ　調節ねじを少しずつ回して，対物レンズからプレパラートを遠ざけ，はっきり見えるところで止める。

(5)　アサガオの花粉の形を次の**ア**～**エ**の中から１つ選び，記号で答えなさい。

ア　　イ　　ウ　　エ

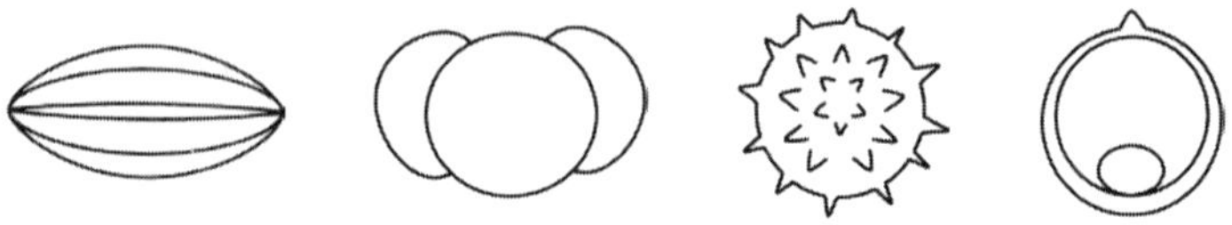

3　右の近畿地方の地図を見て，次の問いに答えなさい。

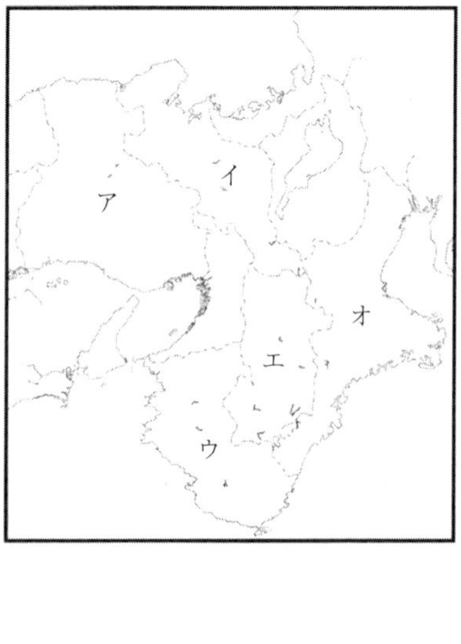

問１　地図中アの都道府県の名前を漢字で答えなさい。

問２　地図中イでは，1467年から1477年にかけて大きな戦いが起こりました。この戦いによって，イにあった都は焼け野原となりました。また，幕府の力がおとろえ地方武士が力を持つようになりました。この戦いを，次の**あ**～**え**から１つ選び記号で答えなさい。

あ　保元の乱

い　承久の乱

う　島原の乱（島原・天草の一揆）

え　応仁の乱

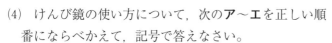

問３　右のグラフは，地図中ウが生産量日本一の作物を示しています。この作物は何か，次の**あ**～**え**から１つ選び記号で答えなさい。

あ　りんご
い　おうとう
う　みかん
え　日本なし

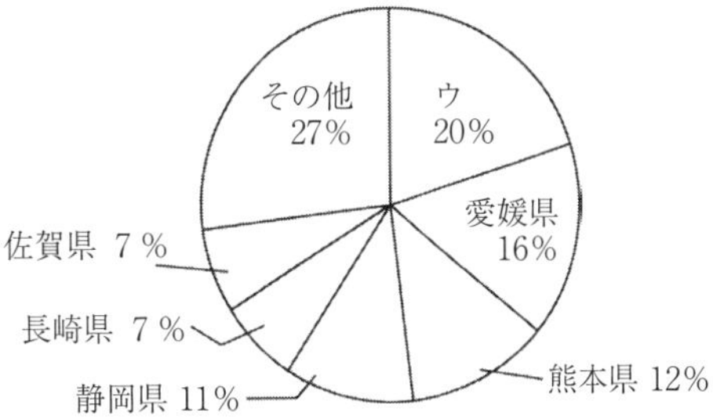

問４　地図中エには，日本最古の木造建築である寺があります。聖徳太子と関係が深いこの寺の写真を，次の**あ**～**え**から１つ選び記号で答えなさい。

あ

い

う

え

問５　地図中オにある志摩半島では，その複雑に入り組んだ地形を利用して真珠《しんじゅ》の養殖《ようしょく》がさかんです。この半島の特徴的《とくちょうてき》な地形を何というか，解答らんに合わせて答えなさい。

4　次の文章を読み，後の問いに答えなさい。

日本は地震や(1)水害など自然災害の多い国です。そのため，ふだんから人々の命やくらしを守るためにさまざまな準備が必要です。国や地方自治体は協力して自然災害に備えて(2)ダムや堤防《ていぼう》を建設したり，(3)防災のために必要な情報を集めています。現在，(4)地球温暖化が進んでおり，今後も災害への対策が大切です。

防災のため，自分たちで自然を守っていこうという運動もさかんです。森林は人々のくらしを守ってくれる大切な資源ですが，1970年代には森林伐採《ばっさい》によって(5)海に異変が起こり始めました。そのため最近では全国各地で海を守るための植林活動が行われています。

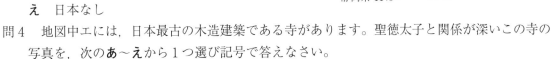

問１　下線部(1)について，台風によって起こる災害や自然現象に当てはまらないものを，次の**あ**～**え**から１つ選び記号で答えなさい。

あ　津波　　**い**　洪水　　**う**　暴風　　**え**　高潮

問２　下線部(2)について，ダムや堤防の建設にかかわる国の官庁を，次の**あ**～**え**から１つ選び記号で答えなさい。

あ　文部科学省　　**い**　国土交通省　　**う**　厚生労働省　　**え**　防衛省

問３　下線部(3)について，災害による被害《ひがい》を予測したり避難《ひなん》経路や避難場所を記したものを，次の**あ**～**え**から１つ選び記号で答えなさい。

あ　地球儀　　**い**　天気図　　**う**　鉄道路線図　　**え**　ハザードマップ

問４　下線部(4)について，その原因の一つに大気中の□の増加が指《し》摘《てき》されています。□の中に入る語句を，次の**あ**～**え**から１つ選び記号で答えなさい。

あ　二酸化炭素　　**い**　アルコール　　**う**　オゾン　　**え**　酸素

問５　下線部(5)について，プランクトンの異常発生によって起こる現象を何というか，答えなさい。

5　絵と英語を見て質問に答えなさい。

①　次の英語を表す絵をア～ウから選びなさい。

1．elephant

ア.

イ.

ウ.

2．orange

ア.

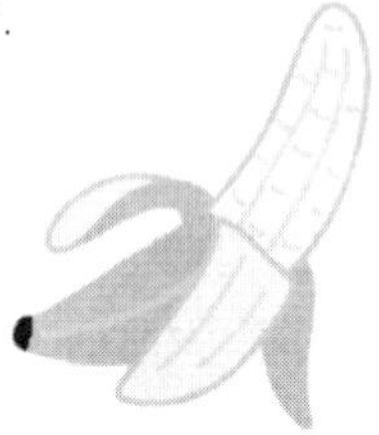

イ.

ウ.

3．math

ア.

イ.

ウ.

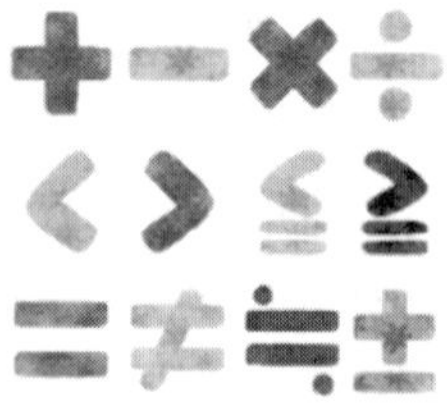

4．volleyball

ア.

イ.

ウ.

５．He is cleaning.

ア.

イ.

ウ.

② 次の絵を表す英語をア～ウから選びなさい。

１．

ア．Australia
イ．Japan
ウ．England

２．

ア．vegetable
イ．meat
ウ．bread

３．

ア．doctor
イ．cook
ウ．police

４．

ア．She is sick.
イ．She is happy.
ウ．She is hungry.

５．

ア．It is sunny.
イ．It is rainy.
ウ．It is cloudy.

6 以下は，外国から来たMs Natalie Yanが，英語の授業で自己紹介をしたときのものです。読んで(1)〜(5)の質問に英語で答えなさい。

Hello ! Nice to meet you. My name is Natalie Yan. I'm from Sydney in Australia.

Do you know about Australia ? You can see a lot of unique animals. Have you ever seen koalas or kangaroos ?

In Australia, people speak English, but some other languages are also used. For example, I speak English and Chinese because my parents are from Hong Kong.

I'll tell you about my family. There are four people in my family. I have my mother, my father and an older brother. My father is a math teacher and my mother works in the library. My brother studies science at university.

I like sports, reading books and watching movies. My favorite sport is swimming. I often go swimming in the sea with my sister. This is my first visit to Japan. I am not good at Japanese, so I'll study Japanese hard. Let's study English together !

(1) Did Natalie come from Sydney ?

(2) What language does Natalie speak ?

(3) Does Natalie's father teach English ?

(4) Where does Natalie often go swimming ?

(5) Can Natalie speak Japanese well ?

とありますが、「段位制度」を導入して選手の実力をわかりやすくランクづけしたこと以外に、嘉納はそれまでの「柔術」をどのように変えましたか。次の【条件】に従って説明しなさい。

【条件】
・本文中の言葉を使いながら六十字以内で書くこと。（句読点や記号も字数に数えます。）
・「～とともに、……した。」という形で書くこと。

問十 ⑩ に入ることばとして最適なものを、本文中から五字以内で抜き出しなさい。（句読点や記号も字数に数えます。）

問十一 本文の内容に合うものを、次のア～エの中から一つ選び、記号で答えなさい。

ア 柔道は「柔術」として、戦国時代から武士のスポーツとして発展してきた。

イ 嘉納治五郎は「柔術」を習うなかで、肉体的な成長よりも精神的な成長を強く感じた。

ウ 柔道はスポーツ化の道を歩み、現在では二〇〇を超える国と地域に受け入れられている。

エ 相撲は、日本における歴史と伝統を背景に、国際的なスポーツに変わろうとしている。

三

次の各問いに答えなさい。

問一 「誤」の黒字の部分の書き順は何画目ですか、漢数字で答えなさい。

問二 二字の熟語が完成するように□に当てはまる漢字一字を答えなさい。

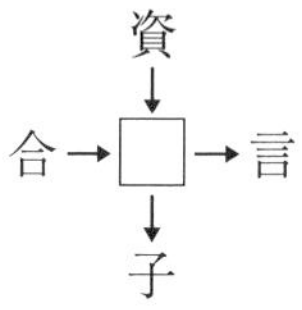

問三 ①、②の意味を参考にして、□に当てはまる体の部位を漢字で答えなさい。

① 得意に思う。誇りに思う。…… □が高い

② 非常に驚き感心する。…… □を巻く

問四 ‖線部の主語となることばをア～エの中から一つ選び、記号で答えなさい。

私たちのア祖先は、イやまと言葉を書き表すために、中国から伝わったウ漢字を利用するエ方法を考え出した。

四

――線部を漢字に直しなさい。送りがなが必要なものには、送りがなをつけること。

① こころよい風が吹く。

② がいろ樹を植える。

③ ひたいに汗をかく。

④ 合奏のしきをする。

⑤ きょうど料理を作る。

⑥ 部屋をせいけつに保つ。

⑦ 車をゆしゅつする。

⑧ オリンピックがかいまくする。

⑨ 医学はかせとなる。

⑩ チョウのひょうほん。

「道」を整備した、という意味では、「柔道」という名前は非常に象《しょう》徴《ちょう》的です。

歴史と伝統に縛《しば》られ、なかなか変化のできない相撲は、国際的なスポーツとしては普及せず、いまだ日本古来の伝統芸能のようにして存続しています。B度重なるルール改正や、カラー柔道衣の導入などでスポーツ化の道を進んできた柔道とは大違いです。

これからみなさんは、あたらしい価値観に基《もと》づく、あたらしい生き方や考え方を主張し、古い世界を変えていかなければなりません。そしてこのとき必要なのは「あたらしい［⑩］」をつくることです。

（瀧本哲史「ミライの授業」より）

問一 ＝線部A「努めて」、B「度重なる」の漢字の読み方をひらがなで答えなさい。

問二 ――線部①「不思議に思ったことはありませんか？」とありますが、筆者はどのようなことを「不思議」だと思っているのでしょうか。最適なものを次のア～エの中から選び、記号で答えなさい。

ア 柔道も相撲も日本で生まれたものなのに、国技である相撲ではなく、柔道が世界的に受け入れられていること。

イ 日本における相撲の歴史はとても古いのに、法律で国技と決められているわけではないということ。

ウ 前回の東京オリンピック以来、日本人が柔道で多くの金メダルを手にしてきたこと。

エ 国技館で一年に三回も開催されていることから、相撲が実質的に日本の国技と見なされていること。

問三 ――線部②「『古事記』や『日本書紀』」とあります。日本の新しい元号「令和」は、これらと同時代にできた作品の中のことばから取られました。その作品を、次のア～エの中から選び、記号で答えなさい。

ア 古今和歌集　イ 竹取物語　ウ 万葉集　エ 徒然草

問四 ［③］、［⑥］に入ることばとして最適なものを、次のア～オの中からそれぞれ選び、記号で答えなさい。

ア もし　イ やはり　ウ また

エ しかし　オ つまり

問五 ――線部④「マイナーな」の意味として最適なものを、次のア～エの中から選び、記号で答えなさい。

ア 欠点が多い　イ よく知られている

ウ 嫌われている　エ 有名ではない

問六 ――線部⑤「理屈じゃなく、稽古の数をこなせばわかるようになるんだ！」とありますが、このような考え方を別の表現で言い換えた部分を、本文中から十四字で抜き出しなさい。（句読点や記号も字数に数えます。）

問七 ――線部⑦「道場の数だけ正解があり、師匠の数だけ正解がある」とはどういうことですか。最適なものを次のア～エの中から選び、記号で答えなさい。

ア 柔術が数多くの道場で教えられているということ。

イ 柔術の技は稽古の数を増やせば身につくということ。

ウ 流派ごとに柔術の指導内容が違っているということ。

エ 柔術では師匠だけが技を教えることができるということ。

問八 ――線部⑧「こんな確信」が指し示す部分を本文中から二十七字で抜き出し、始めと終わりの五字を答えなさい。（句読点や記号も字数に数えます。）

問九 ――線部⑨「彼は『ルール』をつくることで、マイナーな格闘技に過ぎなかった柔術を柔道に変え、世界に認めさせたのです」

子どものころからからだが弱かったため、「柔術」を習うことにした嘉納治五郎。あるとき彼は、師匠に投げ飛ばされたあと、「いまのはどうやって投げたのですか?」と投げる際のポイントを質問しました。

ところが師匠から「弟子《でし》のお前がそんなことを聞いても、わかるものか。⑤理屈《りくつ》じゃなく、稽古《けいこ》の数をこなせばわかるようになるんだ!」と怒《おこ》られてしまいます。

当時、東京大学で政治・経済《けいざい》を学ぶ秀才《しゅうさい》でもあった嘉納は、この答えに納得《なっとく》できませんでした。どんな技だって、理屈があって成立しているはずだ。稽古の数をこなすのも大切だけど、もっと論理的に教えたほうがいいんじゃないか。「からだで覚えろ」式の精神論に、大きな疑問を抱《いだ》いたのです。

⑥　、嘉納は、ふたつの流派から「柔術」を学んだのですが、それぞれの流派で指導内容が大きく異なりました。そして技を極めようと古い文献《ぶんけん》を調べてみたところ、ここでも流派ごとに違《ちが》うことを言っています。⑦道場の数だけ正解があり、師匠の数だけ正解がある。そんな状況を疑問に思っていました。

しかし同時に、嘉納は⑧こんな確信ももっていました。

「柔術を習いはじめてから、あれだけ弱かったからだが丈夫《じょうぶ》になり、短気だった性格も我慢《がまん》強くなった。柔術が、心とからだの両方を鍛《きた》えてくれたことは間違《まちが》いない」

そしてひとつの決断を下すのです。

「殺傷の術だった柔術の危険な技を取《と》り払《はら》って、技に理論をもち込《こ》み、思想を加えていけば、心とからだの両方を鍛えるあたらしい『道』ができるはずだ」

人間形成をめざした柔《やわら》の道、すなわち「柔道」の誕生です。１８８２年、嘉納はみずからの柔道を指導する「講道館」を創設しました。

嘉納治五郎の柔道は、それまで「見て学べ」「からだで覚えろ」ばかりだった柔術の稽古に、さまざまな改革をもたらします。たとえば、かつて師匠に教えてもらえなかった投げ技のポイント。嘉納は、達人たちの技を研究するなかで、投げる直前に「相手のからだの重心を不安定にすること」の重要性を発見します。この「崩《くず》し」という動きを理論化し、稽古に導入することで、柔道家たちの技術は飛躍《ひやく》的に向上しました。

また、投げ技を42本に分類し、これを習得しやすい技からむずかしい技まで5段階に分けて教えるようにしていきます。さらに、当て身(打撃《だげき》技)や危険な関節技を「形」にだけ残し、より安全な、技の優劣《ゆうれつ》を競《きそ》う試合方法を確立しました。

意外なところでは、囲碁《いご》や将棋《しょうぎ》の世界から初段・二段・三段などの「段位制度」を導入し、選手の実力をわかりやすくランクづけしたのも嘉納の功績です。

こうして嘉納の創設した講道館柔道は、その勢力をみるみるうちに拡大し、警視庁の武術として採用され、学校の体育にも採用されていきます。さらに嘉納は積極的に海外を訪問し、柔道の普及活動にA努めていきました。１９０９年にはアジア初の国際オリンピック委員に就任し、１９３６年には東京オリンピック招致《しょうち》に成功(第二次世界大戦の激化で開催中止)するなど、めざましい活躍を見せます。

こうして現在、国際柔道連盟に加盟する国と地域は２００を超《こ》えるまでになりました。ハジメ、マテ、ワザアリ、イッポンなどの日本語は、世界共通語です。

嘉納治五郎は、腕《うで》っぷしの強さで柔道を認めさせていったのではありません。

⑨彼は「ルール」をつくることで、マイナーな格闘技《かくとうぎ》に過ぎなかった柔術を柔道に変え、世界に認めさせたのです。誰《だれ》もが通れるような

ア　就職活動ですか
イ　ご気分が悪いんですか
ウ　次の駅は何ですか
エ　つけてさしあげましょうか

問九　⑦に入ることばを十字以内で書きなさい。（句読点や記号は字数に数えません。）

問十　――線⑧「信輔はVサインを返した」とありますが、このときの信輔の気持ちを、「困難」ということばを必ず入れて四十字以内で解答用紙に合う形で書きなさい。（句読点や記号も字数に数えます。）

問十一　本文中の内容に合うものを、次のア～エの中から一つ選び、記号で答えなさい。
ア　信輔は月にビデオも含めて三十本の映画を見る映画マニアである。
イ　一旗は信輔を落胆させないように、才能を見抜けなかったと告げた。
ウ　信輔は会社の面接当日、緊張のあまりネクタイが結べなくなった。
エ　おばあさんは、信輔の就職活動がうまくいってないことに同情している。

二　次の文章を読んで、後の問いに答えなさい。

２０２０年、オリンピック・パラリンピック夏季大会が、東京で開《かい》催《さい》されます。

もしかしたらみなさんのなかにも、選手として、あるいは運営スタッフとして、参加する人が出てくるかもしれません。

そしてオリンピックのたびに日本人金メダリストの期待がかかる競技といえば、柔道です。前回の東京オリンピック（１９６４年）で正式種目となって以来、柔道は日本に多くの金メダルをもたらしてきました。

でも、①不思議に思ったことはありませんか？

一般《いっぱん》に、日本の国技は相撲《すもう》だとされています。法律で定められた国技ではないものの、大相撲の初場所、夏場所、秋場所が開催される会場は両国国技館。実質的に、相撲は日本の国技と見なされているといっていいでしょう。相撲の歴史は古く、②『古事記』や『日本書紀』にも、相撲と思われる記述が見受けられます。

③、それだけの伝統をもつ国技の相撲は、オリンピック正式種目になっていません。海外の競技人口も、増えつつはあるものの世界的には超《ちょう》④マイナーな競技です。

どうして相撲は世界に受け入れられず、柔道はこれだけ国際化できたのでしょうか？

……答えは、柔道がスポーツとしての「ルール」を整備できたから。

この３時限目では、柔道がスポーツとして国際的に受け入れられていくまでの歴史を振《ふ》り返《かえ》りながら、「ルールをつくること」の大切さを考えていきましょう。

もともと柔道は、戦国時代から武士たちのあいだで武芸として発展し、江戸《えど》時代には「柔術《じゅうじゅつ》」という名前で呼ばれていました。当時は流派ごとに技《わざ》の内容も異なり、スポーツとしてではなく、戦場で闘《たたか》うための武芸（組《く》み討《う》ち）、また護身術のひとつとして普及《ふきゅう》していたわけです。

そして明治時代、日本のスポーツ界を一変させる、ひとりの男が立ち上がります。

柔道の創始者、嘉納治五郎《かのうじごろう》です。

「あなたは学生さん？」

「え、ええ。これから会社の面接に」

「そう。大変ね」

新宿駅に着いた。信輔はとなりのおばあさんに軽く会釈し、出口にむかう。するとぽんと背中を叩かれた。おばあさんだ。

「しっかりね」

そして彼女は右手で※Vサインをつくった。

天涯孤独。孤立無援。孤軍奮闘《ふんとう》。それでも先に進まなければならない。しっかりしなければならないのだ。

⑧信輔はVサインを返した。

（山本幸久「マニアの受難」より）

※『宝箱』…映画雑誌の名前で、またその雑誌の会社名。

※真鍋…信輔の友人。

※『赤ちゃん泥棒』…映画のタイトル。

※未玖子…信輔の別れた彼女。

※Vサイン…指で「勝利」を意味する「V」を作るしぐさ。

問一　===線部A「断る」、B「苦笑い」の漢字の読み方をひらがなで答えなさい。

問二　本文を大きく二つの場面に分けると、後半はどこからになりますか。後半の最初の五字を抜き出しなさい。（句読点や記号も字数に数えます。）

問三　——線部①「思い立ったら吉日」とはどういう意味ですか。最適なものを次のア～エの中から選び、記号で答えなさい。

ア　あるものへの思いが強く感じられて仕方がないということ。

イ　よいアイデアを思いついたら人に伝えるのがよいということ。

ウ　何かやろうと決意したらすぐにとりかかるのがよいということ。

エ　期日に間に合うように行動をしたほうがよいということ。

問四　②に入ることばとして最適なものを、次のア～エの中から選び、記号で答えなさい。

ア　推測　イ　予定　ウ　連絡　エ　内容

問五　——線部③「信輔の鼓動はにわかに激しくなった」における信輔の気持ちとして最適なものを、次のア～エの中から選び、記号で答えなさい。

ア　採用試験を受けた会社の編集長にトンカツを奢らせてしまって申し訳ない気持ち。

イ　目の前の人物が自分が採用試験を受けた会社の編集長だと知って驚き、緊張した気持ち。

ウ　身分を明かされた人物が会社の偉い人だとわかり、今の自分の未熟さを恥ずかしく思う気持ち。

エ　誰とも約束をしないで会社を訪ねてしまったことを指摘されて失敗を後悔する気持ち。

問六　——線部④「これ以上、食べるのは難しい。無理だ」とありますが、どんなことが原因であると考えられますか。二十字以内で書きなさい。（句読点や記号も字数に数えます。）

問七　——線部⑤「なにか心にひっかかること」とは、ここではどういうことですか。次のア～エの中から当てはまらないものを一つ選び、記号で答えなさい。

ア　読んでいて印象に残るところ

イ　人と違うユニークなところ

ウ　あたりさわりのないところ

エ　才能を感じるところ

問八　⑥に入ることばとして最適なものを、次のア～エの中から選び、記号で答えなさい。

「そ、それです」

　信輔の口から米粒が吹き飛び、一旗の右腕についた。「汚ねぇな、おい」

「すいません。それであの、ぼくの批評はい、いかがだったでしょう？」

「いかがでしたって言われてもな」一旗は煙草の煙を燻《くゆ》らせながら、信輔の飛ばした米粒を人差し指で弾き飛ばす。「おぼえているのはタイトルだけだ。⑤なにか心にひっかかることがあれば、採用しているはずだしな」

「は、はあ」

「家に帰ったら、通知がきているかどうか、もう一度たしかめてくれないか。おれも編集部に戻ったら、確認してみる」

「いえ、あの、はい」

「そう落ち込むな。ウチとは縁がなかっただけのことだ。あるいはおれたちが、きみの才能を見抜けなかったのかもしれんだろ」

　一旗は煙草をもみ消すと、カウンターの中のおじいさんに「勘定頼む」と声をかけた。

「悪いがおれは仕事を残してきてるんでね。さき、帰らせてもらう」そして信輔の肩をぽんと叩《たた》いた。「じゃあな。今後のきみの健闘を祈る」

　ネクタイがうまく結べない。どうしよう。親に訊ねるのは気恥ずかしく、そのままでてきてしまった。電車の中で幾度も試したものの、うまくいかない。『グレムリン』の主人公がしていたような、結ぶのではなく、ワンタッチでつけられるようなものは売っていないものだろうか。

　こないだのように、真鍋でもいてくれればいいのに。車内を見回すが、いるはずがなかった。

『宝箱』の編集長に会ったのは三日前のことだ。串カツ定食を食べ切れずに店をでてから、映画を見に新宿へ寄ることもなく、まっすぐ自宅に帰った。※未玖子《みくこ》やその母、真鍋、そして一旗の言葉が頭の中で渦《うず》巻き、映画どころではなくなってしまったのだ。ともかく信輔は就職活動をはじめることにした。髪は長いままだ。それでも親の金で買ったスーツをいつまでも放っておくわけにもいかない。

　ネクタイをスーツのポケットにしまいかけたときだ。

「　⑥　」

　となりのおばさんが声をかけてきた。おばあさんといっていいくらいの歳かもしれない。

「それってあの」

「ネクタイよ。貸してちょうだい」

　断りようがない。ネクタイを渡してから、お互い上半身をひねり、むきあう形になった。彼女はものの五秒もかけずにネクタイを結んでくれた。

「苦しくない？」

「だいじょうぶです」ほんとは少し苦しかったが、我慢した。「ありがとうございます」

「ひさしぶりだわ。ネクタイ結ぶの。昔はね、毎朝、旦那《だんな》にしてあげていたわ」おばあさんは右手で三本、指をだした。「三十年も」

「すごいですね」としか言い様がない。

「風邪で寝込んでいるときも、ネクタイだけは結んであげなきゃ駄目だったんだから。ほんと、ぶきっちょなひとで、ネクタイどころか、蝶《ちょう》結びもできなかったの。笑っちゃうでしょ」

　笑えなかった。信輔も蝶結びができないからだ。

「その代わりってわけでもないでしょうけど、真面目なひとだったわ」

すべて過去形である。旦那さんは　⑦　のかもしれない。

「きみは」男は信輔を横目で見た。「呑《の》める年か？」
「二十二歳です」
「ほんとか」
「学生証、お見せします」
「その必要はない」
おかしそうに笑い、男はおじいさんからグラス二つとビールの大瓶を受け取った。
「ぼく、注ぎます」
「いや、いい」男はくわえ煙草でグラスにビールを注いでいく。「さっき、月に三十本って言ったが、それはなにか。ビデオを含めてか」
「いえ。たいがい名画座で見てます。そこのギンレイホールでも」
「ほう」男は自分で注いだビールを呑み干した。一秒もかからない。コンマ何秒だった。「もしかしてきみは『宝箱』の編集部へいくつもりだったのか」
どうしてわかったのだろう、とは思わなかった。『宝箱』と地図帳を持っていたのだ、 ② はつくだろう。
「あ、ああ、はい」
「何時にだれと約束している？」
「え、あ、いえ」信輔はたじろいでしまう。
「おっとすまん。おれはいつもこうなんだ。物事が順序だててできん。それで会社でもよく怒られる」男はＢ苦笑いを浮かべながら、ズボンの尻にあるポケットから定期入れを抜き取り、そこから名刺を取りだすと、信輔に渡した。「『宝箱』の一旗《いちはた》だ」
受け取った名刺には編集長とあった。③信輔の鼓動はにわかに激しくなった。慌ててビールを一口呑み、「じつはその、だれとも約束をしたわけでは」
「はい、おまちどうさま」
おじいさんがみそ汁にご飯、そして揚げたての串カツをだしてきた。
「熱いうちに食っちまおう」
「あ、はい」腹の虫が鳴っていたくらいだ、食欲はある。しかし食事がなかなか喉《のど》を通らない。味もさっぱりだ。それでも無理矢理突っこみ、ビールで流しこんでいく。
「どうしてウチを訪ねようとした？」
気づくと一旗の皿も茶碗も空になっていた。信輔はまだ半分も進んでいない。
「こないだ編集者の応募を」
「するときみが佐々木か？」
「い、いえ、ちがいます。ぼくは」
信輔は自分の名字を告げた。佐々木よりも平凡でありきたりな名字だ。
「結果をまだ知らされていないので」
「採用は決まっている。いま言った佐々木って子、ひとりだけだ。きみのところには通知は届いていないのか」
「通知というのは」
「残念でしたっていうヤツだよ。先週には発送済みなんだが」
信輔は箸《はし》をとめた。④これ以上、食べるのは難しい。無理だ。
「だいじょうぶか、きみ？」
「ぼ、ぼくの、なにが」声がつまる。信輔は空咳《からせき》をひとつした。「ぼくのなにがいけなかったのでしょう？」
一旗は首をかしげた。煙草を持つ手で眉間《みけん》をぽりぽりと掻《か》いている。
「映画の批評も送ってきたか」
「あ、はい。コーエン兄弟の※『赤ちゃん泥棒《どろぼう》』について書いたんですが」
「『夢からの追撃者』ってタイトルのか」

二〇二〇年度　文京学院大学女子中学校

【国　語】〈第一回試験〉（五〇分）〈満点：一〇〇点〉

一　次の文章を読み、問いに答えなさい。

三十分後、信輔《しんすけ》はなじみのない町をさまよっていた。

おっかしいなぁ。どこにあるんだろ。

道の端に寄って、電柱に近づき、町名と番地が表示されたプレートをたしかめる。そして手元に開いてある※『宝箱』に目を落とす。つい先だって履歴書と映画評を送ったところだ。

※真鍋《まなべ》と別れてすぐ、ふと思い立ったことがあった。いつまでも電話を待っていてもしかたがない。『宝箱』の住所をたしかめ、地図帳で探し当てた。飯田橋駅が最寄り駅だった。名画座のギンレイホールにほど近い。①思い立ったら吉日とばかりに、総武線の上りホームへむかい、発車しかけていた黄色い電車へ飛び乗った。

むこうの角からここまでのあいだのはずなんだが。

きゅうと腹が鳴る。けっこうイイ音だった。十一時をまわったところだが、目の前のトンカツ屋からいい香りが漂《ただよ》ってくるおかげで、胃が刺激されたのだ。暖簾《のれん》がでていないところを見ると、まだ店は開いていないらしい。

いまはメシどころじゃない。『宝箱』の編集部を見つけなきゃ。

そう思い、その場から動こうとしたときだ。

「入れるぜ」とうしろから声をかけられた。ふりむく間もなく、右隣りに信輔よりも頭ひとつ半はでかい男がぬっとあらわれた。肩幅も広く胸板も厚い。ワイシャツ姿だがネクタイはしておらず、両腕ともに肘《ひじ》まで袖《そで》をまくっている。

「ほんとは十一時半からなんだがな。さっき電話して、いっていいかって頼んだら、オッケーしてもらったんだ。よかったらきみもどうだ？　どうせ一人前も二人前もつくる手間は変わらん」

「ぼ、ぼくは」

「いまさっき腹が鳴ってたじゃないか」

「え、あ、ああ、はい」

「金がないのか。心配するな。奢《おご》ってやる。ただし」男はポケットに手を突っ込んだ。ふたたびだした手を開くと、そこにあったのは小銭ばかりだった。それにしてもでかい手だ。まるでキャッチャーミットである。「六百円までだ。それ以上は自分で払ってくれ。いいか？」

強面《こわおもて》だが愛嬌《あいきょう》のある笑顔で誘ってくる。信輔はＡ断る術がなかった。

「おもしろいか、その雑誌」

男は串カツ定食を頼んだ。それが六百円だと確かめてから、信輔もおなじものにした。店はカウンターだけで、席の数は十もない。持っていた『宝箱』と地図帳をしまおうとしたところ、男にそう言われた。

「え、ええ、はい」

カウンターのむこうで、背中の曲がったおじいさんが串カツを揚げている。

「どこがおもしろい？」

「映画の記事が充実してて」

「ふぅん」訊《たず》ねておきながら、気のなさそうな返事だ。いつの間にか男は煙草《たばこ》をくわえている。「きみは映画が好きなのか」

「あ、はい、月に三十本は見ます」

つい力んで言ってしまう。だが男の反応は乏しい。ほとんどゼロである。彼はビールを注文した。

「グラスはお二つですか」おじいさんが聞き返す。

2020年度 文京学院大学女子中学校 ▶解説と解答

算 数 ＜第１回試験＞（50分）＜満点：100点＞

解 答

[1] (1) 43 (2) 51 (3) 20 (4) 3.23 (5) $\frac{4}{9}$ (6) 60 (7) 1 [2] (1) 8個 (2) 1440円 (3) 5400円 (4) 12個 (5) 42cm^2 (6) 1 (7) C，B，E，A，D [3] (1) 84.78cm^3 (2) 81.64cm^3 [4] (1) 150km (2) 毎時75km (3) 262.5km (4) 2時間24分

解 説

[1] 四則計算，計算のくふう

(1) $32+20-9=52-9=43$

(2) $12\div3+9\times6-7=4+54-7=51$

(3) $(15\times5+3)\div2-(32-13)=(75+3)\div2-19=78\div2-19=39-19=20$

(4) 右の筆算より，$0.76\times4.25=3.23$

```
      0.7 6
  ×   4.2 5
  ---------
      3 8 0
    1 5 2
  3 0 4
  ---------
  3.2 3 Ø Ø
```

(5) $\frac{5}{6}\div1.5\times0.8=\frac{5}{6}\div\frac{3}{2}\times\frac{4}{5}=\frac{5}{6}\times\frac{2}{3}\times\frac{4}{5}=\frac{4}{9}$

(6) $2\times5\times8+2\times5\times10-2\times5\times12=2\times5\times(8+10-12)=2\times5\times6=60$

(7) $\frac{2}{3}\times\left\{2.25\div\left(\frac{3}{4}-0.6\right)\times\frac{1}{2}\right\}\div5=\frac{2}{3}\times\left\{2\frac{1}{4}\div\left(\frac{3}{4}-\frac{3}{5}\right)\times\frac{1}{2}\right\}\div5=\frac{2}{3}\times\left\{2\frac{1}{4}\div\left(\frac{15}{20}-\frac{12}{20}\right)\times\frac{1}{2}\right\}\div5=\frac{2}{3}\times\left(2\frac{1}{4}\div\frac{3}{20}\times\frac{1}{2}\right)\div5=\frac{2}{3}\times\left(\frac{9}{4}\times\frac{20}{3}\times\frac{1}{2}\right)\div5=\frac{2}{3}\times\frac{15}{2}\times\frac{1}{5}=1$

[2] つるかめ算，売買損益，相当算，場合の数，面積，数列，推理

(1) アメを20個買ったとすると，代金の合計は，80×20＝1600(円)になるが，これは実際の代金の合計より，1600－1360＝240(円)多い。アメ１個をガム１個と取りかえるごとに，代金は，80－50＝30(円)少なくなるから，ガムを，240÷30＝8(個)買ったとわかる。

(2) 定価から２割引きするということは，1－0.2＝0.8(倍)にするということである。定価1800円の品物を２割引きで売ると，価格は，1800×0.8＝1440(円)になる。

(3) 文子さんがお年玉を使う様子を線分図で表すと，右の図１のようになる。図１から，文子さんのお年玉の，$\left(1-\frac{3}{4}\right)\times\left(1-\frac{2}{3}\right)=\frac{1}{12}$が450円にあたることがわかる。よって，文子さんのお年玉は，$450\div\frac{1}{12}=5400$(円)だった。

図１

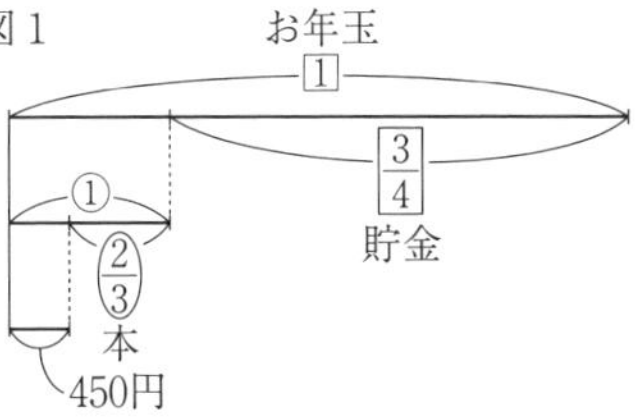

(4) ぐう数を作るには，一の位をぐう数にすればよい。つまり，３けたの整数において，一の位の決め方は，２か４の２通りある。次に，百の位を決めるとすると，一の位で１つの数字を使うので，残りの，4－1＝3(通り)から選ぶことになる。最後に，十の位を決めるとすると，さらに残りの，3－1＝2(通り)から選ぶ。これらのことから，３けたのぐう数は，2×3×2＝12(個)できる。

(5)　右の図2のように，白い部分を太線に示す位置に変形，移動させると，白い部分の面積を変えずに移動させられる。すると，残った部分の長方形が斜線《しゃせん》の部分となるので，斜線の部分の面積は，$(7-1)\times(3+2+2)=42(\mathrm{cm}^2)$と求められる。

図2

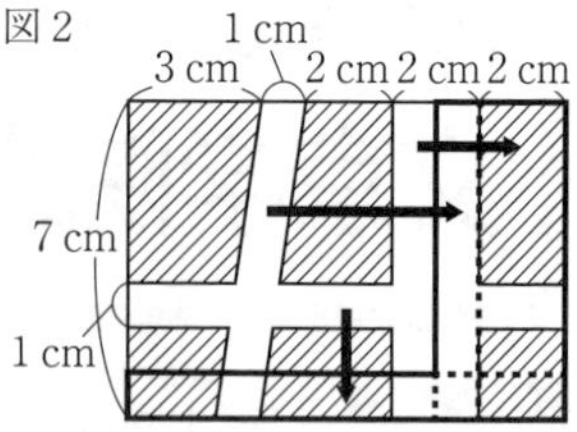

(6)　問題文中の数列には，{4，2，1，3}という4個の数字が，この順番でくり返し並んでいる。$95\div4=23$余り3より，95番目の数字までに，4個の数が23回くり返され，あと3個の数字が並ぶから，95番目の数字は1である。

(7)　Bの発言から，Bは点数の高い方から2番目とわかる。また，Aの発言から，Aは点数の高い方から1番目でも5番目でもない。同様に，AとCの発言から，Eも点数の高い方から1番目でも5番目でもない。さらに，Cの発言から，Cは点数の高い方から5番目ではないので，点数の高い方から5番目はDと決まる。すると，点数の高い方から1番目はCとなる。残りのAとEのうち，AはEより点数が低かったのだから，点数の高い方から3番目はE，4番目はAと決まる。よって，5人を点数の高い順に並べると，C，B，E，A，Dとなる。

3 立体図形―体積

(1)　円すいの体積は，(底面積)×(高さ)×$\frac{1}{3}$で求めることができる。問題文中の図の円すいの容積は，$3\times3\times3.14\times(3+6)\times\frac{1}{3}=27\times3.14=84.78(\mathrm{cm}^3)$である。

(2)　円すいの，水が入っていない部分の形も円すいなので，その容積は，$1\times1\times3.14\times3\times\frac{1}{3}=1\times3.14=3.14(\mathrm{cm}^3)$となる。よって，円すいに入っている水の体積は，$84.78-3.14=81.64(\mathrm{cm}^3)$と求められる。

4 グラフ―速さ

(1)　問題文中のグラフの縦軸《たてじく》の目もりは，1目もりで50kmを表している。このグラフより，この電車が2時間走ったときの道のりは150kmである。

(2)　(1)より，この電車の速さは，毎時，$150\div2=75$(km)と計算できる。

(3)　(2)より，この電車が3時間半，つまり，3.5時間走ったときの道のりは，$75\times3.5=262.5$(km)になる。

(4)　(2)より，この電車が180km走るのに，$180\div75=2.4$(時間)，つまり，$0.4\times60=24$より，2時間24分かかる。

理科　＜第1回試験＞

解答

1 (1) ウ　(2) 草食　(3) ア　(4) エ　(5) エ　2 (1) 虫めがね(ルーペ)　(2) オ　(3) イ　(4) ウ→ア→イ→エ　(5) ウ

解説

1 小問集合

(1)　液体や気体には，あたためられると軽くなって上に移動し，かわりに冷たいところが下に移動することをくり返しながら全体があたたまる性質があり，このあたたまり方を対流という。ガスバーナーで試験管の水をあたためるときは，試験管の下の方をあたためると，水全体が対流するため，早く全体をあたためることができる。

(2)　植物は光合成によって自分で養分をつくることができるが，動物は自分で養分をつくることができず，他の生き物を食べて生きている。植物を食べる動物を草食動物といい，動物を食べる動物を肉食動物という。また，生き物どうしが，食う－食われるの関係でくさりのようにつながっている関係を食物連鎖《しょくもつれんさ》という。

(3)　空気でっぽうは，押《お》しぼうで後玉を押したときに，前玉と後玉の間にある空気が押しちぢめられてもとにもどろうとする力を利用して前玉を飛ばす道具である。したがって，空気でっぽうは水の中でも玉を飛ばすことができる。また，つつの中に入れる押しぼうの長さは，押しぼうを押したときに後玉がつつから飛び出してしまわないように，つつより短いものがよい。押すときに手がすべらないように，押しぼうには輪ゴムなどをつけておくとよい。

(4)　満月は，地球をはさんで太陽と反対方向にあるときの月で，日ぼつのころに東の地平線から出て，次の日の日の出ごろに西の地平線にしずむため，一番長い時間，観察することができる。

(5)　自然の中に流出したレジ袋《ぶくろ》やストローなどのプラスチック製品が海へ流れ込《こ》み，海ガメや海鳥などがエサと間違《まちが》って食べて死んでしまうなどの問題が起こっており，プラスチックによる海洋汚染《おせん》が深刻になっている。

2　校庭のいろいろな生き物についての問題

(1)　虫めがね(ルーペ)は，中央部がふくらんだ凸《とつ》レンズでできている。見たいものを動かすことができるときは，虫めがねを目のそばに近づけて，見たいものを前後に動かして観察する。一方，見たいものを動かすことができないときは，虫めがねを動かしてピントがあったところで観察する。

(2)　アブラムシは植物から吸い取った栄養分の一部をおしりからあまいしるとして出しており，アリはこのしるをもらうかわりに，アブラムシをおそうテントウムシからアブラムシを守っている。アリとアブラムシのように，たがいに助け合って生活する関係を共生という。

(3)　花粉はおしべの先端《せんたん》にあるやくという袋の中につくられるので，イの部分にセロテープを押しつけると花粉が取れる。なお，アは花びら，ウはめしべの柱頭，エはがく，オはめしべの子ぼうである。

(4)　けんび鏡《きょう》を使うときは，はじめに，一番低い倍率になるように接眼レンズ，対物レンズの順に取りつけ，接眼レンズをのぞきながら反しゃ鏡を動かし，もっとも明るく見えるようにする(ウ)。それから，ステージにプレパラートを置いてクリップで固定し(ア)，横から見ながら調節ねじを回して，対物レンズとプレパラートをできるだけ近づける(イ)。そして，レンズをのぞきながら，対物レンズからプレパラートを遠ざけるように調節ねじを回し，ピントを合わせる(エ)。

(5)　アサガオの花粉はウのように，球形で，トゲのようなものが表面全体に見られる。なお，アはヘチマ，イはマツ，エはスギの花粉である。

社　会　＜第１回試験＞

解　答

[3] **問１**　兵庫(県)　**問２**　え　**問３**　う　**問４**　あ　**問５**　リアス(式)(海岸)

[4] **問１**　あ　**問２**　い　**問３**　え　**問４**　あ　**問５**　赤潮

解　説

[3] 近畿地方の地形と産業，歴史についての問題

問１　近畿地方の北西部に位置する地図中アは兵庫県で，北は日本海，南は太平洋に面している。近畿地方の中で面積が最も大きく，瀬戸内海上に浮かぶ淡路《あわじ》島と明石海峡《かいきょう》大橋で結ばれている。

問２　応仁の乱(1467～77年)は，室町幕府の第８代将軍足利義政のあとつぎ争いに有力守護大名の細川氏と山名氏の対立などがからんで起こった戦乱で，主戦場となった京都(地図中イ)の大半は焼け野原となり，幕府の権力がおとろえ戦国時代に入るきっかけとなった。なお，「あ」は平安時代後半の1156年，「い」は鎌倉時代前半の1221年，「う」は江戸時代前半の1637年に起こった戦い。

問３　地図中ウの和歌山県では果樹栽培がさかんで，みかん・うめ・かきの生産量が全国一である。グラフは第２位が愛媛県，第３位が熊本県となっていることから，みかんの生産量を示したものとわかる。統計資料は『日本国勢図会』2019／20年版による。

問４　「あ」は，聖徳太子(厩戸《うまやとの》王)が大和《やまと》国(地図中エの奈良県)の斑鳩《いかるが》に建てた法隆寺である。その一部は現存する世界最古の木造建築物として知られており，1993年にユネスコ(国連教育科学文化機関)の世界文化遺産に登録された。なお，「い」は平等院鳳凰《ほうおう》堂(京都府)，「う」は日光東照宮(栃木県)，「え」は厳島《いつくしま》神社(広島県)。

問５　三重県(地図中オ)中東部で伊勢《いせ》湾に突《つ》き出た志摩《しま》半島の沿岸部は，山地が沈《しず》みこみ，谷であったところに海水が侵入《しんにゅう》してできた出入りの複雑なリアス(式)海岸となっている。入り江は波がおだやかで水深が深く，陸地の奥まで入りこんでいるため天然の良港となるほか，海面養殖《ようしょく》などを行うのにも適しているため，三重県の英虞《あご》湾や五ヶ所湾では真珠《しんじゅ》の養殖がさかんである。

[4] 自然災害と環境問題についての問題

問１　台風は暴風と大雨をともない，夏から秋にかけて日本列島を襲《おそ》う自然災害で，低気圧による高潮や，洪水《こうずい》などの被害をもたらす。津波は地震を原因とする自然災害なので，「あ」があてはまらない。

問２　ダムや堤防の建設にかかわる国の官庁は，国土交通省である。国土交通省は，国土の開発や交通・気象などの仕事をおもに担当している。なお，「あ」の文部科学省は教育や科学・文化の振《しん》興《こう》，「う」の厚生労働省は社会保障や労働環境の整備，「え」の防衛省は国土防衛の仕事をおもに担当している。

問３　「ハザードマップ」とは，洪水や火山の噴火《ふんか》，地震や津波などの自然災害について，被害が起こると予測される地域やその被害の程度を表すとともに，避難《ひなん》経路や避難場所をあわせて示した地図で，多くの地方自治体がつくって住民に配布しており，防災・減災に役立てられている。

問４　石油や石炭などの化石燃料を大量に消費することによって，大気中の二酸化炭素の量が増え続けている。二酸化炭素やメタンガスは地球表面から宇宙空間に放出される熱をとらえて逃《に》がさな

い性質があるため，温室効果ガスとよばれている。温室効果ガスが大気中に増え続けて地球の気温が上昇《じょうしょう》している現象を地球温暖化といい，極地方や高山の氷がとけ出して海水面が上昇することで，標高の低い土地が海面下に沈んだり，世界各地で異常気象が発生したりすると考えられている。

問５　工場排水や生活排水などが原因で海や湖の水が富栄養化してプランクトンが異常発生し，水が赤褐色《せきかっしょく》になる現象を赤潮という。これにより，水中の酸素が減少して魚が大量死するなど，大きな被害を受けることがある。

英　語　＜第１回試験＞

※解説は編集上のつごうにより省略させていただきました。

解　答

5　①　**1**　イ　**2**　ウ　**3**　ウ　**4**　イ　**5**　イ　②　**1**　イ　**2**　ウ　**3**　ウ　**4**　ア　**5**　イ　6　(1)　Yes, she did.　(2)　She speaks English and Chinese.　(3)　No, he doesn't.　(4)　She often goes swimming in the sea.(In the sea.)　(5)　No, she can't.

国　語　＜第１回試験＞（50分）＜満点：100点＞

解　答

一　**問１**　**A**　ことわ(る)　**B**　にがわら(い)　**問２**　ネクタイが　**問３**　ウ　**問４**　ア　**問５**　イ　**問６**　(例)　採用試験が不合格と知ってしまったこと。　**問７**　ウ　**問８**　エ　**問９**　(例)　亡くなっている　**問10**　(例)　これからの人生にどんな困難があっても，その困難に打ち勝ち前向きに生きていこう(という気持ち)　**問11**　イ　二　**問１**　**A**　つと(めて)　**B**　たびかさ(なる)　**問２**　ア　**問３**　ウ　**問４**　③　エ　⑥　ウ　**問５**　エ　**問６**　「からだで覚えろ」式の精神論　**問７**　ウ　**問８**　柔術が，心～間違いない　**問９**　(例)　技を理論化してそれを稽古に導入するとともに，危険な技を取り払って，より安全な，技の優劣を競う試合方法を確立した。　**問10**　ルール　**問11**　ウ　三　**問１**　十二(画目)　**問２**　格　**問３**　①　鼻(が高い)　②　舌(を巻く)　**問４**　ア

四　下記を参照のこと。

●漢字の書き取り

四　①　快い　②　街路　③　額　④　指揮　⑤　郷土　⑥　清潔　⑦　輸出　⑧　開幕　⑨　博士　⑩　標本

解　説

一　**出典は山本幸久《やまもとゆきひさ》の『マニアの受難』による。**信輔《しんすけ》は『宝箱』編集部の採用試験に不合格になってしまうが，とにかく就職活動を始め，電車で乗り合わせたおばあさんにはげまされる。

問１　**A**　音読みは「ダン」で，「断絶」などの熟語がある。訓読みにはほかに「た(つ)」がある。

B　失敗などをして，笑えるような状態ではないのに，無理に笑顔《えがお》をみせるようす。

問２　場所や時間などの移り変わりに注目して場面をわけるとよい。前半は，信輔がトンカツ屋で『宝箱』の編集長の一旗《いちはた》と話す場面が中心である。「ネクタイが」で始まる後半からは，その三日後，会社の面接に行く信輔が電車の中でおばあさんにネクタイを結んでもらい，会話をかわす場面がおもに描《えが》かれている。

問３　「思い立ったが吉日」で，“よいと思ったことはすぐに実行するべきだ”という意味。

問４　信輔は「『宝箱』と地図帳を持っていた」のだから，出会ったばかりの男から「もしかしてきみは『宝箱』の編集部へいくつもりだったのか」とたずねられても驚《おどろ》かず，だいたいの見当はつくだろうと考えている。よって，アがふさわしい。「推測」は，おしはかること。

問５　信輔は『宝箱』の採用試験に応募《おうぼ》したが，結果の通知がなかなか来ないので，直接『宝箱』を訪ねようとしていた。たまたまトンカツ屋で奢《おご》ってもらうことになった目の前の男が『宝箱』の編集長だと知って驚き，緊張《きんちょう》して心臓の鼓動《こどう》が激しくなったのだから，イが合う。

問６　直前で，信輔が一旗から『宝箱』の採用は「佐々木」という人物「ひとりだけだ」と伝えられたことをおさえる。つまり，自分の受けた採用試験が不合格だと知ってしまったので，信輔は食べ物がのどを通らなくなったのである。

問７　自分の「映画の批評」について，どのように評価されたのかを訊《たず》ねた信輔に対し，一旗は「おぼえているのはタイトルだけだ」と言っている。一旗にとって，信輔を採用するに足りる優《すぐ》れた点が見受けられなかったのだから，ウがふさわしくない。

問８　この後，おばあさんは信輔の「ネクタイを結んでくれ」ているので，エがよい。電車の中でもネクタイを結ぼうと何度か試したものの，うまく結べなかった信輔のようすを見て，長年夫のネクタイを結んできたというおばあさんは「つけてさしあげましょうか」と申し出てくれたのである。

問９　おばあさんの，旦那《だんな》さんに関するせりふに注目する。ネクタイを結ぶのを毎朝「してあげていた」，「風邪《かぜ》で寝込《ねこ》んでいるときも，ネクタイだけは結んであげなきゃ駄目《だめ》だった」，「真面目《まじめ》なひとだった」とあるように，おばあさんは自分の夫のことをすべて過去形で語っている。このことから，信輔はおばあさんの旦那さんがすでに亡《な》くなっているのではないかと感じたものと想像できる。

問10　おばあさんにはげまされた信輔は，しっかり先に進まねばと決意し，“勝利”を意味する「Ｖサイン」を返している。『宝箱』の採用試験が不合格だったように，これからの人生にもさまざまな困難が待ち受けているだろうが，それに負けず前向きに生きていこうという気持ちでいるものと考えられる。

問11　ア　信輔は「月に三十本」の映画を見るが，一旗から「ビデオを含《ふく》めてか」と問われて「いえ。たいがい名画座で見てます」と言っているので，合わない。　ウ　ネクタイの結び方を「親に訊ねるのは気恥《は》ずかし」いとあるとおり，信輔は面接の日に「緊張のあまりネクタイが結べなくなった」のではなく，もともと「うまく結べない」のだから，正しくない。　エ　おばあさんは信輔の就職活動がうまくいっているかどうかは知らないので，ふさわしくない。

二　**出典は瀧本哲史《たきもとてつふみ》の『ミライの授業』による。**相撲《すもう》と違《ちが》って柔道《じゅうどう》が国際化できたのはルールを整備できたからだとして，嘉納治五郎《かのうじごろう》の功績を語り，ルールをつくる大切さを指摘《してき》している。

問１　**A**　音読みは「ド」で，「努力」などの熟語がある。　**B**　「度重なる」は，何度も同じことが続いて起こるようす。

問２　続く部分に注目する。『古事記』や『日本書紀』にも記述があるほど「相撲」の歴史は古く，「日本の国技と見なされている」のに，同じく日本で生まれた「柔道」のほうが世界に広く受け入れられていることを，筆者は「不思議」だと述べている。よって，アが正しい。

問３　「令和」は，日本最古の歌集である『万葉集』の梅花の歌三十二首の序文，「初春の令月《れいげつ》にして気《き》淑《よ》く風《かぜ》和《やわら》ぎ～」という部分から引用されている。

問４　③「相撲」は日本の国技と見なされ，長い歴史を持っているものの，「オリンピック正式種目」にはなっておらず，「世界的には超《ちょう》マイナーな競技」だというつながりなので，前のことがらを受けて，それに反する内容を述べるときに用いる「しかし」があてはまる。　⑥「柔術」を習っていた嘉納は，師《し》匠《しょう》が言う「からだで覚えろ」式の精神論にも，「流派ごとに」指導内容が違うことにも疑問を抱《いだ》いたという文脈なので，ことがらを並べ立てるときに用いる「また」がよい。

問５　「マイナー」は，あまり知られていないようす。対義語は，“多くの人々に認知《にんち》されている”という意味の「メジャー」である。

問６　柔術を習っていた嘉納は，師匠から「理屈《りくつ》じゃなく，稽古《けいこ》の数をこなせばわかるようになるんだ！」と言われたことに納得《なっとく》できなかったとある。この師匠の考え方は，次の段落で「『からだで覚えろ』式の精神論」だと言いかえられている。

問７　直前の二文に注目する。嘉納が柔術を学んだ「ふたつの流派」では，それぞれ「指導内容が大きく異な」っていたし，「古い文献《ぶんけん》」でも流派ごとに違うことを言っていたと述べられている。つまり，流派や道場，師匠によって教える内容が違うというのだから，ウがあてはまる。

問８　続く部分に注目する。嘉納は，「柔術を習いはじめてから，あれだけ弱かったからだが丈《じょう》夫《ぶ》になり，短気だった性格も我慢《がまん》強くなった」のは，「柔術が，心とからだの両方を鍛《きた》えてくれたことは間違いない」からだと確信している。

問９　ぼう線部⑧の後に，嘉納が「危険な技を取り払《はら》って，技に理論をもち込《こ》み，思想を加え」ることをめざしたと書かれていることをおさえる。具体的には，「崩《くず》し」という動きを理論化して稽古に導入したことや，「当て身(打撃《だげき》技)や危険な関節技を『形』にだけ残し，より安全な，技の優《ゆう》劣《れつ》を競《きそ》う試合方法を確立」したことがあげられる。これをふまえてまとめる。

問10　筆者は本文の最初の部分で，柔道が国際化できたのは，スポーツとしての「ルール」を整備できたからだと述べている。一方で，相撲は歴史と伝統に縛《しば》られ，なかなか変化できないと指摘しているので，古い世界を変えていくときに必要なのは「あたらしい『ルール』」をつくることになる。

問11　ア　柔道が「柔術」という名で呼ばれるようになったのは江戸時代なので，合わない。
イ　嘉納治五郎は，「柔術」を習いはじめてから「心とからだの両方」が鍛えられたと語っているので，誤り。　エ　相撲は国際的なスポーツとしては普《ふ》及《きゅう》していないため，正しくない。

三　漢字の筆順，漢字のパズル，慣用句の完成，主語と述語

問１　左から右に書く原則にしたがい，まず「ごんべん」を七画で書く。次に，上から下に書く原則にしたがって「口」を三画で書く。黒字の部分は，その上の部分を一画で書いた後に書くので，十二画目となる。

問２　「格」を入れると，上から時計まわりに「資格」「格言」「格子《こうし》」「合格」という熟語ができる。

問３　①「鼻が高い」と似た意味のことばには「鼻にかける」などがある。　②「舌を巻く」

と似た意味のことばには「目を見張る」などがある。

問４　主語は「誰《だれ》が(何が)」，述語は「どうする」「どんなだ」「何だ」にあたる文節をいう。「漢字を利用する方法」を「考え出した」のは「祖先」なので，アがこの文の主語である。

四　漢字の書き取り

①　音読みは「カイ」で，「快適」などの熟語がある。　②　町なかの通り。　③　音読みは「ガク」で，「全額」などの熟語がある。　④　指図して人を動かすこと。　⑤　いなか。地方。　⑥　よごれがなく，きれいなようす。　⑦　自分の国でできた品物や技術を外国に売り出すこと。　⑧　もよおしものなどが始まること。　⑨　専門の学問を研究し，博士課程修了以上の力があると認められたときにもらう位。　⑩　教育や研究に使うために集めた，動植物や鉱物などの実物の見本。

2019年度　文京学院大学女子中学校

〔電　話〕（03）3946－５３０１
〔所在地〕〒113-8667　東京都文京区本駒込６－18－３
〔交　通〕JR山手線・都営三田線－「巣鴨駅」より徒歩５分
JR山手線・東京メトロ南北線－「駒込駅」より徒歩５分

【算　数】〈第１回試験〉（50分）〈満点：100点〉

1　次の計算をしなさい。解答用紙には，答えのみ書きなさい。

（1）　$13+8-7-12$

（2）　$3\times4+18\div3-1.1$

（3）　$(168+75)\div21\times7$

（4）　$1.2\times1.2\div\frac{1}{10}$

（5）　$1\frac{5}{8}\div0.75-\left(0.825-\frac{3}{8}\right)\times3\frac{1}{3}$

（6）　$\frac{1}{2}+\frac{1}{4}\div\left\{1\div6\div\left(\frac{1}{3}-\frac{1}{5}\right)\right\}$

（7）　$\dfrac{1+\frac{1}{2}}{1-\frac{1}{2}}$

2　次の問いに答えなさい。

（1）　Ａのベルは３分ごとに，Ｂのベルは４分ごとに鳴ります。両方のベルが同時に鳴ったときから時間をはかると，次に同時に鳴るのは何分後ですか。

（2）　６年生は，男女合わせて115人います。今日は男子が９人，女子が４人休んだので，出席している男子と女子の数がまったく同じになりました。６年生の女子は何人いるでしょうか。

（3）　50円のえんぴつと80円の赤ペンを合わせて35本買いました。合計の金額は1900円です。えんぴつを何本買いましたか。

（4）　下の図は，長方形の庭の花だん（斜線《しゃせん》の部分）と道を示しています。花だんの部分の面積は何m^2ですか。

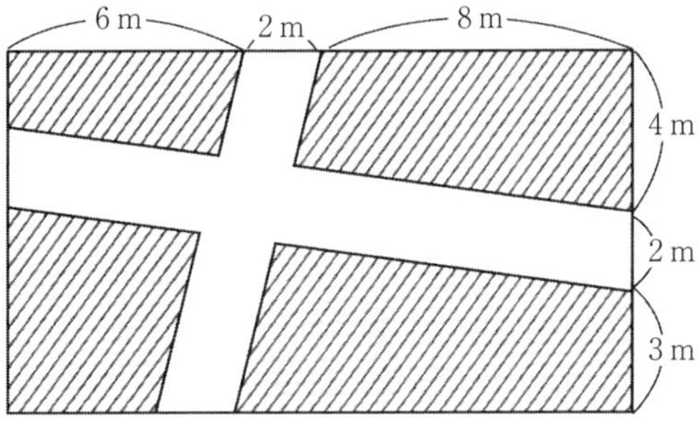

（5）　$1\times2\times3\times4\times5\times\cdots\cdots\times12$ のように１から12までの整数をかけた数は，６で何回わり切れますか。

(6)　ある仕事をするのに，ＡさんとＢさんの２人ですると３時間，ＢさんとＣさんでは４時間，ＡさんとＣさんでは６時間かかります。この仕事を３人ですると，何時間何分で終わらせることができますか。

(7)　Ａ，Ｂ，Ｃ，Ｄ，Ｅの５人が一列に並んでいます。次の①～③がわかっているとき，一番前に並んでいるのは誰ですか。

①　ＣはＤより前にいる。

②　ＥはＣより前にいるが，一番前ではない。

③　ＢはＡより前にいる。

3　半径20cm の大円Ｏと半径５cm の小円があり，小円の周上には１か所•印がついています。図のように，Ａの位置でその•印は大円Ｏの周上にあります。この位置から小円を大円Ｏにそってすべらないように回転させ，次に•印が大円Ｏの周上にくるのがＢの位置です。このとき，次の問いに答えなさい。ただし，円周率は3.14とします。

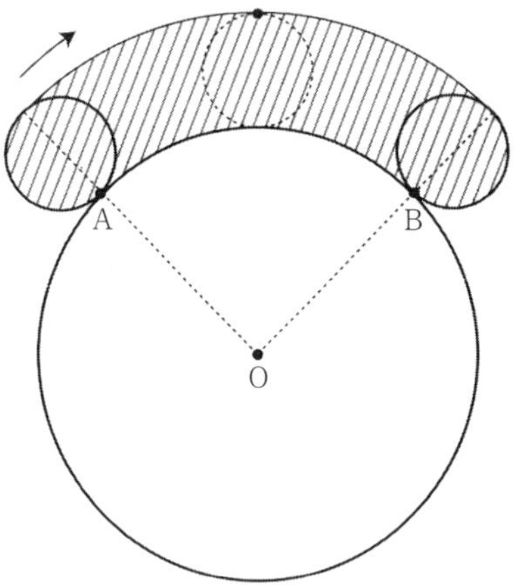

(1)　大円Ｏの一部であるＡからＢまでの長さは何cm ですか。

(2)　おうぎ形 OAB の面積は何cm^2ですか。

(3)　図の影の部分の面積は何cm^2ですか。

4　図のような容器ＡとＢがあります。どちらにも同じ量の水が入っています。

容器Ａ

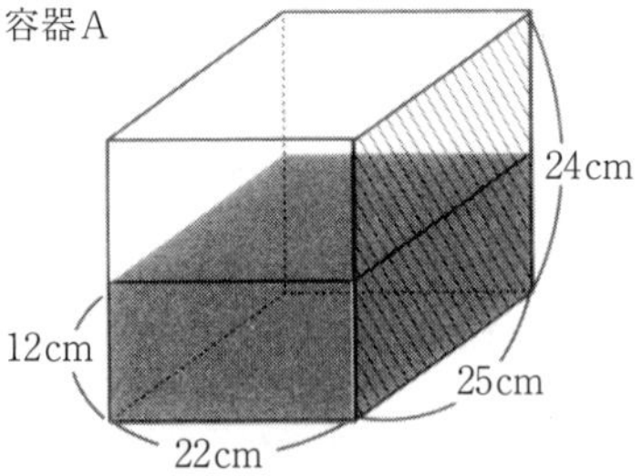

容器Ｂ

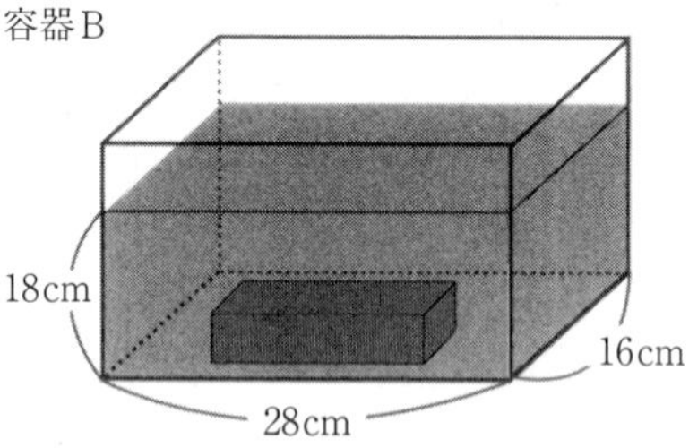

(1)　容器Ａに入っている水は何cm^3ですか。

(2)　容器Ａに水がこぼれないようにふたをして，斜線《しゃせん》部分を下にするようにたおしました。このとき，水面の高さは何cm ですか。

(3)　容器Ｂに，鉄柱をしずめたら，水面の高さが18cm になりました。鉄柱の体積は何cm^3ですか。

【理科・社会・英語】〈第１回試験〉（40分）〈満点：50点〉

・**1** **2** が理科の問題，**3** **4** が社会の問題，**5** **6** が英語の問題です。

・６題の問題より２題以上に解答してください。１題25点で採点します。３題以上解答した場合は，得点の高い２題を合計して，50点満点とします。

1 次の各問いに答えなさい。

(1) 種子が風で運ばれるものを，次の植物**ア**～**カ**の中から２つ選び，記号で答えなさい。

ア スミレ

イ ヤシ

ウ ススキ

エ ナンテン

オ タンポポ

カ アサガオ

(2) いろいろな昆《こん》虫の生活について，次の**ア**～**エ**の中から正しいものを１つ選び，記号で答えなさい。

ア すべての昆虫のはねは，４枚である。

イ すべての鳴《な》く昆虫は，はねをこすりあわせることで音を出す。

ウ バッタは土の中でふ化をし，地上にはい出てくる。

エ テントウムシの幼虫は草のしるをすい，成虫はアブラムシを食べる。

(3) １ｇの水(液体)をすべて水蒸《じょう》気(気体)にしたときの重さはどうなりますか。次の**ア**～**ウ**の中から１つ選び，記号で答えなさい。

ア 水の重さ＞水蒸気の重さ

イ 水の重さ＝水蒸気の重さ

ウ 水の重さ＜水蒸気の重さ

(4) 検流計の使い方として，次の**ア**～**エ**の中から正しいものを１つ選び，記号で答えなさい。

ア 検流計と回路は，並列つなぎにする。

イ 検流計とかん電池は，直接つないではかる。

ウ 検流計と回路のつなぎ方を逆にすると，針のふれる向きが逆になる。

エ 検流計と回路をつなぐときには，５Ａと0.5Ａのうち，先に切りかえスイッチを0.5Ａ側によせておく。

(5) 文子さんが教室の気温と湿《しつ》度をはかったところ，気温が16℃，湿度が65％でした。このときの教室の空気１m^3中に含まれている水蒸気は何ｇですか。ただし，16℃，１m^3の空気中には最大で13.6ｇの水蒸気を含むことができます。

2 次の文章を読んで，各問いに答えなさい。

人がたんじょうするとき，女性のからだの中で卵《らん》と男性の精子《せいし》が結びつき，（ ① ）ができます。その後（ ① ）は女性の子宮《しきゅう》のかべについて，だんだん親と似《に》た姿に成長していきます。生き物には人と同じように親と似た姿で生まれてくる動物と，たまごで生まれてくる動物がいます。

(1) 文章中の(①)に当てはまる言葉を答えなさい。

(2)　人のたい児は，母親の子宮の中で液体にういたような状態《じょうたい》になっています。この液体を何といいますか。

(3)　人の赤ちゃんはおよそどのくらいで生まれてきますか。次の**ア**～**エ**の中からもっとも近いものを１つ選び，記号で答えなさい。

ア　約８週　　**イ**　約15週

ウ　約26週　　**エ**　約38週

(4)　人と同じように親と似た姿で生まれてくる動物を，次の**ア**～**オ**の中から１つ選び，記号で答えなさい。

ア　イモリ　　**イ**　ペンギン　　**ウ**　ワニ

エ　シカ　　**オ**　メダカ

(5)　植物で人の精子と同じはたらきをもっているものは何ですか。その名前を答えなさい。

3　次の文を読み，後の問いに答えなさい。

(1)関東地方には，東京都，(2)千葉県，埼玉県，(3)神奈川県，群馬県，栃木県，茨城県の１都６県があります。この地方の大部分を占《し》める関東平野は，日本最大の平野で，関東(　４　)層といわれる火山灰の層に広くおおわれています。農業では畑作地が多く，大都市に野菜や花などを出荷する近郊農業が発達しています。また，銚子港，三崎港などを中心に漁業もさかんです。工業では，東京湾岸を中心に，日本有数の工業地帯である京浜工業地帯があり，さらに内陸部へも工場が進出し，分散化が進んでいます。東京は日本の首都で(5)政治，経済，文化の中心です。

問１　下線部(1)について，12世紀末に関東地方に幕府を開いた人物の名を答えなさい。

問２　下線部(2)について，千葉県南部は江戸時代に滝沢馬琴《たきざわばきん》が書いた『南総里見八犬伝』の舞台《ぶたい》となったところです。同じ江戸時代の作家を，次の**あ**～**え**から１人選び記号で答えなさい。

あ　近松門左衛門　　**い**　清少納言　　**う**　藤原定家　　**え**　鴨長明

問３　下線部(3)について，神奈川県・群馬県・栃木県・茨城県と右の地図中の①～④の組み合わせが正しいものを，次の**あ**～**え**から１つ選び記号で答えなさい。

あ　①―栃木県　　**い**　②―茨城県

う　③―群馬県　　**え**　④―神奈川県

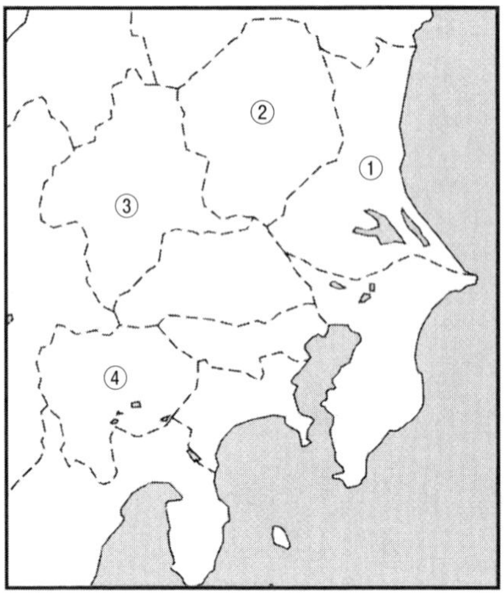

問４　文中の空らん(４)に当てはまる言葉を答えなさい。

問５　下線部(5)について，日本の政治のしくみについて述べた文として正しいものを，次の**あ**～**え**から１つ選び記号で答えなさい。

あ　国会は，国権の最高機関であるが，三権分立の原則にしたがい立法権は持たない。

い　内閣総理大臣は，国会議員もしくは最高裁判所の裁判官のなかから選ばれる。

う　国務大臣の３分の２は国会議員から選ばれる。

え　最高裁判所の長官は，内閣の指名にもとづいて天皇によって任命される。

4　次の文を読み，後の問いに答えなさい。

2020年に行われる東京オリンピックは，東京への招致《しょうち》運動をしていたころから「復興五輪」とも呼ばれ，東日本大震災からの復興を世界にアピールすることも目的の一つとされています。そのような考え方から，オリンピックの開会に向けて行う聖火リレーは，東日本大震災のときに原子力発電所の事故が起こった（　１　）県から始めることになりました。

東京でのオリンピックは，1964年にも行われましたが，(2)このときも「復興」が掲《かか》げられ，聖火は当時（　３　）に占領《せんりょう》されていた沖縄県から各地に運ばれました。また，このときの開会式で聖火リレーの最終ランナーとして登場したのは，1945年８月６日に広島で生まれた男性でした。

問１　文中の空らん（１）に当てはまる県名を答えなさい。また，この県の位置を下の東北地方の地図中の**あ**～**か**から１つ選び記号で答えなさい。

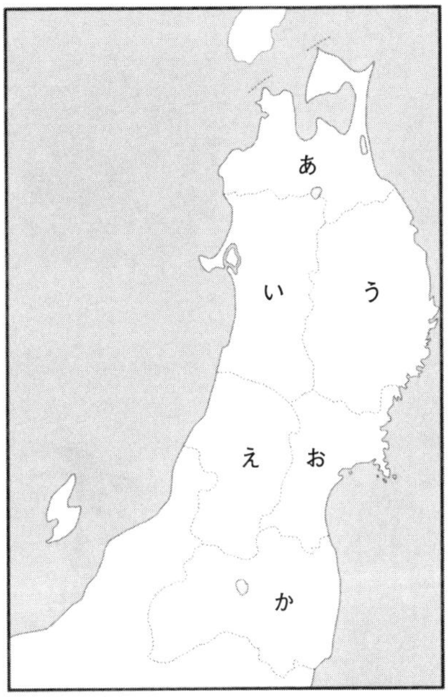

問２　文中の下線部(2)について，1964年のオリンピックは何からの復興を示すものでしたか。次の**あ**～**え**から１つ選び記号で答えなさい。

あ　日露戦争からの復興

い　第一次世界大戦からの復興

う　世界恐慌《きょうこう》からの復興

え　第二次世界大戦からの復興

問３　文中の空らん（３）に当てはまる国を，次の語群から１つ選び答えなさい。

〈語群〉　フランス　　　　ソビエト連邦
　　　　アメリカ合衆国　中華人民共和国

問４　日本でオリンピックを主に担当している省庁を，次の語群から１つ選び答えなさい。

〈語群〉　外務省　国土交通省
　　　　総務省　文部科学省

5　絵と英語を見て質問に答えなさい。

①　次の英語を表す絵をア～ウから選びなさい。

１．elephant

ア．

イ．

ウ．

２．peach

ア．

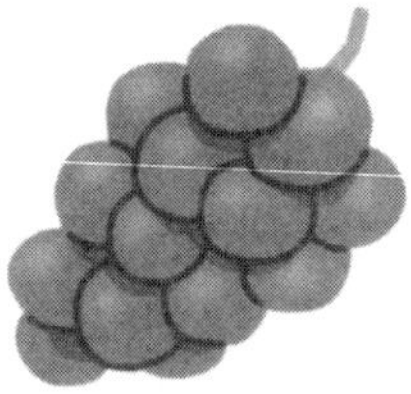

イ．

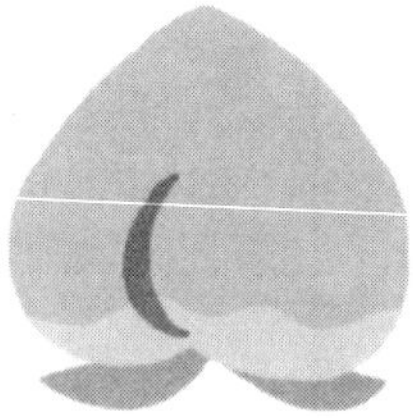

ウ．

３．go shopping

ア．

イ．

ウ．

４．police

ア．

イ．

ウ．

５．I'm reading a book.

ア．

イ．

ウ．

② 次の絵を表す英語をア～ウから選びなさい。

１．
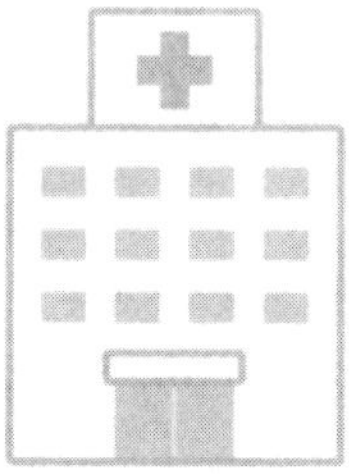

ア．hospital
イ．school
ウ．museum

２．
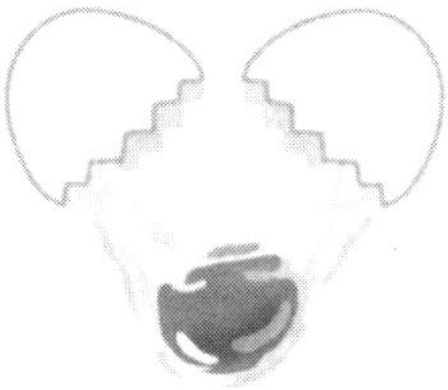

ア．meat
イ．egg
ウ．bread

３．

ア．cherry
イ．grapes
ウ．banana

４．

ア．cap
イ．watch
ウ．socks

５．
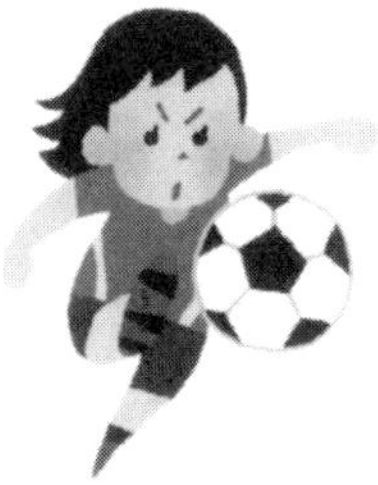

ア．She is playing tennis.
イ．She is swimming.
ウ．She is playing soccer.

6 以下は語学研修でカナダにやってきた由美子(Yumiko)と研修先のブラウン先生(Ms. Brown)との対話です。読んで，(1)～(5)の質問に英文で答えなさい。

Ms. Brown : Hello, Yumiko. Welcome to Canada. I'm your new teacher, Emily Brown. Are you from Japan ?

Yumiko : Yes. I'm from Saitama.

Ms. Brown : Really ? I have been to Saitama.

Yumiko : When did you go there ?

Ms. Brown : Three years ago. One of my friends lives in Saitama. I stayed there for a week.

Yumiko : Did you enjoy staying in Saitama ?

Ms. Brown : Yes. I want to go again. When did you come to Canada ?

Yumiko : Two days ago. I came to Canada for my school's English study program. Canada is very beautiful and people in Canada are very kind.

Ms. Brown : I'm glad to hear that. Yumiko, your English is great. Did you study English in a foreign country ?

Yumiko : No, I studied English in Japan.

Ms. Brown : How did you study English ?

Yumiko : I read many English books.

Ms. Brown : That sounds great. Try to use English as much as possible in my class.

Yumiko : Thank you.

(1) Is Yumiko from Tokyo ?

(2) How long did Ms. Brown stay in Saitama ?

(3) When did Yumiko come to Canada ?

(4) Does Ms. Brown think Yumiko speaks English well ?

(5) How did Yumiko study English in Japan ?

四　次の――線部を正しく漢字に直しなさい。送りがなが必要なものには、送りがなをつけること。

①　船をソウジュウする。
②　賞状をサズケル。
③　勇気をフルウ。
④　会議でトウロンする。
⑤　コウテツの車体。
⑥　シンコクな事態。
⑦　結論にイタル。
⑧　友人とダンショウする。
⑨　川のミナモト。
⑩　ビジュツの作品。

問六　――線部④「渡辺隊長はじめ、隊員たちの顔は明るかった」とありますが、隊長や隊員たちの表情が明るかったのは、なぜですか。その説明をした次の文の［A］・［B］に本文中からそれぞれ五字の言葉を抜き出して入れ、文を完成させなさい。

最初の目的からすれば、［A］だったが、［B］があったことに喜んでいるから。

問七　［⑤］に当てはまる言葉として最適なものを次のア～エの中から選び、記号で答えなさい。

ア　光合成をする生物　　イ　北極域で生きる藻類
ウ　寒さや低温に強い虫　エ　氷河に根をはる植物

問八　本文の内容に合うものを次のア～カの中から二つ選び、記号で答えなさい。

ア　ヤラ氷河は五〇〇〇メートルの高所にあるため、固体の雪はいきなり水蒸気になって昇華してしまう。
イ　ヤラ氷河では、昔の氷にいまの水が混じってしまうため、昔の空気の正確な分析ができない。
ウ　ヤラ氷河の氷の底では、藍藻のような植物とユスリカとのあいだに一つの生態系が成立していた。
エ　ボーリングの結果、雪は、だんだんとその重みでつぶされ、空気が抜けていって氷になることがわかった。
オ　ヒマラヤの氷河は、北極地域の氷河と似ていて、雪がいちどとけて水になり、それがいきなり凍ってできる。
カ　幸島さんの報告は、氷河の涵養域にユスリカが生息していることを証明したもので、世界の生物学者を驚かせた。

問九　〰〰線部「自然は、いつも人間の予想を超えたことをする」とありますが、あなたの知っていることの中からその具体例をあげ、八十字以内で説明しなさい。（句読点や記号も字数に数えます。）

三　次の各問いに答えなさい。

問一　「延」の黒字の部分の書き順は何画目ですか、漢数字で答えなさい。

問二　「我田引水」の正しい意味をア～エの中から選び、記号で答えなさい。

ア　その場に応じて適切な手段をとること。
イ　必要なものを自分で生産すること。
ウ　自分に都合のいいようにすること。
エ　あつかましくずうずうしいこと。

問三　①、②の対義語（反対の意味の言葉）を［　］の中の語を組み合わせてそれぞれ漢字で答えなさい。

①　温暖
②　容易

せい	ぜん	なん	とく	へい
こん	れい	てん	あん	かん

問四　――線部を例にならって敬語に直しなさい。

例　知事が地域清掃活動の視察に来る。　来る → （いらっしゃる）
ア　差し上げた着物をぜひ着てください。　着て → （　　）
イ　先生から貴重な意見をもらった。　もらった → （　　）

初の大発見だった。日本アルプスの冷たい雪渓《せっけい》のなかで、※カワゲラや※ガガンボを見つけた幸島さんは、ヒマラヤの氷河にも必ずそんな［⑤］がいるにちがいない、と考えて、それを探したくてこの調査隊に参加したのだった。僕たちがただ漫然と見ていただけでは、決してみつからなかったにちがいない。必ずいる、と思っていっしょうけんめい探したからこそ、見つかったのだ。

　しかし、氷河の上のユスリカは、いったい何を食べて生きていけるのだろう？

　それを疑問に思った幸島さんは、氷河の上で見つけた幼虫を解剖して、顕微鏡で覗《のぞ》いてみた。そうすると、なんとそこには、藍藻《らんそう》（池や川底をおおっている小さな糸状の藻のようなもの）やバクテリアが見つかったのである。五〇〇〇メートルの氷河の上に、光合成をする藍藻のような植物がB生育し、それを食べるユスリカとのあいだに一つの生態系が成立していたのだ！

　これは、さらにすばらしい発見だった。幸島さんの報告は、のちに『ネイチャー』という世界的な科学雑誌に載り、世界の生物学者を驚かせたのである。

　氷河から出てきた水も、実に多くのことを教えてくれた。氷河調査隊が明らかにしようとねらっていたもう一つの課題、ヒマラヤの氷河はどうやってできるのか、という問いを解くカギが与えられたのである。ボーリングしてみると、雪はそれまで考えられていたように、だんだんと重みでつぶされ、少しずつ空気が抜けていって氷になっていくのではなかった。

　それは、いちどとけた水が雪の層のなかをしみこんでいき、下にある冷たい氷河の氷にふれたところで、いきなり凍るからであった。つまり、雪がだんだん氷になるのではなく、雪はいちどとけて水になり、それがいきなり凍って氷河の氷をつくっていたのである。氷河の上に積みあがっていくので、こういう氷は上積氷《うわづみごおり》と呼ばれる。こういう過程で氷河ができるのは、寒い北極地域の氷河だけだと考えられてきた。それがヒマラヤでも、これと似たしくみで氷河ができていることがわかったのである。

（小野有五『ヒマラヤで考えたこと』より）

※ボーリング…ここでは、氷河を掘ること。
※キャンチェン…ヒマラヤの氷河調査隊の基地のある場所。
※消耗域…氷河の中で、雪が降り積もっても凍らずに溶けて流れ出している領域。
※ユスリカ…蚊に似ている昆虫。
※カワゲラ…渓流に住む水生昆虫。
※ガガンボ…蚊に似ているがそれより大きく、脚が長い昆虫。

問一　＝線部A「分析」・B「生育」の漢字の読み方をひらがなで答えなさい。

問二　氷河調査隊の目的は、何ですか。本文中から四十字以内で抜き出しなさい。（句読点や記号も字数に数えます。）

問三　――線部①「思いがけないこと」とは、どのようなことですか。「〜こと」に続くように本文中から十字で抜き出しなさい。（ただし句読点や記号は字数に含みません。）

問四　――線部②「そこ」とありますが、「そこ」の説明として最適なものを次のア〜エの中から選び、記号で答えなさい。
ア　雪がどんどんたまっていく領域。
イ　雪が氷になって解けていく領域。
ウ　五〇メートルの深さまで掘れる領域。
エ　雪が水になって吹き出す領域。

問五　［③］に当てはまる言葉として最適なものを次のア〜エの中から選び、記号で答えなさい。
ア　しかし　イ　なぜなら　ウ　さらに　エ　つまり

二　次の文章は、筆者たちがヒマラヤで、氷河の調査をしたときのものです。読んで問いに答えなさい。

氷河の※ボーリングは、順調に進んでいた。一週間以内に五〇メートルの深さまで掘れるだろう、と隊長の渡辺さんは自信たっぷりだった。

だが、ボーリングでは、①思いがけないことが起きていたのである。

僕たちがはるばるこんな高いところまで氷河を掘りにきたのは、②そこが氷河の涵養域《かんよういき》だからであった。涵養域では、とにかく、とける量より積もる量のほうが多いので、雪がどんどんたまっていく。それが氷に変わっていくのだから、氷河を掘っていけば、だんだん昔の氷がでてきて、それをＡ分析すれば昔の気候がわかるのだ。

ここでだいじなことは、雪のとけかたである。ヒマラヤの五〇〇〇メートルを越えるような高所では、気温が低いので、雪は太陽に照らされると、そのまま昇華してしまう、と考えられてきた。

［　③　］、低地のように雪の表面が零度になって氷になってとけるのではなく、昼間でも気温はマイナスになったままの高所では、水にならずに、固体の雪からいきなり水蒸気になって昇華してしまうだろう、と思われていたのだった。

ところが、ヤラ氷河はちがっていた。氷河の表面には、まだ氷にならない雪が厚くたまっている。その下に向かって掘削《くっさく》していくと、なんと、水が吹き出してきたのだ。あってはならない水が、大量に出てきたのである！

その知らせは、当時、※キャンチェンの山小屋にいた僕のところにも届いていた。なんということだろう。氷河調査隊の目的は、氷の結晶にとじこめられている昔の空気（酸素）を分析して、昔の気候を復元することだったのだ。だが、もし水が出たとすると、すべてはダメになってしまう。水は氷の隙間《すきま》をしみ込んでいくから、昔の氷にいまの水が混じってしまうのだ。もちろん、しみ込んだ水はそこでまた凍る。そうしたら、深いところにある氷でも、とけてしみ込んできた水からできた氷を含んでしまって、昔の正確な状態はわからなくなってしまう！　日本から苦労してたくさんの器材を運び、こうして五四〇〇メートルのキャンプで息を切らしながら掘削したことは、すべてムダになってしまったのだ！

だが、④渡辺隊長はじめ、隊員たちの顔は明るかった。

「こんな面白いことはない」

と言うのである。

「えっ、でも、これでこの調査は失敗じゃないの？」

「最初の目的からすれば、そうかもしれない。でも、ヒマラヤのこんな高いところで、氷河から水が出てくるなんて、誰が想像した？　それだけだって、すごい発見じゃないか」

なるほど、そう言われればそうだった。誰も知らなかったことが、想像もしなかったことが、この氷河ボーリングでわかったのだ。科学の発見とは、そういうものかもしれない。いろいろ考え、計算して、予想どおりの結果がでることもあるけれど、ほんとうは、そんなことのほうがまれなのだ。自然は、いつも人間の予想を超《こ》えたことをする。そこに思いがけない発見があり、それでまた科学が進むのではないか。

「それに、とうとう見つけましたよ」

隊員の幸島司郎《こうしましろう》さんが嬉《うれ》しそうに言った。

「えっ、いたの？」

「いたんです。氷河の※消耗域に」

「※ユスリカでした」

これもすごい発見だった。ヒマラヤの五〇〇〇メートルを越える氷河の上で生活している昆虫が見つかったのである。もちろん、世界最

イ　大学生たちに対して、これからカミナリが鳴ることをうまく伝えられなくて残念に思っている。
ウ　小学三年生のカミナリで泣いた出来事を思い出し、なつかしさを感じている。
エ　カミナリがこわいことがみんなにばれてしまうような失敗をしてしまったと思っている。

問五　③・④に当てはまることばとして最適なものを、次のア～キの中からそれぞれ選び、記号で答えなさい。なお、同じ記号は一度しか使えません。

ア　ぼろぼろ　イ　めそめそ
ウ　しくしく　エ　がらがら
オ　ぶくぶく　カ　とぼとぼ
キ　ばんばん

問六　――線部⑤「急に鳥肌がたったり」とありますが、「急に鳥肌がたった」と同じような意味を表す表現をこの部分より前から十字以内で抜き出しなさい。（句読点や記号も字数に数えます。）

問七　――線部⑥「くちびるをかんだ」、⑧「ちゅうちょ」のこの場面での意味として、最適なものを次のア～エの中からそれぞれ選び、記号で答えなさい。

⑥　ア　くやしさをこらえた。
イ　覚悟を決めた。
ウ　不満の気持ちを表情に表した。
エ　悲しみにたえられなかった。

⑧　ア　ありがたく思うこと。
イ　ことわること。
ウ　ためらうこと。
エ　心を決めること。

問八　――線部⑦「ぼくは拍子ぬけした」について、この時の「ぼく」の気持ちを八十字以内で説明しなさい。（句読点や記号も字数に数えます。）

問九　――線部⑨「東西南北」の「東」「西」「南」「北」の文字を一字または二字使った四字熟語を一つ答えなさい。

問十　――線部⑩「間に合ったか」とありますが、「間に合った」とはどういうことですか。三十字程度で説明しなさい。（句読点や記号も字数に数えます。）

問十一　本文の内容にあっているものを次のア～オの中から一つ選び、記号で答えなさい。

ア　「リーダーさん」と「長老さん」は「雄太」がカミナリが苦手なことを知っていた。
イ　「リーダーさん」と「長老さん」は「雄太」が不安にならないように、常に少し前を歩いていた。
ウ　小学三年生での出来事で、カミナリが「雄太」のトラウマになっている。
エ　「雄太」は風神雷神図の風神に似ているとからかわれたことでカミナリが苦手になった。
オ　「雄太」は自分のじゃりを踏みしめる足音で小屋の近くまで来たことがわかり、ホッとした。

「ガスってきたな。まずいな」

ガス、すなわち霧《きり》がでてきたのだとリーダーさんに説明された。本当にあっという間にガスは濃くなり、進むべき道が見えなくなってしまった。来るときには、あんなにはっきりしていた道が全く見えない。どうしたというのだ。だれかがスモークをたいているのかと、ありえないことを思ったりする。

濃いガスが立ちこめて、登山道のある場所、行く方向がわからない。まわりの山々も、※池塘《ちとう》も雪渓《せっけい》もみんなガスが消してしまった。⑨東西南北、目印になるものが何も見えない。足元を泳がせ、道をさぐるようにして進んでいく。

細い道の分岐点《ぶんきてん》にきた。足元にニッコウキスゲの黄色い花がガスの中からぼうっと浮かんでいる。

（どっちの道を行けばいいんだ？）

足がとまった。先が見えないと、こんなに不安な気持ちになるのか。カミナリの予感も加わって、泣きだしそうになった。

リーダーさんがポケットから何かを取りだして、こっちだと道を示してくれた。磁石だと考えつく前にすでに体が動いていた。足がもつれる。

（とにかく小屋に逃げこみたい）

ガスがどんどん濃くなってくる。道を歩いている長老さんの姿がガスの中にとけこんでいく。気温がぐんぐん下がってくるのがわかる。

小屋から作業地点まではゆっくりと歩いて一時間くらいなのだが、二時間近く歩いている気がする。信じられないほど長く感じられる。

前方から、じゃりを踏《ふ》みしめる足音が聞こえてきた。今まで、小屋のまわりにしかじゃりが敷《し》きつめられている場所はなかった。先頭を歩いていたホクさんが、小屋のそばに到着したに違いない。その音を聞いて、ぼくはほっと一息ついた。ガスで見えないけれど、小屋はすぐそばだ。そのとき、風がすっと走った。ぼんやりと小屋の一部と戸口に立っているおじさんの背中が見えた。雨ガッパを着ている。

「おじさん！」

声をあげると、おじさんはふりかえって両手を広げた。

「お、⑩間に合ったか」

ぼくは、小屋へのじゃり道をころがりおり、小屋の中へ逃げこんだ。ほとんどそれと同時だった。空が一瞬光った。

（にしがきようこ『ぼくたちのP（パラダイス）』より）

※枕木…鉄道のレールの下に横に敷き並べる部材。ここでは、山道の整備のために使っている。

※池塘…高山や寒冷地の湿地《しっち》の池。

問一 ═線部A「背後」・B「負荷」の漢字の読み方をひらがなで答えなさい。

問二 この文章を大きく三つに分けるとすると、どこで区切ればよいですか。二つ目の段落、三つ目の段落の最初の五字をそれぞれ抜き出しなさい。（句読点や記号も字数に数えます。）

問三 ① に当てはまることばとして最適なものを、次のア～エの中から選び、記号で答えなさい。

ア ぼく、帰る
イ カミナリが来る
ウ トイレに行きたいよ
エ 腕が痛いよ

問四 ――線部②「ぼくはすぐにそう思った」とありますが、この時「ぼく」はどんなことを考えていますか。その説明として最も近いものを次のア～エの中から選び、記号で答えなさい。

ア 大学生たちに対して、乱暴な口のきき方をしてしまったことを後悔している。

「撤収《てっしゅう》！」

声がカミナリの音のように聞こえる。浮き足だった気持ちにムチが入り、足がすでに走ろうとせかしている。

みんなで必要な荷物をまとめる。工具をビニールシートで包み、重《おも》石《し》をのせる。

そして、いっせいに小屋にむかって小走りにかけだした。ぼくはあせった。もしぼくの予感がまちがっていたらどうしようという不安が頭をかすめる。でも、体はカミナリの予感で小きざみにふるえはじめている。カミナリは確実に来る。

「ゆっくりと、急ごうや」

リーダーさんが声をかけてくれた。

ぼくは小走りでみんなのあとについていった。でも、信じられないほど呼吸が荒くなってしまう。ゆるやかなアップダウンの草原なのに、すぐに息が上がってしまう。

「雄太、高地トレーニングって知ってるか？」

リーダーさんがうしろから話しかけてきた。返事をするどころじゃない。首をふるのが精いっぱいだった。

「オリンピック出場のアスリートなんかが、高地でトレーニングして結果をだしてるんだよ。標高の高いところだと気圧が低くなるから体にB負荷がかかって、平地より鍛《きた》えられるらしい。ここは、標高が高いだろ」

荒い息をしながらリーダーさんの方にふりかえった。

リーダーさんは平然としてぼくのうしろに立っていた。

「雄太はまだここの高さになれていないから、呼吸が苦しくなると思う。だから、ゆっくりと、マイペースでな」

カミナリの予感に追いたてられるように走り、荒い呼吸をしているぼく。この呼吸の荒さはカミナリがこわいばかりじゃなく、標高が高いせいもあるらしい。

小走りに走っては、すぐに足をとめ、ひざに両手を置いてあえぐような呼吸をくり返す。あせればあせるほど、早く走れない。

「おい、雄太。ザック、よこせ」

でも、と⑧ちゅうちょしていると、長老さんがぼくのザックをむりやり取りあげた。そして、自分のザックの上にくくりつけた。急に体が軽くなった。ふわふわと体が浮くように感じながら走る。でも、みんなについていけない。

「先に行っていいですよ」

申しわけなくなって、リーダーさんに言った。でも、その言葉は軽く流された。

「さっきも言ったろ、マイペースで行けや」

急いだ。でもぼくなりにしか進めない。

前を長老さんがはや足で進んでいく。ぼくのザックが長老さんのザックの上でゆれている。そしてぼくのうしろにはリーダーさんがいる。カミナリの予感と戦っているぼくにとって、二人にはさまれていることがとても心強かった。

ぼくのうしろを歩くリーダーさんは決して急がせようとはしない。長老さんから遅れてしまっても、だまってうしろにいてくれる。ぼくは、うしろをふりかえった。リーダーさんのクセなのか、ザックからたれているヒモをもてあそびながら、雲の方向、そしてぼくのことを見ていた。

みんな無言で歩いている。

カミナリは確実に来る。その予感に体がふるえる。体をつらぬく寒気と、髪の毛が逆立つような感覚に追いたてられるようにして走る。

そしてあえぐ。

まわりが白くかすんできた。

こぼして、大きな口あけて泣いてたじゃない」

(え、ぼくってこんなぎょろ目になっているのか?)

　こわがって泣いているときの顔なんて、自分では見たことがなかった。

　ぼくは傷ついた。

　そして気がついた。

(みんなって、ぼくほどカミナリがこわくないんだ。ぼくって変なんだ)

　まわりのみんなを上目づかいで見る。

「すごい泣き声だったよな」

「でもさ、カミナリがこわいなんて、ちょっとかわいくない?」

　どっと笑い声があがった。

(かわいい?　かわいそうだと同情されるならまだわかるけど、かわいい?)

　ぼくのプライドは［④］と音をたててくずれていった。

　そのとき以来、カミナリをこわがるぼくをみんなから隠《かく》そうと心にかたく誓った。

　幸い、一年でその学校から転校した。

　しかし、日本全国、どこに行ってもカミナリは鳴る。それも急に鳴りだす。ぼくはいつも気をはって、カミナリがこわい自分を隠し続けた。そのために、みんなから一歩離れることにした。さらにうしろに一歩。そのうち自分から積極的に何かをする気がなくなっていった。転校をくり返したせいばかりじゃない。ぼくは一人になっていった。

　カミナリをこわがるだめなぼく。なんとかしようとあがいているうちに、カミナリが鳴る前の気配を感じとるようになっていった。⑤急に鳥肌《とりはだ》がたったり、吐《は》き気がしてくる。体全体でカミナリの鳴る前兆を感じるようになっていった。

　今、カミナリの鳴る前のかすかな気配がする。微妙《びみょう》に空気がふるえはじめるのがわかる。毛穴が少しずつ開いていく不快感、なじみのある感覚だ。

(カミナリがこわいこと、必死に隠してきたのに……)

　ぼくは、がっかりしてしまった。みんなにぼくの最大の弱みを見せてしまった。からかわれるに違いない。ここでの楽しい暮らしもこれで終わりだ。

(油断していた)

　ぼくは⑥くちびるをかんだ。

　顔をあげ、おそるおそるみんなの表情をうかがった。ところが、ぼくの思いとうらはらに、不安そうなみんなの顔が目の前に並んでいた。

「えっ?」

　からかわれると身構えていた⑦ぼくは拍子《ひょうし》ぬけした。

「カミナリ?　いい天気だぞ」

　ユイさんの声が不安げだ。

「そういえば、このところ来てないな」

　長老さんがつぶやいている。

「おい、ホク、どうだ?」

　リーダーさんがホクさんを見る。

「カミナリはいつ来てもおかしくないけどな」

　太陽の光を手でさえぎりながら青い空を見ていたホクさんが、「あれか?」と指さしながらつぶやいた。全員がいっせいにそっちの方向を見る。むこうの山の稜線《りょうせん》のきわに小さい一かたまりの黒い雲がわいていた。

「カミナリ雲やろか?」

　あんな小さな雲が、と思う間もなく、すぐにリーダーさんの大声が耳元でした。

二〇一九年度 文京学院大学女子中学校

【国語】〈第一回試験〉（五〇分）〈満点：一〇〇点〉

一 次の文章を読んで、後の問いに答えなさい。

ここまでのあらすじ
《中学二年生のぼく（雄太《ゆうた》）は、夏休みにおじさんの別荘（小屋）におじさんと行くことになる。そこで、おじさんが勤めている大学の研究室に所属している大学生たち（長老さん・リーダーさん・ユイさん・ホクさん）が木道を作る作業の手伝いをしている。》

何本の※枕木《まくらぎ》を運んだだろうか。だんだんと腕《うで》に力が入らなくなってきた。

ちょっと疲れたなと思いながら枕木を長老さんといっしょに持ちあげた。そのときだった。突然ゾワっとした。ぼくにはなじみのある感覚。思わず枕木から手を離し、棒立ちになった。

「なんだよ、急に、重たいじゃないか」

長老さんに文句を言われた。でもその言葉が耳を素通りする。

「［　①　］」

ん？　という顔でリーダーさんがぼくを見た。

「なんだ、トイレか？」

顔が冷たくなってくる。

「そんなんじゃない。来る」

え？　というみんなの顔が増えていく。

「何が？」

「カミナリ！」

たたきつけるように言ってしまい、あわてた。とりつくろうこともできないほど、うろたえた。この場所からすぐにでも逃《に》げだしたくなった。

（しまった！）

②ぼくはすぐにそう思った。同時に、小学生のころのことを思いだしていた。

小学三年生で転校してすぐのことだった。

カミナリが鳴りはじめた。ぼくはこわくて泣いた。手がつけられないほど泣いた。みんながぼくを遠巻きにして見ている。先生が来て保健室に連れていかれた。その間も幼子《おさなご》が泣きじゃくるように、ぼくは泣いた。泣きに泣いていたら、母さんが保健室にやってきた。

小さいころから、大きい音にはとても敏感《びんかん》でこわがるたちだったぼく。少しずつ人工的な音にはなれていったけれど、カミナリだけはどうしてもだめだった。

そのとき以来、クラスのみんなにからかわれるようになってしまった。

あるとき、一枚の絵をクラスのみんなに見せている子がいた。

「この絵ね、風神雷神《ふうじんらいじん》図っていうんだって。雷《かみなり》の神様と、風の神様の絵」

みんながわらわらと絵のそばに近づいた。

「な、この雷神、雄太くんに似てない？」

みんなのＡ背後からその絵を見た。

（全然似てない。だいたい、ぼくの目は細い）

心の中で反論した。

「そう思う？　あたしもそう思ったんだ。だって、雄太くん、カミナリが鳴っているとき、見開くように大きな目になって、涙［　③　］

2019年度

文京学院大学女子中学校 ▶解説と解答

算 数 ＜第１回試験＞（50分）＜満点：100点＞

解 答

1 (1) 2 (2) 16.9 (3) 81 (4) 14.4 (5) $\frac{2}{3}$ (6) $\frac{7}{10}$ (7) 3 2 (1) 12分後 (2) 55人 (3) 30本 (4) 98m^2 (5) ５回 (6) ２時間40分 (7) B 3 (1) 31.4cm (2) 314cm^2 (3) 471cm^2 4 (1) 6600cm^3 (2) 11cm (3) 1464cm^3

解 説

1 四則計算，計算のくふう

(1) $13+8-7-12=21-7-12=14-12=2$

(2) $3\times4+18\div3-1.1=12+6-1.1=18-1.1=16.9$

(3) $(168+75)\div21\times7=243\div21\times7=\frac{243}{21}\times7=\frac{81}{7}\times7=81$

(4) $1.2\times1.2\div\frac{1}{10}=1.44\div\frac{1}{10}=1.44\times10=14.4$

(5) $1\frac{5}{8}\div0.75-\left(0.825-\frac{3}{8}\right)\times3\frac{1}{3}=\frac{13}{8}\div\frac{3}{4}-\left(0.825-\frac{3}{8}\right)\times3\frac{1}{3}=\frac{13}{8}\times\frac{4}{3}-\left(0.825-\frac{3}{8}\right)\times3\frac{1}{3}=\frac{13}{6}-\left(0.825-\frac{3}{8}\right)\times3\frac{1}{3}=\frac{13}{6}-\left(\frac{825}{1000}-\frac{3}{8}\right)\times3\frac{1}{3}=\frac{13}{6}-\left(\frac{33}{40}-\frac{15}{40}\right)\times3\frac{1}{3}=\frac{13}{6}-\frac{18}{40}\times3\frac{1}{3}=\frac{13}{6}-\frac{9}{20}\times\frac{10}{3}=\frac{13}{6}-\frac{3}{2}=\frac{13}{6}-\frac{9}{6}=\frac{4}{6}=\frac{2}{3}$

(6) $\frac{1}{2}+\frac{1}{4}\div\left\{1\div6\div\left(\frac{1}{3}-\frac{1}{5}\right)\right\}=\frac{1}{2}+\frac{1}{4}\div\left\{\frac{1}{6}\div\left(\frac{1}{3}-\frac{1}{5}\right)\right\}=\frac{1}{2}+\frac{1}{4}\div\left\{\frac{1}{6}\div\left(\frac{5}{15}-\frac{3}{15}\right)\right\}=\frac{1}{2}+\frac{1}{4}\div\left(\frac{1}{6}\div\frac{2}{15}\right)=\frac{1}{2}+\frac{1}{4}\div\left(\frac{1}{6}\times\frac{15}{2}\right)=\frac{1}{2}+\frac{1}{4}\div\frac{5}{4}=\frac{1}{2}+\frac{1}{4}\times\frac{4}{5}=\frac{1}{2}+\frac{1}{5}=\frac{5}{10}+\frac{2}{10}=\frac{7}{10}$

(7) $\frac{1+\frac{1}{2}}{1-\frac{1}{2}}=\left(1+\frac{1}{2}\right)\div\left(1-\frac{1}{2}\right)=\frac{3}{2}\div\frac{1}{2}=\frac{3}{2}\times\frac{2}{1}=3$

2 約数と倍数，和差算，つるかめ算，面積，整数の性質，仕事算，条件の整理

(1) Ａのベルが鳴るのは，両方のベルが同時に鳴ったときから，３分後，６分後，９分後，…であり，３の倍数だけ時間がたったときである。また，Ｂのベルが鳴るのは，両方のベルが同時に鳴ったときから，４分後，８分後，12分後，…であり，４の倍数だけ時間がたったときである。よって，次にＡとＢのベルが同時に鳴るのは，３と４の最小公倍数である12分だけ時間がたったときである。

(2) 男女合わせて115人であり，男子が９人，女子が４人休むと，出席する男子と女子の人数は同じなので，男子と女子の人数は，下の図１のようにあらわされる。図１より，男子は女子より，９－４＝５(人)多い。すると，115－５＝110(人)は，女子の人数の２倍である。よって，女子の人数は，110÷２＝55(人)である。

(3) えんぴつや赤ペンの１本の金額をたて，本数を横として面積図をかくと，下の図２のようになる。図２の長方形アの面積は，50×35＝1750である。長方形ア，イの面積の和は1900なので，長方形イの面積は，1900－1750＝150である。長方形イのたての長さは，80－50＝30なので，長方形イの横の長さは，150÷30＝５である。よって，80円の赤ペンの本数は，５本とわかるので，50円のえんぴつの本数は，35－５＝30(本)となる。

図１

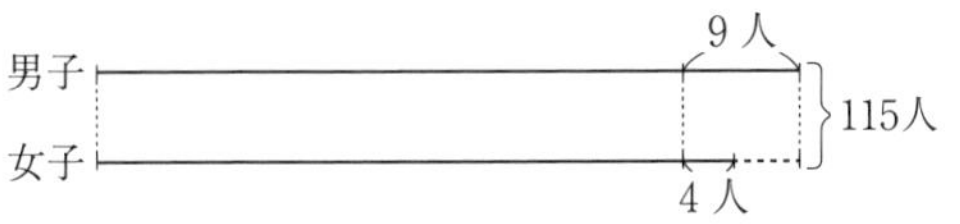

図２

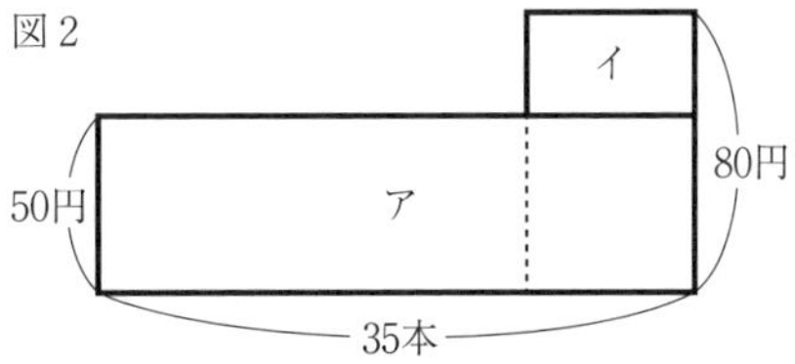

(4)　道の部分を下の図３のように等積変形すると，花だんの面積は，たての長さが，４＋３＝７(m)，横の長さが，６＋８＝14(m)である長方形の面積と等しいとわかる。よって，７×14＝98(m^2)である。

図３

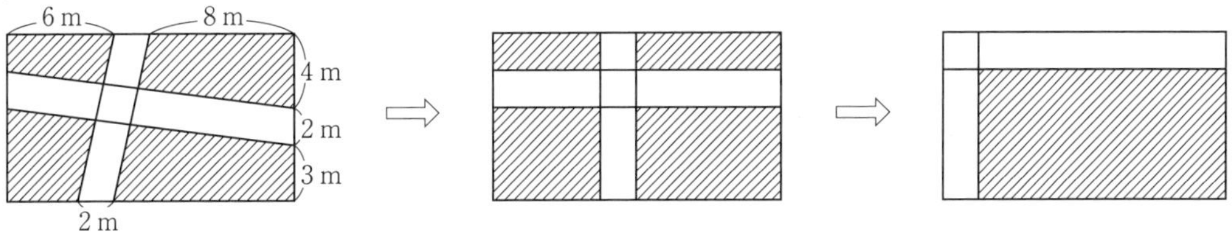

(5)　たとえば，素因数分解をして，２×２×２×３×３となる数は，２と３が２個ずつあるので，２×３＝６で２回わり切れる。同様に，１から12までの整数をすべて素因数分解して，２と３が何個ずつあるかを調べればよい。ただし，１から12までのすべての整数を素因数分解すると，２が３より多くふくまれることがわかる。そこで，素因数分解に３が何個ふくまれるかを調べる。１から12までの整数で，素因数分解に３をふくむのは，３の倍数なので，３，６，９，12とわかる。それぞれ素因数分解すると，３はそのままであり，６は，６＝２×３となり，９は，９＝３×３となり，12は，12＝２×２×３となる。よって，１から12までの整数をかけた数を素因数分解すると，３を，１×３＋２＝５(個)ふくむとわかる。よって，６で５回わり切れる。

(6)　３と４と６の最小公倍数である12を，仕事全体の量とする。ＡさんとＢさんは12の仕事を３時間で終わらせるので，ＡさんとＢさんの２人が１時間にする仕事量は，12÷３＝４である。同様に，ＢさんとＣさんの２人が１時間にする仕事量は，12÷４＝３であり，ＡさんとＣさんの２人が１時間にする仕事量は，12÷６＝２である。これらを，それぞれ，$A+B=4$，$B+C=3$，$A+C=2$とあらわして，下の図４のように計算すると，$(A+B+C)\times 2=4+3+2=9$となる。すると，$A+B+C=9\div 2=4.5$なので，ＡさんとＢさんとＣさんの３人が１時間でする仕事量は4.5とわかる。よって，ＡさんとＢさんとＣさんの３人で仕事すると，終わらせるのにかかる時間は，

図４

$$\begin{array}{l} A+B\qquad =4 \\ \quad\ B+C=3 \\ +\ A+\quad C=2 \\ \hline (A+B+C)\times 2=4+3+2 \end{array}$$

図５

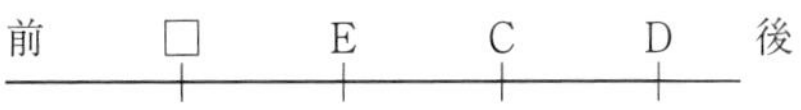

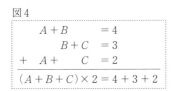

$12\div4.5=12\div\frac{9}{2}=12\times\frac{2}{9}=2\frac{2}{3}$(時間)となり，$\frac{2}{3}$時間は，$60\times\frac{2}{3}=40$(分)だから，２時間40分である。

⑺　問題文中の①より，ＣはＤより前にいる。また，②より，ＥはＣより前にいて，Ｅの前にも，少なくとも一人いる。よって，並ぶ順は上の図５のようになる。図５でＥの一人前にいる□は，ＡかＢであるが，どちらにせよ，③より，一番前はＢであることがわかる。なぜなら，もし□がＡであるとすると，ＢはＡより前なので，一番前に並んでいるのはＢであり，また，□がＢであるときも，ＡはＢより後ろに並んでいるからである。よって，一番前に並んでいるのは，Ｂであるとわかる。

3　平面図形―図形の移動，長さ，面積

⑴　たとえば，下の図１のように，小円が，大円にそって転がり移動したとき，小円はいつでも大円に接して動くので，図１において，小円の太線の長さと，大円の太線の長さは等しい。同様に，問題文中の図のように，小円が，大円Ｏにそって転がり移動するとき，大円ＯのＡからＢまでの長さは，小円の円周の長さと等しい。小円の半径は５cmであり，(円周の長さ)＝(半径)×２×3.14なので，小円の円周の長さは，$5\times2\times3.14=31.4$(cm)である。よって，大円ＯのＡからＢまでの長さは31.4cmとわかる。

⑵　⑴より，大円ＯのＡからＢまでの長さは31.4cmである。また，大円Ｏの円周の長さは，$20\times2\times3.14=125.6$(cm)である。すると，おうぎ形OABの中心角を□度とおくと，$125.6\times\frac{□}{360}=31.4$となる。$\frac{□}{360}=31.4\div125.6=\frac{1}{4}=\frac{90}{360}$より，□＝90(度)とわかる。(おうぎ形の面積)＝(半径)×(半径)×3.14×$\frac{(中心角)}{360}$なので，おうぎ形OABの面積は，$20\times20\times3.14\times\frac{90}{360}=400\times3.14\times\frac{1}{4}=314$($cm^2$)である。

⑶　問題文中の図の影《かげ》の部分の面積は，下の図２の色のついた部分(図形CABD)の面積と，小円の面積の和と等しい。まず，(図形CABDの面積)＝(おうぎ形OCDの面積)－(おうぎ形OABの面積)である。おうぎ形OCDは，半径が，$20+5\times2=30$(cm)であり，中心角が90度なので，その面積は，$30\times30\times3.14\times\frac{90}{360}=900\times3.14\times\frac{1}{4}$($cm^2$)である。また，おうぎ形OABの面積は，⑵で求めたように，$400\times3.14\times\frac{1}{4}$($cm^2$)となる。よって，図形CABDの面積は，$900\times3.14\times\frac{1}{4}-400\times3.14\times\frac{1}{4}=(900-400)\times3.14\times\frac{1}{4}=500\times3.14\times\frac{1}{4}=125\times3.14$($cm^2$)である。この面積に，小円の面積である，$5\times5\times3.14=25\times3.14$($cm^2$)を加えればよい。よって，$125\times3.14+25\times3.14=150\times3.14=471$($cm^2$)である。

図１

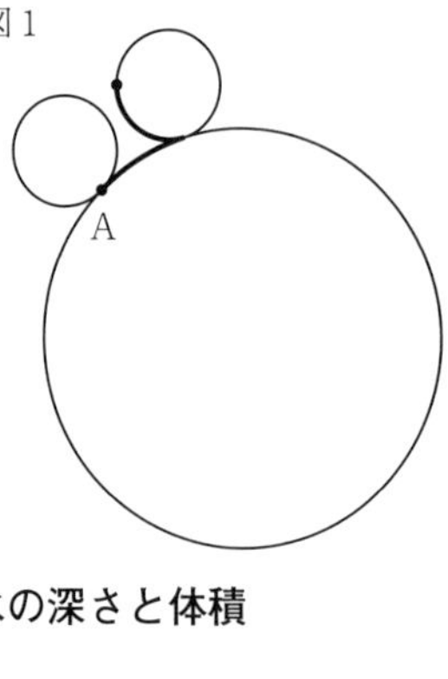

図２

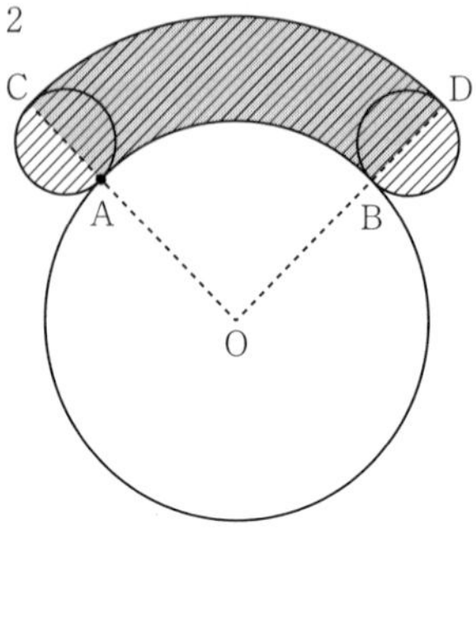

4　立体図形―水の深さと体積

(1)　水が入っている部分の直方体の体積を求めると，(直方体の体積)＝(たての長さ)×(横の長さ)×(高さ)なので，水の体積は，25×22×12＝6600(cm^3)である。

(2)　斜線《しゃせん》部分の面積は，24×25＝600(cm^2)である。また，水の体積は(1)で求めたように，6600cm^3だから，(水面の高さ)＝(水の体積)÷(底面積)なので，水面の高さは，6600÷600＝11(cm)である。

(3)　問題文中の容器Ｂの図から，(鉄柱の体積)＋(水の体積)＝16×28×18＝8064(cm^3)とわかる。よって，水の体積は(1)より6600cm^3だから，鉄柱の体積は，8064－6600＝1464(cm^3)である。

理　科　＜第１回試験＞

解　答

1　(1)　ウ，オ　(2)　ウ　(3)　イ　(4)　ウ　(5)　8.84ｇ　2　(1)　受精卵　(2)　羊水　(3)　エ　(4)　エ　(5)　花粉

解　説

1　小問集合

(1)　種子の運ばれ方には，風で運ばれるもの，水で運ばれるもの，動物によって運ばれるもの，はじき飛ばされるもの，そのまま落下するものなどがある。ススキとタンポポは，種子にがくが変化した冠毛《かんもう》とよばれる毛のたばをつけていて，風によって運ばれる。スミレは種子が自動的にはじき飛ばされ，ヤシは水の流れによって運ばれる。また，ナンテンは赤い実を鳥が食べることによって運ばれ，アサガオはそのまま落下する。

(2)　バッタは秋に地中にうみつけられたたまごが，翌《よく》年の５～６月ごろに土の中でふ化し，幼《よう》虫となって地上にはい出てくるので，ウは正しい。昆《こん》虫のはねはふつう腹部に４枚あるが，２枚のものや，はねのないものもいるので，アは誤り。鳴く昆虫には，腹弁《べん》というしくみで音を出すセミ，はねをこすりあわせて鳴くコオロギやキリギリス，後ろ足とはねをこすったり打ちつけたりして音を出すバッタなど，鳴くしくみはさまざまであるので，イは誤り。テントウムシの多くは幼虫も成虫も肉食で，アブラムシを食べるので，エは誤り。

(3)　水は水蒸気に変わるときに体積は大きくなる。しかし，水が水蒸気に状態が変わっても，重さは変わらない。

(4)　検流計は回路に電流が流れているかを調べたり，電流の向きを調べたりするときに用いる。検流計と回路のつなぎ方を逆にすると，針のふれる向きは逆になるので，ウは正しい。検流計と回路は直列につなぐが，検流計とかん電池だけをつなぐと大きな電流が流れて検流計をこわすおそれがあるので，必ず豆電球やモーターなどをつないで用いる。よって，アとイは誤り。検流計と回路をつなぐときに，大きな電流が流れて故《こ》障《しょう》するのを防ぐため，先に切りかえスイッチを大きい値がはかれる５Ａ側によせておくので，エは誤り。

(5)　16℃，１m^3の空気中には最大で13.6ｇの水蒸気をふくむことができるので，気温16℃，湿《しつ》度65％の空気１m^3中にふくまれている水蒸気は，13.6×$\frac{65}{100}$＝8.84(ｇ)である。

2　人のたんじょうについての問題

(1)　卵《らん》と精子が結びつくことを受精といい，卵と精子が結びついた受精卵は細胞《さいぼう》の分裂《ぶんれつ》を始める。

(2)　人のたい児は，羊水《ようすい》という液体で満たされた母親の子宮の中で育つ。これは，たい児を外からのしょうげきから守ったり，たい児の動きが母親におよぶのをやわらげたりするのに役立っている。

(3)　人のたい児の体は，受精後30日ごろには心臓が動いて血液を送りはじめ，受精後60日ごろには体の形や顔のようすがはっきりし，目や耳もできている。そして，受精後90日ごろには男女の判別ができるようになる。人の場合，受精からたんじょうまでの期間は約38週間(266日)である。

(4)　人と同じように親と似た姿《すがた》で生まれてくる動物は，ほ乳類のシカである。イモリは両生類，ペンギンは鳥類，ワニはは虫類，メダカは魚類で，これらはいずれもたまごで生まれる。

(5)　花粉は人の精子と同じはたらきをもっている。花をさかせる植物において，めしべの柱頭におしべの花粉がつくことを受粉といい，受粉することによってはじめて実や種子ができる。

社　会　＜第１回試験＞

解　答

[3] **問１**　源頼朝　**問２**　あ　**問３**　う　**問４**　ローム　**問５**　え　[4] **問１**　福島(県)，か　**問２**　え　**問３**　アメリカ合衆国　**問４**　文部科学省

解　説

[3] 関東地方を題材とした問題

問１　源頼朝《みなもとのよりとも》は平治の乱(1159年)で平清盛に敗れた義朝《よしとも》の子で，伊豆(静岡県)の蛭ヶ小島《ひるがこじま》に流されていたが，1180年に平氏打倒《だとう》の兵をあげると，源氏ゆかりの地である鎌倉(神奈川県)に侍《さむらい》所《どころ》を置き，関東を中心に勢力を強めて鎌倉幕府の基盤《きばん》をつくっていった。1185年には弟の義経が壇ノ浦《だんのうら》の戦いで平氏を滅《ほろ》ぼし，その後，頼朝は国ごとに守護，荘園や公領に地頭を置くことを朝廷に認めさせた。これによって武士の支配体制を確立すると，1192年には征夷《せいい》大将軍に任命され，名実ともに鎌倉幕府が成立した。

問２　近松門左衛門《ちかまつもんざえもん》は江戸時代前半の元禄《げんろく》文化を代表する人形浄瑠璃《じょうるり》・歌舞伎《かぶき》の脚本家で，代表作に『曽根崎《そねざき》心中』『心中天網島《てんのあみじま》』『国性爺《こくせんや》合戦』などがある。なお，「い」の清少納言は随筆《ずいひつ》『枕草子』を記した平安時代の宮廷女官。「う」の藤原定家は歌人で『新古今和歌集』を編さんした人物，「え」の鴨長明《かものちょうめい》は随筆『方丈記《ほうじょうき》』を記した人物で，いずれも鎌倉時代に活躍《かつやく》した。

問３　地図中の①は茨城県，②は栃木県，③は群馬県，④は山梨県である。よって，「う」が正しい。

問４　関東平野一帯を広くおおっている赤土の火山灰層を「関東ローム層」という。これは，富士山や箱根山，赤城《あかぎ》山，浅間山などが噴火《ふんか》したさいに出た火山灰が降り積もってできたものである。

問５　あ　国会は，国の唯一《ゆいいつ》の立法機関として，法律をつくる権限である立法権をあたえられている。　い　内閣総理大臣は国会議員の中から国会の指名で選ばれ，天皇によって任命される。　う　内閣を構成する国務大臣の過半数は，国会議員でなければならない。　え　司法権の最高機関である最高裁判所の長官は内閣の指名にもとづいて天皇が任命するので，正しい。

[4] 東日本大震災からの「復興五輪」を題材とした問題

問１　2011年３月11日の東北地方太平洋沖地震(マグニチュード9.0)によって引き起こされた東日

本大震災では，福島県(地図中の「か」)にある東京電力福島第一原子力発電所で放射性物質が大量にもれ出すという重大な事故が発生したため，震災の被害がより深刻なものになった。なお，地図中の「あ」は青森県，「い」は秋田県，「う」は岩手県，「え」は山形県，「お」は宮城県。

問２　1964年の東京オリンピックでは，第二次世界大戦(1939～45年)から日本が見事に復興したことを世界にアピールした。よって，「え」が選べる。なお，「あ」の日露戦争は1904～05年，「い」の第一次世界大戦は1914～18年，「う」の世界恐慌《きょうこう》は1929年に起きたできごと。

問３　戦後の日本はGHQ(連合国軍最高司令官総司令部)の占領《せんりょう》下に置かれたが，1951年に連合国48か国とサンフランシスコ平和条約を結び，翌52年に独立を回復した。しかし，沖縄県はその後もアメリカ合衆国の施政権下に置かれ，日本への復帰をはたしたのは1972年のことであった。

問４　文部科学省は，2001年の中央省庁再編のさいに文部省と科学技術庁が統合されてできた省庁で，オリンピックなどのスポーツについての仕事のほか，教育・文化・科学技術・宗教などの仕事も担当している。また，複数の省庁にまたがっていたスポーツ行政を一元化し，スポーツに関する総合的な政策を実施するため，2015年には外局としてスポーツ庁が設置された。なお，外務省は外国との交渉《こうしょう》など，国土交通省は国土や交通機関の開発と保全・気象など，総務省は情報通信・地方自治・選挙などの仕事をおもに担当している。

英　語　＜第１回試験＞

※解説は編集上のつごうにより省略させていただきました。

解　答

[5] ①　1　イ　2　イ　3　イ　4　ウ　5　ア　②　1　ア　2　イ　3　ア　4　イ　5　ウ　[6] (1) No, she isn't.　(2) She stayed there for a week.　(3) She came to Canada two days ago. (She came there two days ago.)　(4) Yes, she does.　(5) (例) She read many English books.

国　語　＜第１回試験＞（50分）＜満点：100点＞

解　答

[一] **問１**　**A**　はいご　**B**　ふか　**問２**　**二つ目の段落**…小学三年生／**三つ目の段落**…今，カミナ　**問３**　ア　**問４**　エ　**問５**　③　ア　④　エ　**問６**　突然ゾワっとした(。)　**問７**　⑥　ア　⑧　ウ　**問８**　(例)　雄太は，カミナリをこわがることがばれてしまい，みんなからからかわれると身構えていたが，みんなの関心がカミナリに向き，予想とちがったので気がぬけた。　**問９**　(例)　馬耳東風　**問10**　(例)　雄太たちがカミナリの鳴る前に無事に小屋に帰ることができたこと。　**問11**　ウ　[二] **問１**　**A**　ぶんせき　**B**　せいいく　**問２**　氷の結晶にとじこめられている昔の空気(酸素)を分析して，昔の気候を復元すること　**問３**　氷河から水が出てくる(こと)　**問４**　ア　**問５**　エ　**問６**　**A**　調査は失敗　**B**

すごい発見　**問７**　ウ　**問８**　イ，オ　**問９**　(例)　東日本大震災で東北地方の沿岸一帯を襲った津波の高さは，想像を超えるすさまじいものであり，過去の教訓から予想して築かれた防波堤を越え，大きな被害を与えた。　**三**　**問１**　五(画目)　**問２**　ウ　**問３**　①　寒冷　②　困難　**問４**　**ア**　お召しになって　**イ**　いただいた(頂戴した)　**四**　下記を参照のこと。

●漢字の書き取り

四　①　操縦　②　授ける　③　奮う　④　討論　⑤　鋼鉄　⑥　深刻　⑦　至る　⑧　談笑　⑨　源　⑩　美術

解　説

一　**出典はにしがきようこの『ぼくたちのＰ(パラダイス)』による。**カミナリがこわいことを隠《かく》してきた「ぼく(雄太《ゆうた》)」だったが，「ぼく」がカミナリが鳴る前兆に気づいたおかげで，大学生たちと雄太は事前に無事に小屋へとたどり着く。

問１　**Ａ**　後ろ。後方。　**Ｂ**　負担。重み。

問２　時や場所に注目して分けるとよい。最初の大段落と，「今，カミナ」で始まる三つ目の大段落での「ぼく」は大学生たちと行動しているが，「小学三年生」で始まる二つ目の大段落は，カミナリをこわがることを隠すうち一人ぼっちになったことを「ぼく」が回想する内容である。

問３　続く部分で，リーダーさんは「ぼく」にトイレへ行きたいのかと聞いているが，「ぼく」はそうではなくカミナリが来るのだと答えている。カミナリを極度におそれるあまり，「ぼく」はその前兆を感じとることができるため，「ぼく，帰る」と言ったのである。

問４　続く部分に注意する。小学三年生のころ，カミナリをこわがって級友たちに笑われて以来，「ぼく」はカミナリをこわがることを隠そうとかたく誓《ちか》ったとある。しかし今，カミナリがこわいことがみんなにわかってしまうような言動をしてしまい，失敗したと思ったのだから，エが選べる。

問５　③　「涙《なみだ》」をこぼすようすを表すことばが入るので，つぶ状のものがこぼれ落ちるようすをいう「ぽろぽろ」が合う。　④　プライドがくずれるようすをたとえたことばが入るので，物がくずれるときにひびく大きな音を表す「がらがら」がよい。

問６　「鳥肌《とりはだ》がたつ」は，寒さや恐怖《きょうふ》などのために，鳥の毛をむしったあとのように皮膚《ひふ》がぶつぶつになること。直前に，「カミナリが鳴る前の気配を感じとる」と「ぼく」は鳥肌がたつとあるが，本文の最初でも，カミナリが来る前兆を感じ，「突然《とつぜん》ゾワっとした」「ぼく」のようすが描《えが》かれている。

問７　⑥　「くちびるをかむ」は，くやしさをじっとこらえるようす。　⑧　「ちゅうちょ」は，決心がつかずに迷うこと。

問８　「拍子《ひょうし》ぬけ」は，気負っていたのに張りあいをなくすこと。カミナリが鳴る前の気配を感じとり，うろたえた「ぼく」は，みんなに「最大の弱みを見せて」しまったと思い，からかわれると身構えていた。しかし，予想とはちがい，みんなは関心をカミナリに向けて不安そうにしていたため，「ぼく」は気がぬけたのである。

問９　人の忠告を聞き流すことをいう「馬耳《ばじ》東風」，昔から今までと，あらゆる場所をさす「古今東西」，何かをなしとげるためにあちらこちら走り回ることをいう「東奔《とうほん》西走」，絶えずいろいろな場所を旅行していることをいう「南船北馬」などのうち，一つを書けばよい。

問10　霧《きり》が出てきてカミナリが近づくなか，一行は小屋にたどり着いた。つまり，おじさんは，「ぼく」たちがカミナリの鳴る前に無事に小屋に帰り着くことができたことを「間に合った」と言ったのである。

問11　小学三年生のころ，カミナリをこわがって泣き，クラスのみんなにからかわれたことがきっかけで，「ぼく」はカミナリがこわいことを隠すようになり，カミナリを自分の「最大の弱み」だと思うようになったと書かれている。よって，ウがよい。

二　**出典は小野有五《おのゆうご》の『ヒマラヤで考えたこと』による。**ヒマラヤの氷河の調査を通じて，筆者が想像もしなかった発見に立ちあった体験をつづり，自然は人間の予想を超《こ》えたことをすると述べている。

問１　**A**　物事を成分や要素に分け，細かく調べて内容を明らかにすること。　**B**　樹木や草が育つこと。

問２　七つ目の段落に，氷河調査隊の目的は，「氷の結晶にとじこめられている昔の空気(酸素)を分析して，昔の気候を復元すること」だと書かれている。

問３　続く部分に注目する。ヒマラヤのような高所では，雪は「水にならずに」いきなり水蒸気になるだろうと思われていたが，「氷河から水が出てくる」という予想外のできごとが起きたというのである。

問４　標高の「高いところ」は氷河の涵養《かんよう》域であり，そこでは雪がどんどんたまっていくのだから，アが選べる。

問５　前には，ヒマラヤのような高所では，雪は太陽に照らされるとそのまま昇華《しょうか》すると考えられてきたとある。後では，高所は低地とちがい，雪が水にならずにいきなり水蒸気になると思われていたと述べられている。よって，前に述べた内容を言いかえるときに用いる「つまり」が入る。

問６　続く部分で，渡辺隊長たちが「こんな面白《おもしろ》いことはない」と言っていることに注目する。**A**　最初の目的からすれば，筆者が言う通り「調査は失敗」である。　**B**　ヒマラヤの高所にある氷河から水が出てくるのは「すごい発見」だと喜んでいるようすが描かれている。

問７　「日本アルプスの冷たい雪渓《せっけい》」のなかで「昆虫《こんちゅう》」を見つけた幸島《こうしま》さんは，「ヒマラヤの氷河」にも同じような性質を持つ昆虫がいるはずだと考えたのだから，「寒さや低温に強い虫」が選べる。

問８　ヤラ氷河では，雪がいきなり水蒸気になって昇華すると思われていたが，予想外に水が出てきたこと，藍藻《らんそう》のような植物とユスリカとのあいだに一つの生態系が成立していたのは，氷河の底ではなく「氷河の上」であること，ユスリカがいたのは氷河の涵養域ではなく「消耗《しょうもう》域」だったことから，ア，ウ，カは誤り。また，最後から二つ目の段落の内容から，エも合わない。

問９　自然が人知を超えた力を持つことを思い知らされるのは，大きな天災などに見舞《みま》われたときだろう。たとえば東日本大震災《しんさい》なら，人々の想像をはるかに超える高さの津波が沿岸をおそい，過去の津波の状況《じょうきょう》から予想して築かれた防波堤《てい》を越《こ》え，大きな被害《ひがい》をもたらしたことなどを述べればよい。

三　**漢字の筆順，四字熟語・対義語・敬語の知識**

問１　「えんにょう」は最後に書くので，それ以外の部分を上から順に書くと，黒字の部分は五画目になる。

問２　「我《が》田《でん》引水」は，自分の都合のいいようにとりはからうようす。

問３　①　気候がおだやかで暖かいようすの「温暖」の対義語は，気温が低く，冷たいことをいう「寒冷」である。　②　たやすいようすを表す「容易」の対義語は，やりとげるのがひじょうに苦しく，難しいことをいう「困難」になる。

問４　**ア**　「着る」のは相手なので，「着る」の尊敬語の「お召《め》しになる」を使って「お召しになって」とするのがよい。　**イ**　「(意見を)もらう」のは話し手なので，謙譲《けんじょう》語の「いただく」「頂《ちょう》戴《だい》する」を使って「いただいた」「頂戴した」とするのが正しい。

四　**漢字の書き取り**

①　機械や乗り物などを思いどおりに動かすこと。　②　音読みは「ジュ」で，「授賞」などの熟語がある。　③　音読みは「フン」で，「奮起」などの熟語がある。　④　考えを出し合って話し合うこと。　⑤　かたくてじょうぶな鉄の一種。はがね。　⑥　事態がさしせまって重大なようす。　⑦　音読みは「シ」で，「至難」などの熟語がある。　⑧　仲よく，楽しく話をしたり笑ったりすること。　⑨　音読みは「ゲン」で，「源流」などの熟語がある。　⑩　絵画・彫刻《ちょうこく》・建築など，色や形で美しさを表現する芸術。

2025年度用
中学スーパー過去問

■編集人　声の教育社・編集部
■発行所　株式会社　声の教育社
〒162-0814　東京都新宿区新小川町8-15
☎03-5261-5061(代)　FAX03-5261-5062
https://www.koenokyoikusha.co.jp

※本書の内容についての一切の責任は当社にあります。内容・解説・解答・その他は当社ホームページよりお問い合わせ下さい。

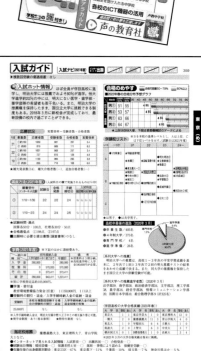

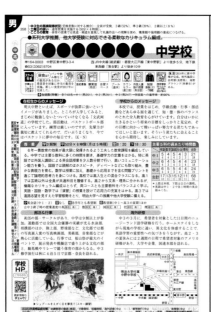

カコを追いかけ
ミライをつかめ

よくある解答用紙のご質問

01
実物のサイズにできない

拡大率にしたがってコピーすると，「解答欄」が実物大になります。配点などを含むため，用紙は実物よりも大きくなることがあります。

02
A3用紙に収まらない

拡大率164％以上の解答用紙は実物のサイズ（「出題傾向＆対策」をご覧ください）が大きいために，A３に収まらない場合があります。

03
拡大率が書かれていない

複数ページにわたる解答用紙は，いずれかのページに拡大率を記載しています。どこにも表記がない場合は，正確な拡大率が不明です。

04
１ページに２つある

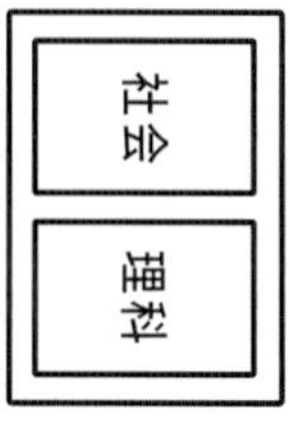

１ページに２つ解答用紙が掲載されている場合は，正確な拡大率が不明です。ほかの試験回の同じ教科をご参考になさってください。

文京学院大学女子中学校

【別冊】入試問題解答用紙編

禁無断転載

解答用紙は本体からていねいに抜きとり、別冊としてご使用ください。

※　実際の解答欄の大きさで練習するには、指定の倍率で拡大コピーしてください。なお、ページの上下に小社作成の見出しや配点を記載しているため、コピー後の用紙サイズが実物の解答用紙と異なる場合があります。

●入試結果表

— は非公表

年度	回	項目	国語	算数	選択問題(注)	２科合計	２科＋選択合計	２科合格	２科＋選択合格
2024	ポテンシャル第１回	配点(満点)	100	100	50	200	250	最高点	最高点
		合格者平均点	—	—	—	—	—	181	228
		受験者平均点	—	—	—	—	—	最低点	最低点
		キミの得点						104	129
2023	ポテンシャル第１回	配点(満点)	100	100	50	200	250	最高点	最高点
		合格者平均点	—	—	—	—	—	179	229
		受験者平均点	—	—	—	—	—	最低点	最低点
		キミの得点						92	126
2022	ポテンシャル第１回	配点(満点)	100	100	50	200	250	最高点	最高点
		合格者平均点	—	—	—	—	—	175	222
		受験者平均点	—	—	—	—	—	最低点	最低点
		キミの得点						91	116
2021	ポテンシャル第１回	配点(満点)	100	100	50	200	250	最高点	最高点
		合格者平均点	—	—	—	—	—	179	229
		受験者平均点	—	—	—	—	—	最低点	最低点
		キミの得点						88	113
2020	第１回	配点(満点)	100	100	50	200	250	最高点	最高点
		合格者平均点	—	—	—	—	—	184	232
		受験者平均点	—	—	—	—	—	最低点	最低点
		キミの得点						93	118
2019	第１回	配点(満点)	100	100	50	200	250	最高点	最高点
		合格者平均点	—	—	—	—	—	182	232
		受験者平均点	—	—	—	—	—	最低点	最低点
		キミの得点						90	116

(注)　選択問題は、社･理･英の各２題(計６題)から２題以上を選び解答。
配点は１題につき 25 点。３題以上解答した場合、得点の高い２題を合計して 50 点満点とする。

※　表中のデータは学校公表のものです。

２０２４年度　文京学院大学女子中学校　ポテンシャル第１回

算数解答用紙　No. 1

番号		氏名		評点	/100

・途中の計算や図は消さないこと

1

(1)	(2)	(3)	(4)
(5)	(6)	(7)	

2

(1)

答 ＿＿＿＿ km

(2)

答 ＿＿＿＿ 円

(3)

答 ＿＿＿＿ 個

(4)

答 ＿＿＿＿ km

2

(5)

答 ＿＿＿＿ cm^2

(6)

答 ＿＿＿＿

(7)

答 ＿＿＿＿

２０２４年度　文京学院大学女子中学校　ポテンシャル第１回

算数解答用紙　No.2

・途中の計算や図は消さないこと

3

(1)

答＿＿＿＿枚

(2)

答＿＿＿＿倍

(3)

答＿＿＿＿番目

4

(1)

答＿＿＿＿cm

(2)

答＿＿＿＿分後

(3)

答＿＿＿＿cm

（注）この解答用紙は実物を縮小してあります。169%拡大コピーをすると、ほぼ実物大の解答欄になります。

〔算　数〕100点(学校配点)

1～4　各５点×20

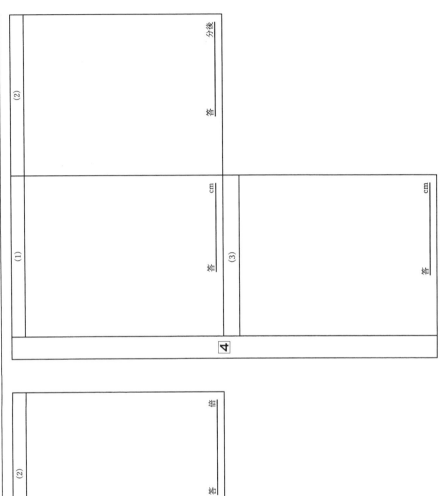

２０２４年度　文京学院大学女子中学校　ポテンシャル第１回

社会解答用紙

番号		氏名	

評点	

3

問1	
問2	
問3	
問4	
問5	

4

問1	
問2	
問3	
問4	
問5	

(注) この解答用紙は実物大です。

〔社　会〕各25点(学校配点)

3　各５点×5　4　各５点×5

２０２４年度　文京学院大学女子中学校　ポテンシャル第１回

理科解答用紙

番号		氏名		評点	

1

（1）	
（2）	
（3）	
（4）	¦
（5）	cm

2

A	（1）	→ → →	
	（2）	○ア ○イ ○ウ エ○	
B	（1）		
	（2）	図：	
		理由	

（注）この解答用紙は実物大です。

〔理　科〕各25点(学校配点)

1　各５点×5＜(4)は完答５点，片方正答の場合３点を配点＞　2　各５点×5＜Aの(1)は完答＞

２０２４年度　文京学院大学女子中学校　ポテンシャル第１回

英語解答用紙

番号		氏名	

評点	

5

①

1		2		3		4		5	

②

1		2		3		4		5	

6

(1)	
(2)	
(3)	
(4)	
(5)	

(注) この解答用紙は実物大です。

〔英　語〕各25点(学校配点)

5 ①　各２点×５　②　各３点×５　6　各５点×５

２０２４年度　文京学院大学女子中学校　ポテンシャル第一回

国語解答用紙

番号　　氏名　　評点　／100

一
問一　A　B
問二　問三　問四　問五
問六
問七　問八　問九

二
問一　A　B
問二　問三　→　→　→　問四
問五　最初　最後
問六
問七
問八　問九

三
問一　問二　問三　問四　問五

四
①　②　③　④　⑤
⑥　⑦　⑧　⑨　⑩

（注）この解答用紙は実物を縮小してあります。Ｂ５→Ｂ４（141％）に拡大コピーすると、ほぼ実物大の解答欄になります。

〔国　語〕100点（学校配点）

一　問１　各２点×２　問２～問５　各４点×４　問６　８点　問７～問９　各４点×３　二　問１　各２点×２　問２～問６　各４点×５<問３は完答>　問７　８点　問８，問９　各４点×２　三　各２点×５　四　各１点×10

２０２３年度　文京学院大学女子中学校　ポテンシャル第１回

算数解答用紙　No. 1

番号		氏名		評点	/100

・途中の計算や図は消さないこと

1

(1)	(2)	(3)	(4)
(5)	(6)	(7)	

2

(1)

答　　　時間　　　分

(2)

答　　　　　円

(3)

答　　　　　km

(4)

答　　　　　度

(5)

答　　　　　cm

(6)

答

(7)

答

2023年度　文京学院大学女子中学校　ポテンシャル第1回

算数解答用紙　No.2

・途中の計算や図は消さないこと

3

(1) 答＿＿＿＿ 個

(2) 答＿＿＿＿ 番目

(3) 答＿＿＿＿ 個

4

(1) 答＿＿＿＿ 分後

(2) 答＿＿＿＿ cm^3

(3) 答＿＿＿＿ cm

(注) この解答用紙は実物を縮小してあります。169%拡大コピーをすると、ほぼ実物大の解答欄になります。

〔算　数〕100点(学校配点)

1～4　各5点×20

２０２３年度　　文京学院大学女子中学校　ポテンシャル第１回

理科解答用紙

番号		氏名		評点	

1

(1)	mA
(2)	
(3)	
(4)	
(5)	

2

(1)		
(2)		
(3)		
(4)		

(注) この解答用紙は実物大です。

〔理　科〕各25点(学校配点)

1　各５点×５　2　各５点×５

２０２３年度　　文京学院大学女子中学校　ポテンシャル第１回

社会解答用紙

番号		氏名		評点	

3

問 1						
問 2						
問 3						
問 4						
問 5						

4

問 1			
問 2			
問 3			
問 4	(1)		
	(2)		

（注）この解答用紙は実物大です。

〔社　会〕各25点(学校配点)

3　各５点×5　4　問１～問３　各５点×4　問４　(1)　３点　(2)　２点

２０２３年度　文京学院大学女子中学校　ポテンシャル第１回

英語解答用紙

番号		氏名	

評点	

5

①

1		2		3		4		5	

②

1		2		3		4		5	

6

(1)	
(2)	
(3)	
(4)	
(5)	

(注) この解答用紙は実物大です。

〔英　語〕各25点(学校配点)

5 ①　各２点×5　②　各３点×5　6　各５点×5

二〇二三年度　文京学院大学女子中学校　ポテンシャル第一回

国語解答用紙

番号　　氏名　　評点　/100

一
問一　A　　B
問二
問三　高校一年生のNコンの本番で、　　　　。
問四
問五
問六
問七
問八　　　　〜
問九

二
問一　A　　たれて　B
問二
問三
問四
問五
問六
問七
問八
問九

三
問一
問二
問三
問四
問五

四
①　②　③　④　⑤
⑥　⑦　⑧　⑨　⑩

（注）この解答用紙は実物を縮小してあります。B5→B4（141%）に拡大コピーすると、ほぼ実物大の解答欄になります。

〔国　語〕100点(学校配点)

一 問1　各2点×2　問2　4点　問3　8点　問4〜問9　各4点×6　二 問1　各2点×2　問2〜問7　各4点×6　問8　8点　問9　4点　三 各2点×5　四 各1点×10

２０２２年度　文京学院大学女子中学校　ポテンシャル第１回

算数解答用紙　No. 1

番号		氏名		評点	/100

・途中の計算や図は消さないこと

1

(1)	(2)	(3)	(4)
(5)	(6)	(7)	

2

(1)

答＿＿＿＿＿＿cm

(2)

答＿＿＿＿＿＿分

(3)

答＿＿＿＿＿＿円

(4)

答＿＿＿＿＿＿日

2

(5)

答＿＿＿＿＿＿cm^2

(6)

答＿＿＿＿＿＿回

(7)

答＿＿＿＿＿＿

２０２２年度　文京学院大学女子中学校　ポテンシャル第１回

算数解答用紙　No. 2

・途中の計算や図は消さないこと

3

(1)

答 ＿＿＿＿＿＿ 分後

(2)

答 ＿＿＿＿＿＿ 分

(3)

答 ＿＿＿＿＿＿ km

4

(1)

答 ＿＿＿＿＿＿ cm

(2)

答 ＿＿＿＿＿＿ cm

(3)

答 ＿＿＿＿＿＿ cm^3

（注）この解答用紙は実物を縮小してあります。169％拡大コピーをすると、ほぼ実物大の解答欄になります。

〔算　数〕100点（学校配点）

1～4　各５点×20

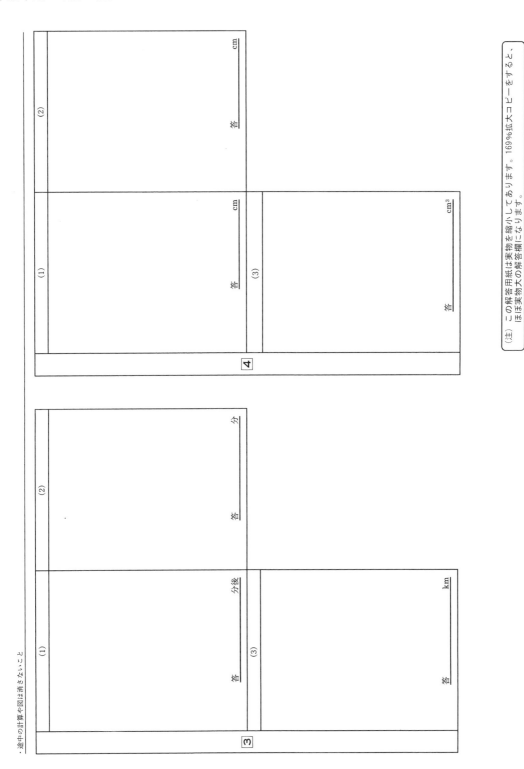

理科解答用紙

番号		氏名		評点	

1

(1)	
(2)	
(3)	
(4)	
(5)	

2

(1)		
(2)		
(3)		
(4)	ウ：	エ：
	オ：	
(5)		
(6)		

(注) この解答用紙は実物大です。

〔理　科〕各25点(学校配点)

1 各５点×５　2 (1) ３点＜完答＞　(2)，(3) 各４点×２　(4) 各２点×３　(5)，(6) 各４点×２

２０２２年度　文京学院大学女子中学校　ポテンシャル第１回

社会解答用紙

番号		氏名		評点	

3

問１	
問２	
問３	
問４	
問５	

4

問１				
問２				
問３				
問４				
問５	（ア）		（イ）	

（注）この解答用紙は実物大です。

〔社　会〕各25点（学校配点）

3　各５点×５　4　問１～問４　各５点×４　問５　（ア）３点　（イ）２点

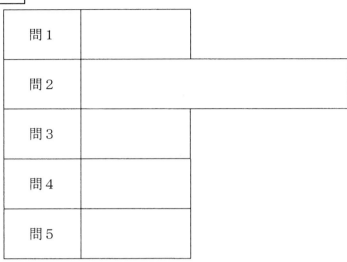

２０２２年度　文京学院大学女子中学校　ポテンシャル第１回

英語解答用紙

番号		氏名			評点	

5

①

1		2		3		4		5	

②

1		2		3		4		5	

6

(1)	
(2)	
(3)	
(4)	
(5)	

（注）この解答用紙は実物大です。

〔英　語〕各25点(学校配点)

5 ①　各２点×5　②　各３点×5　6　各５点×5

二〇二三年度　　文京学院大学女子中学校　ポテンシャル第一回

国語解答用紙

番号		氏名		評点	/100

一

問一　A　　B　ぶ

問二　第二の場面　　第三の場面

問三

問四　　問五

問六

問七　　問八　　問九　　問十

二

問一　A　　B

問二

問三　1　　2

問四　　問五

問六　15　15　15

問七　　問八

三

問一　　問二　①□□実行　②竜□蛇□　　問三　　問四　　問五

四

①　②　③　④　⑤

⑥　⑦　⑧　⑨　⑩

（注）この解答用紙は実物を縮小してあります。B5→A3（163%）に拡大コピーすると、ほぼ実物大の解答欄になります。

〔国　語〕100点（学校配点）

一　問1　各1点×2　問2　各3点×2　問3～問5　各4点×3　問6　6点　問7，問8　各4点×2　問9　2点　問10　4点　二　問1　各1点×2　問2　4点　問3　各3点×3　問4，問5　各4点×2　問6　各3点×3　問7，問8　各4点×2　三　問1　2点　問2　各1点×2　問3～問5　各2点×3　四　各1点×10

２０２１年度　文京学院大学女子中学校　ポテンシャル第１回

算数解答用紙　No. 1

番号		氏名	

評点	/100

・途中の計算や図は消さないこと

1

(1)	(2)	(3)	(4)
(5)	(6)	(7)	

2

(1)	(2)
答　　　　km	答　　　　個
(3)	(4)
答　　　　人	答　　　　個

2

(5)	(6)
答　　　　cm^2	答
(7)	
答	

２０２１年度　文京学院大学女子中学校　ポテンシャル第１回

算数解答用紙　No. 2

3

(1) 答 ＿＿＿＿ 時間 ＿＿＿＿ 分

(2) 答 時速 ＿＿＿＿ km

(3) 答 午後 ＿＿＿＿ 時 ＿＿＿＿ 分

4

(1) 答 ＿＿＿＿ cm^3

(2) 答 ＿＿＿＿ cm

(3) 答 ＿＿＿＿ cm^3

(注) この解答用紙は実物を縮小してあります。Ｂ５→Ａ３（163%）に拡大コピーすると、ほぼ実物大の解答欄になります。

〔算　数〕100点(学校配点)

1～4　各５点×20

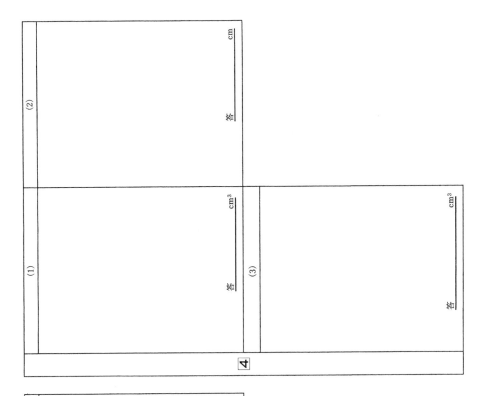

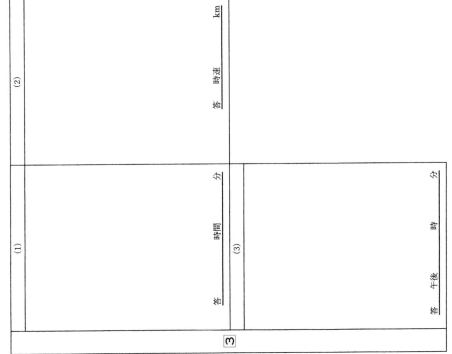

２０２１年度　文京学院大学女子中学校　ポテンシャル第１回

理科解答用紙

番号		氏名		評点	

1

(1)	ア・　　　　・木 イ・　　　　・池 ウ・　　　　・かれ葉や石の下
(2)	
(3)	
(4)	
(5)	m

2

(1)	
(2)	
(3)	秒
(4)	
(5)	

（注）この解答用紙は実物大です。

〔理　科〕各25点(学校配点)

1　各５点×5＜(1)は完答５点，１つ正答の場合２点を配点＞　2　各５点×5

２０２１年度　文京学院大学女子中学校　ポテンシャル第１回

社会解答用紙

番号		氏名		評点	

3

問１		
問２		
問３	ア	
	イ	
問４		

4

問１	
問２	
問３	
問４	
問５	戦争

（注）この解答用紙は実物大です。

〔社　会〕各25点（学校配点）

3　各５点×５　4　各５点×５

２０２１年度　文京学院大学女子中学校　ポテンシャル第１回

英語解答用紙

番号		氏名			評点	

5

①

1		2		3		4		5	

②

1		2		3		4		5	

6

(1)	
(2)	
(3)	
(4)	
(5)	

(注) この解答用紙は実物大です。

〔英　語〕各25点(学校配点)

5 ①　各２点×5　②　各３点×5　6　各５点×5

二〇二二年度　文京学院大学女子中学校　ポテンシャル第一回

国語解答用紙

番号		氏名		評点	／100

一
問一　A　　B　　問二
問三　②　⑥　　問四
問五　1　最初　　最後
2
問六　　問七
問八
問九

二
問一　A　　B
問二
問三
問四　　がなくなるから
問五
問六　　の生活
問七　　問八
問九　例1
例2
問十

三
問一　　画目　　問二　　問三　　問四　①　②

四
①　②　③　④　⑤
⑥　⑦　⑧　⑨　⑩

（注）この解答用紙は実物を縮小してあります。169%拡大コピーをすると、ほぼ実物大の解答欄になります。

〔国　語〕100点(学校配点)

一　問1　各1点×2　問2　5点　問3，問4　各3点×3　問5　各5点×2　問6，問7　各3点×2　問8　5点　問9　3点　二　問1　各1点×2　問2　4点　問3　3点　問4　4点　問5　3点　問6　4点　問7，問8　各3点×2　問9　各4点×2　問10　各3点×2　三　各2点×5　四　各1点×10

２０２０年度　文京学院大学女子中学校

算数解答用紙　第１回　No.１

番号		氏名		評点	/100

・途中の計算や図は消さないこと

1

(1)	(2)	(3)	(4)
(5)	(6)	(7)	

2

(1)

答＿＿＿＿＿＿個

(2)

答＿＿＿＿＿＿円

(3)

答＿＿＿＿＿＿円

(4)

答＿＿＿＿＿＿個

2

(5)

答＿＿＿＿＿＿cm²

(6)

答＿＿＿＿＿＿

(7)

答＿＿＿＿＿＿

２０２０年度　文京学院大学女子中学校

算数解答用紙　第１回　No.２

3

(1)

答　　cm^3

(2)

答　　cm^3

4

(1)

答　　km

(2)

答　毎時　　km

(3)

答　　km

(4)

答　　時間　　分

(注) この解答用紙は実物を縮小してあります。Ａ３用紙に164%拡大コピーすると、ほぼ実物大で使用できます。(タイトルと配点表は含みません)

〔算　数〕100点(学校配点)

1～4　各５点×20

２０２０年度　文京学院大学女子中学校

理科解答用紙　第１回

番号		氏名		評点	

1

(1)	
(2)	
(3)	
(4)	
(5)	

2

(1)	
(2)	
(3)	
(4)	→　→　→
(5)	

（注）この解答用紙は実物大です。

〔理　科〕各25点(学校配点)

1　各５点×５　2　各５点×５＜(4)は完答＞

２０２０年度　文京学院大学女子中学校

社会解答用紙　第１回

番号		氏名	

評点	

3

問1	県
問2	
問3	
問4	
問5	（式）海岸

4

問1	
問2	
問3	
問4	
問5	

（注）この解答用紙は実物大です。

〔社　会〕各25点（学校配点）

3　各５点×５　4　各５点×５

２０２０年度　文京学院大学女子中学校

英語解答用紙　第１回

番号		氏名		評点	

5

①

1		2		3		4		5	

②

1		2		3		4		5	

6

(1)	
(2)	
(3)	
(4)	
(5)	

〔英　語〕各25点(学校配点)

5　①　各２点×5　②　各３点×5　6　各５点×5

(注) この解答用紙は実物大です。

二〇二〇年度　文京学院大学女子中学校

国語解答用紙　第一回

番号　　氏名　　評点　／100

一

問一　A　　る　　B　　い　　問二

問三　　問四　　問五

問六

問七　　問八

問九

問十　　という気持ち

問十一

二

問一　A　　めて　　B　　なる　　問二

問三　　問四　③　　⑥

問五

問六　　問七

問八　　〜

問九　　20　40　60

問十　　問十一

三

問一　　画目　　問二

問三　①　　が高い　　②　　を巻く　　問四

四

①　②　③　④

⑤　⑥　⑦　⑧

⑨　⑩

（注）この解答用紙は実物を縮小してあります。Ａ３用紙に164%拡大コピーすると、ほぼ実物大で使用できます。（タイトルと配点表は含みません）

〔国　語〕100点（学校配点）

一　問1　各1点×2　問2　4点　問3，問4　各2点×2　問5～問9　各4点×5　問10　6点　問11　4点　二　問1　各1点×2　問2　4点　問3～問5　各2点×4　問6～問8　各4点×3　問9　6点　問10，問11　各4点×2　三　各2点×5　四　各1点×10

2019年度　文京学院大学女子中学校

算数解答用紙　第1回　No.1

番号		氏名		評点	/100

・途中の計算や図は消さないこと

1

(1)	(2)	(3)	(4)
(5)	(6)	(7)	

2

(1)	(2)
答　　　分後	答　　　人
(3)	(4)
答　　　本	答　　　m^2

2

(5)	(6)
答　　　回	答　　　時間　　　分
(7)	
答	

２０１９年度　文京学院大学女子中学校

算数解答用紙　第１回　No.２

（注）この解答用紙は実物を縮小してあります。Ａ３用紙に167％拡大コピーすると、ほぼ実物大で使用できます。（タイトルと配点表は含みません）

4

(1)

答＿＿＿＿＿＿ cm^3

(2)

答＿＿＿＿＿＿ cm

(3)

答＿＿＿＿＿＿ cm^3

3

(1)

答＿＿＿＿＿＿ cm

(2)

答＿＿＿＿＿＿ cm^2

(3)

答＿＿＿＿＿＿ cm^2

〔算　数〕100点（学校配点）

1～4　各５点×20

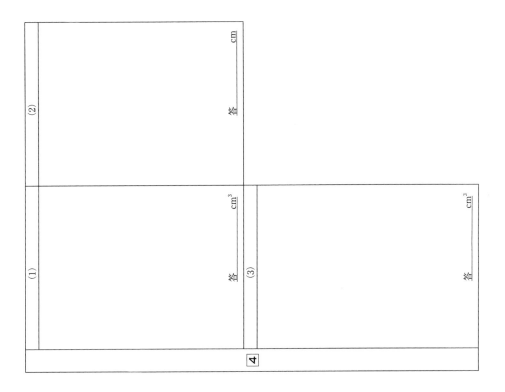

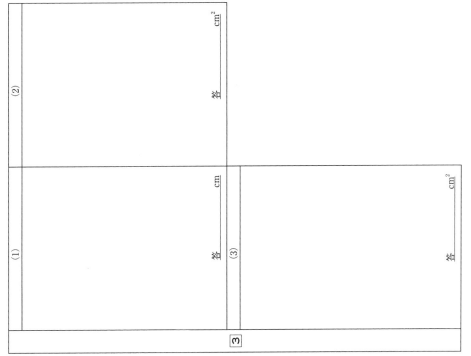

２０１９年度　　文京学院大学女子中学校

理科解答用紙　第１回

番号		氏名		評点	

1

(1)		
(2)		
(3)		
(4)		
(5)	g	

2

(1)	
(2)	
(3)	
(4)	
(5)	

(注) この解答用紙は実物大です。

〔理　科〕各25点(学校配点)

1　各５点×5＜(1)は完答５点，片方正答の場合３点を配点＞　2　各５点×5

2019年度　　文京学院大学女子中学校

社会解答用紙　第1回

番号		氏名		評点	

3

問1	
問2	
問3	
問4	
問5	

4

問1	県名	
	位置	
問2		
問3		
問4		

〔社　会〕各25点(学校配点)

3　各5点×5　4　各5点×5

2019年度　　文京学院大学女子中学校

英語解答用紙　第1回

番号		氏名		評点	

5

①

1		2		3		4		5	

②

1		2		3		4		5	

6

(1)	
(2)	
(3)	
(4)	
(5)	

〔英　語〕各25点(学校配点)

5　①　各2点×5　②　各3点×5　6　各5点×5

二〇一九年度　文京学院大学女子中学校

国語解答用紙　第一回

番号　　氏名　　評点　／100

一

問一　A　　B

問二　二つ目の段落　　三つ目の段落

問三　　問四　　問五　③　　④

問六　　問七　⑥　　⑧

問八

問九

問十

問十一

二

問一　A　　B

問二

問三　　こと　　問四　　問五

問六　A　　B　　問七　　問八

問九

三

問一　　画目　　問二　　問三　①　　②

問四　ア　着て→（　　　）　　イ　もらった→（　　　）

四

①　②　③　④　⑤

⑥　⑦　⑧　⑨　⑩

（注）この解答用紙は実物を縮小してあります。172%拡大コピーすると、ほぼ実物大で使用できます。（タイトルと配点表は含みません）

〔国　語〕100点（学校配点）

一　問1　各1点×2　問2　各3点×2　問3〜問5　各2点×4　問6　3点　問7　各2点×2　問8　8点　問9　2点　問10　4点　問11　3点　二　問1　各1点×2　問2〜問5　各4点×4　問6　各2点×2　問7　4点　問8　各3点×2　問9　8点　三　問1，問2　各1点×2　問3，問4　各2点×4　四　各1点×10

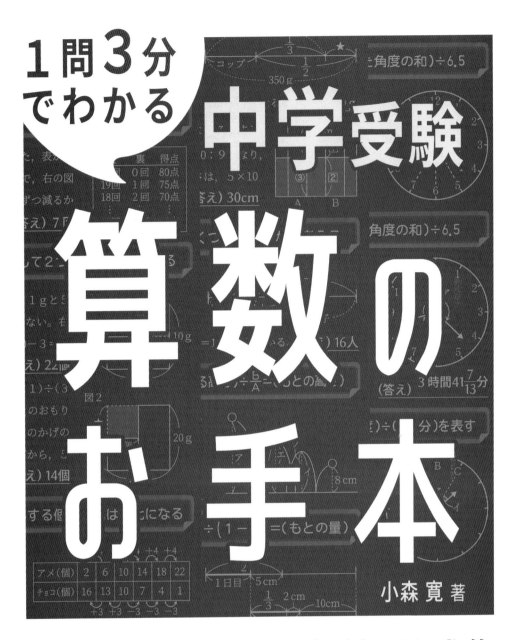